# 王丹回憶錄

## 從六四到流亡

王丹——著

抗爭是一時的，青春與理想就足以燃燒；
堅持是漫長的，特別是身處異域的行動者，
如果沒有道德與生命的信念，很快就會被徹底地擊毀。
王丹這本傳記，讓我們既看到青年運動的一時，
也看到二十年來，一個逆境中行動者的生命與堅持。

——范雲（台灣大學社會系副教授，台灣守護民主平台成員）

年少的一段熱情，沒料到改變一生的命運，
從青年到中年，王丹沒變的是，依舊心繫故國，爲理想而活。

——羅文嘉（水牛出版社社長）

# 目次

王丹回憶錄

推薦序／

# 生正逢時，任重道遠

胡平（《北京之春》雜誌主編）

王丹出過不少書，我以為就數這本《王丹回憶錄》最重要。我相信它也是一般讀者最想讀的一本書。

王丹這半生，波瀾起伏，精彩紛呈。先前，他已經寫過不少回憶文字，記敘了這一段或那一段經歷。眼下這部《王丹回憶錄》，作者從他的童年寫起，一直寫到現在：包括中學和大學的求學時代、八九「六四」、第二次入獄、流亡美國、攻讀哈佛、執教臺灣；只除了第一次入獄那一段，因為早在一九九七年出版的《王丹獄中回憶錄》一書裡已有詳細敘述，就沒再寫進這本回憶錄裡了。可以說，這部《王丹回憶錄》就是作者的個人史，是自傳。

閱讀本書，你可以感到其中貫穿著一種深刻的內在統一性。在這部回憶錄裡，王丹不但講述了外部的重大事件，而且還講述了內部的精神歷程。閱讀本書，我們不但可以瞭解到作者經歷過哪些事、參與過哪些事，更可以瞭解到作者是怎樣的人以及他是怎樣成為這樣的人。

一九八九年春夏之交，中國爆發了一場有上千萬人參加，持續五十多天的民主運動。一批剛二十出頭的大學生成了舉世聞名的英雄，王丹就是其中之一。

王丹成長於上個世紀的八〇年代。和他們的父兄不同，王丹這一代年輕人不是嚇大的，而是長大的。八〇年代的中國，自由化運動高歌猛進，一浪高過一浪。舊的偶像和教條在倒坍，塵封多年的歷史眞相在浮現，被扭曲的正義在伸張，理想主義在甦醒；當局雖然還在壓制，但越來越虎頭蛇尾，力不從心。在這種社會氛圍下成長起來的一代年輕人，自然有著他們的父兄所缺少的勇氣和信心，於是就成了民主運動的先鋒和主力。

八九民運功虧一簣。「六四」屠殺重新強化了普遍的恐懼，犬儒主義便成爲了全社會的流行病。犬儒病甚至蔓延到校園、蔓延到新的年輕一代。年輕人變成犬儒實在是最可悲之事，他們還不曾追求，就已然放棄；他們還不曾長成，就已經衰老；他們還什麼都不知道呢，就已經什麼都不相信了。更有甚者，有的人不但放棄了理想主義，而且還反過來嘲笑理想主義；不但不反抗專制，而且還迎合專制。在抹殺了善惡是非之後，他們變得很勢利，而且只剩下了勢利。

「六四」後二十三年來，也有許多人，由於這樣那樣的原因，離開了自己一度投身的事業，或者是參與的少了；但他們的心沒有變，理念沒有變，因此無可非議。但仍有不少人始終堅持。不只是八九民運，更是這二十三年來的堅持，使王丹成爲今日的王丹。這也就是爲什麼現在很多人，尤其是在很多年輕人的心目中，王丹是典範。他們從王丹身上發現，人生應當追求意義，青春可以如許燦爛。

正如翁山蘇姬（Aung San Suu Kyi）所說：「是恐懼而不是權力讓人墮落。掌權者因恐懼失去權力而墮落，臣服於權力的人因恐懼權力帶來的苦難而墮落。」八九民運過去二十三年了，「六四」屠殺也過去二十三年了。時間可能會導致淡忘，淡忘當年的激情，淡忘當年的痛苦，但同時也淡忘當年的恐懼。人心具有強大的自我修復能力，它不會長久的沉淪，更不必說還有新陳代謝。專制對人心的扭曲是後天的，它並不能遺傳；靈魂的自由卻是先天的，每一次新生就是一個開端，就是一種希望。

推薦序／

# 他仍然是那個八〇年代青年

張鐵志（文化與政治評論家）

王丹是典型的在八〇年代理想主義氛圍中成長的中國青年。

在那個啓蒙年代，人們透過詩歌、思想、搖滾，思索著中國的當下與未來，尋找新的可能性。少年王丹和同學們在那個時代的中心——北京——奮力地泅泳著：他們出版刊物、舉辦民主沙龍，並且爲了政府的不義而勇敢起來抗議，一次比一次巨大，而終於在八九年春天改變了歷史，或者說，被歷史改變了他們的個人命運。

彼時還在念高中的我，在電視前看著那些勇敢的年輕人燃燒自己，看著十九歲的王丹削瘦的身影，不停地流淚。

當然沒想到多年以後和他成了朋友。一個堅定的反對派，但私下是幽默可愛的。許多時候我們是聊天開玩笑，但他也總是談論著他想做的計畫：籌辦《公共知識分子》雜誌，創辦「華人民主書院」、利用網路來聚集年輕人力量。而且，他真的一步步做起來了。

民運一代很少人像他一樣，一直堅持著推動中國民主運動，並且如此堅信知識的力量。在他的回憶錄中，我們也發現，或者被提醒，原來不但在八〇年代有那些抗議行動，即使到了九〇年代，他們這些反對派也常常有公開的連署抗議。但在如今這個黑暗的「維穩」年代，尤其是二〇〇八年的《零八憲章》之後，似乎一切都不可能了。相比於八〇年代，這三十年來的中國是越來越退後。

但經歷過這麼多打擊的王丹從不灰心。他知道相比於中國國內的行動者，他們這些海外流亡者可能並不是當下中國改革的主力，但他總是在思考如何結合海內外的力量。更重要的是，他看到如今改變世界的新力量——青年與網路。

因此，如今的王丹其實依然是那個八〇年代的知識青年，那個具有年輕活力、懷抱理想主義，並且對中國未來改變有著謹慎樂觀的青年。

# 自序／一個人，一個時代，一個國家

我本來無意這麼早寫回憶錄的，然而終究還是下筆了，有兩個原因：第一是因爲有一些我尊敬的長輩和熟悉的朋友，還有不少網友，一直鼓勵我寫出自己經歷的事情，所謂盛情難卻，同時也成爲動力；第二是因爲我過去的二十多年，經歷了學潮、坐牢、軟禁、流亡、重新就學、到台灣工作等等重大轉折，經歷不可謂不豐富。不過事情一多，就難免記憶混亂。

前兩年在「六四」紀念活動的過程中，我震驚地發現，對於那場決定了我個人命運的巨大事件，我居然也有很多細節完全忘記了。這令我深自警惕，我知道，我需要現在就開始寫下一些回憶了，不然以後可能會越忘記越多。而寫下回憶，本來就是我給自己人生規定好的目標，現在只是提前一些開始而已。

於是我暫時放下教職，從台灣回到美國洛杉磯，用了半年的時間，終於完成了這部回憶錄——就是你們即將看到的那些故事。這些故事主要講述的，就是一個人，在一個國家中，所經歷的一個時代。

關於這部回憶錄，有幾點我必須申明在先：

第一，我所回憶和記錄的，都是我個人的記憶。我曾經想過是否走訪一些別的當事人，讓回憶更加完整清晰。後來我放棄了這個計畫，因爲我覺得，我不是要寫歷史，我是寫回憶錄，那麼內容自然就都是自己的回憶。當然，回憶錄本身就是歷史，但是，一個人的回憶錄只是歷史的一部分，而且僅僅是我這個人經歷的歷史，所以，我完全無意提供給各位讀者一個完整的歷史全貌。我想，我們每個人經歷的歷史都是一些大歷史的碎片，我的歷史責任，就是把自己的這片碎片提供出來。眞正完全的歷史，可能要靠成千上萬這樣的碎片構成，我如果能成爲其中的一部分，就心滿意足了。

第二，本書的重點，當然是我見證的一九八九年中國民主運動以及六四事件，不過，因爲這是我個人的回憶錄，顧名思義，自然主要是圍繞著我個人來展開。因此，難免會有點以我個人的活動爲中心。但是，這絕對不是說這場運動只有我一個人，也絕對不是要抹殺和貶低別人的意思，畢竟，這是我的回憶錄，而不是完整的八九民運史。我期待自己以後能寫一部完整的八九民運史，但是不是現在。

第三，我知道，很多讀者會期待我的回憶能夠提供一些歷史祕辛，或揭示一些歷史背後的東西，或對一些歷史和人物提供一些評論。很抱歉，抱持這樣期待的讀者可能會失望了。因爲當我開始寫這本回憶錄的時候，我就給自己確定了一個原則，那就是我只寫我自己，我不會去臧否別人。

我知道有些人的回憶，尤其是關於八九民運的回憶，其中涉及到我的時候，有不少帶有成見和偏見的描述。這些描述是誅心之論，是完全錯誤的。但是我不會利用我的回憶錄去反駁、去反批評、去爭執。這一方面是因爲我相信歷史是公正的，只要我對得起自己的良心，別人的抹黑是不必要去搭理的（事實上，也搭理不完），我相信大家對於是非的判斷力。

另一方面也是因爲，我不認爲在中共當局還不承認開槍是罪行、還繼續堅持「六四」鎮壓有理的情況下，作爲受害者的當事人急著去互相指責，是一件好事。歷史有正面、也有負面，我都會觸及，但是我將只觸及我自己負面的東西，包括我的檢討和反省，我不會去反省和檢討別人。

第四，我必須誠懇地說明，我眞的是一個記憶力很差的人。我一向認爲，記憶力是一種天賦，而我在這方面，特別不受老天的眷顧。熟悉我的朋友，都知道我有這個健忘的毛病，日常生活中我都是丟三落四的，以至於必須隨身帶一個小本子，隨時記錄需要記錄的事情。而過去幾十年的經歷，就更不用提了，很多事情確實已經模糊。所以，如果這部回憶錄中有記憶未及之處，敬請讀者原諒；如果有記憶錯誤的地方，也要懇請讀者們指出更正。

第五，本書的出版，我要特別感謝陳宏正先生和殷海光自由思想基金會，以及設立在美國波士頓的「夏星自然與人文基金會」（Summer Star For Nature and Humanity）的支持；感謝時報出版社的編輯們爲此書出版付出的努力；也要感謝我父母對我的支持以及對本書提出的意見，沒有他們的協助，我是不太可能寫下十歲以前的回憶的。

各位親愛的讀者，在我過去的四十多年人生歷程中，我經歷過中國七〇年代末的巨大轉折，我經歷過整個八〇年代那種理想主義高揚的時代氣氛，我經歷過八九民運這樣驚天地、泣鬼神的壯舉，我也在二十多歲的年齡就經歷了黑牢和鐵窗的煎熬；我見識過人生的險惡，我也體會過生活帶給我的溫暖；我在中國成長，在美國完成學業，在台灣工作；我是政治反對派，我也是一個文學愛好者和創作者，我更是一個感情豐富的人。我將要講述的這所有經歷，都見證了一個人，一個時代，一個國家。

如果你有興趣的話，就請從下一頁開始讀吧，謝謝。

# 第一章 在黃金年代裡成長

## 一、第一次演講和第一張大字報

我出生在一九六九年二月二十六日，那時正是毛澤東和中共發動「文化大革命」的第三年。這一年在全世界都是不平靜的一年，左翼風潮同樣席捲西方世界，學生運動也在各地風起雲湧。

一九六九年，爲了響應毛澤東的「五七指示」，*中國下令國家機關和高等院校的知識分子們，

---

* 一九六六年五月七日，毛澤東致信林彪，信中提出：「學生也是這樣，以學為主、兼學別樣，即不但學文，也要學工、學農、學軍，也要批判資產階級。學制要縮短，教育要革命，資產階級知識分子統治我們學校的現象，再也不能繼續下去了。」實際上，毛澤東是希望通過勞動來進行他一直念茲在茲的知識分子思想改造。

要到農村去參加勞動，以進行「自我改造」。我父親所在的北京大學教職員工及家屬，被發配到江西南昌附近，位於鄱陽湖畔的鯉魚洲「五七幹校」參加勞動。一九七〇年五月，我和姐姐隨母親也來到鯉魚洲北大幹校，當時我才一歲。

我是在去江西的路上學會走路的，在邁開人生旅程的第一步時，就走在了所謂「五七道路」上，也算是參加了這場轟轟烈烈且「觸及靈魂」的政治運動，而且可以算是最年輕的「文化大革命」受害者之一了。

當然，童年永遠是美好的，在兒童的眼睛裡，再黑暗的時代也是五顏六色的。只是作爲那個時代的兒童，我們的童年記憶與政治無法分離。

從鄱陽湖回來之後，慢慢就到了上幼兒園的年齡。對於我來說，那已經是太遙遠的年代，幾乎什麼都不記得了，但是有一件事卻堪稱「與時俱進」，因此我還記得。那是在一九七四年，當時以江青爲代表的極「左」政治集團爲了打擊中共「老幹部派」的大靠山周恩來，在全國發起了「批林（彪）批孔（子）」運動，影射周恩來是「當代的孔子」、是保守派的代表等等。所謂運動，在中國向來是全民參與的，連幼兒園小朋友也不能例外。在我所就讀的高井幼兒園，也進行了「批林批孔」運動，我還被老師安排上台背誦旨在挖苦孔子的「兩小兒辯日」故事，老師還帶我到附近另一家幼兒園上台背誦，據說頗受好評。這大概是我人生中第一次上台演講吧。那時我才五歲，想不到演講以後成了我生活中經常進行的活動之一。

雖然年幼，但是周圍的社會氣氛還是會影響到我，而兒童最大的熱情就是模仿。大概也是五、六歲的時候，有一次我向鄰居家的郭大爺索要糖果未遂，於是惱羞成怒，隨手找了一張糖紙，胡亂畫了幾筆，就貼到了郭家的門上，號稱是「我的第一張大字報」，*差點把全院的街坊鄰居笑死。但是我至今仍記得，當時我可是非常認眞地向拒絕給我糖果這樣的「資產階級不良作風」進行鬥爭，所以面對大人的嘲笑，氣得哇哇亂叫。這也算是我第一次張貼大字報的行爲吧。

## 二、最早的廣場記憶：「四五」運動

回顧我的少年時代，我覺得我是幸運的，因爲我生長的年代——八〇年代，正是一九四九年之後中國難得的一段黃金年代。當然，這是相對來說的。

經歷過十年「文化大革命」的瘋狂，一九七六年，中國的歷史終於走到了轉折點。這一年注定是一定會出大事的一年：一月八日，國務院總理周恩來去世；三月八日，吉林省下了一場罕見的隕石雨，民間已經開始盛傳，將有更大的人物去世；四月五日，北京發生天安門悼念周恩來遭到當局鎭壓的「四五」運動；七月七日，另一位革命年代的象徵性人物朱德去世；七月二十八日，唐山大地震爆發，幾十萬人喪生的悲劇使得中國上下人心惶惶；於是，到了九月九日，民間的預言應驗了，中國的大獨裁者毛澤東去世，此時全國人民都知道，翻天覆地的變化即將發生。

* 毛澤東發動文革之初，曾經發表一篇支持紅衛兵的文章，名為〈我的第一張大字報〉。

這個變化，起始於十月六日，那一天，毛澤東屍骨未寒，他的遺孀、中共激進左派的領袖江青，以及中共另外幾位高級領導人，包括黨副主席王洪文、政治局常委張春橋以及理論權威姚文元等，就在一場由軍隊元老葉劍英、毛指定的接班人華國鋒、中共的「大內總管」汪東興等人策劃的政變中被捕。至此，「文化大革命」宣告結束，毛澤東時代正式終結，中國進入了鄧小平時代。這一切，居然都發生在同一年，不要說中國人，就算是全世界也都看得眼花繚亂。

那一年，我七歲。

那一年的四月初，我目睹了天安門廣場上發生的事情。我母親大學畢業後，就分配到中國革命博物館（即今天的中國國家博物館）工作，所以我從小就經常被帶到我口中的「館裡」。博物館座落在天安門廣場的東側，每次去館裡都一定會經過廣場。我現在還能記得那時候的場景，就是在人民英雄紀念碑上堆滿了花圈，而紀念碑四周那半人高的松牆上則掛滿了用皺紙折疊出的、表示哀悼的小白花，使得紀念碑四周，遠遠看上去就像下了一層白雪一樣，氣勢頗爲壯觀。根據官方統計，廣場上的二千零七十三個花圈，分別來自一千四百多個單位，*可見這次運動的規模。

四月五日那一天下午，大我五歲的姐姐帶我去革命博物館找我母親。依照慣例我們還是穿過天安門廣場，此時廣場上已經人山人海。我們到了館裡沒多久，廣場上就發生了騷動，當局強行拆除悼念花圈一舉，引起在場人群的憤慨。人們包圍了廣場旁邊的一座小灰樓，因爲據說那裡是現場指揮部，不一會兒，小樓就被點燃。進入深夜，北京市派出了工人糾察隊和警察衝進廣場，用皮帶、棍棒驅散了人群。據說做出這一決策的王洪文、江青等人，在廣場另一側的人民大會堂裡全程坐鎮指揮。雖然鎮壓發生的時候我早就已經被母親帶回家裡了，但是她至今還在害怕，如果那時候我和姐姐再晚一點到達館裡，也許就會被騷亂的人群裹挾住，在那時的混亂中會出什麼事情，誰也無法預測。

那時候恐怕誰也想不到，僅僅十三年之後，廣場上的抗議人潮再現，而我已經不是旁觀者，而是主角之一了。更加想不到的是，即使極「左」如「四人幫」都只敢出動警察和民兵；而十三年後，這同樣的一塊地方，卻見證了機槍和坦克的鎮壓。不管怎麼說，想起來我跟天安門廣場，以及這個廣場所蘊含的抗議文化也算是十分有緣，而在我七歲的幼小心靈中烙印下的關於抗議現場的畫面，是否潛移默化地影響了我後來投身學運的行動，連我自己也說不清。

## 三、溫馨的童年記憶

### 小學生活

「文革」結束，鄧小平時代開始，中國進入了改革開放時期，也就是我們通常所說的八〇年代。多年以後，查建英曾經採訪結集了一本《八十年代訪談錄》，記錄了很多那個年代的風雲人物的回顧。大家一致的觀點就是那是一個令人懷念的時代、一個黃金年代。這也是我的看法。

＊ 傅高義，《鄧小平改變中國》（台北：天下文化出版社，二〇一二），頁二五一。

我上的第一個小學，是新街口的大三條小學。那時我們所住的西城區新街口東新開胡同三十二號，是革命博物館的宿舍大院。北京的孩子，常常會分「大院的」和「胡同的」兩類。所謂「大院的」，就是各個國家機關、軍事單位的家屬宿舍大院，而一般的市民居住在胡同中，他們的小孩就是「胡同的」。這兩類孩子彼此各自形成圈子，界線分明。

我們所住的大院，據說曾經是一個高級軍官的住宅，一共有三進院落，還有一座假山。雖說是假山，但是對於我們小孩子來說，算是蠻大的，後來唐山地震，全院子的人到假山上搭防震棚躲避，其面積可想而知。對於童年期的我們來說，那個假山簡直就是我們的遊戲天堂。當時院子裡十幾個小孩成天到「山」上玩，最常見的遊戲就是「玩打仗」，分兩派人馬，模仿電影裡的情節彼此追逐。那時我還小，但是在孩子堆裡面算是比較有主意的，因此經常被委任為主管制定戰略和政治思想工作的「政治委員」，所謂「從小看大」，想一想倒是也挺符合我後來的人生發展。

那時候小學生的裝扮，一律都是白襯衫、藍褲子、紅領巾，可謂整齊劃一。兒童的遊藝設施非常具備時代特色，就是要進行革命傳統的教育。譬如北京市陶然亭公園裡面，就有一套模擬當年中國共產黨領導紅軍長征歷程的設施，模擬雪山、鐵索橋等。小時候父親常帶我和姐姐去那裡玩，我們自然興高采烈，不過也對紅軍的革命事蹟多少留下印象，可見這種教育還是有一定的成效。

當年的小學生最喜歡的集體活動應當就是學校組織的春遊了，比較常去的地方是景山、陶然亭、頤和園、香山、動物園、中山公園和勞動人民文化宮。社會與政治的風雲，畢竟不能抹煞童心對自然界的好奇，走出拘謹的教室所帶來的那種歡欣，其實對不同時代的兒童都是一樣的。

不過，在我們的生活中，還是有很多與時代緊緊相連的記憶。比如在那個物資緊缺的年代，每年冬天，政府銷售的冬儲大白菜就是一家人整個冬天主要的蔬菜。每年到了初冬時分，商店開始賣冬儲大白菜的時候，家家戶戶都是全家動員，不用上班和操持家務的小孩子就會被指派去排那長到不見尾巴的大隊。我相信，跟我差不多大的北京小孩，提到冬儲大白菜，都會跟我一樣有深刻的印象。

還有就是鑽防空洞。一九六九年的時候，中蘇關係緊張，最終在黑龍江的珍寶島發生了小規模的武裝衝突。毛澤東自從建國以後，就一直有一種「戰爭情結」，總是認為世界大戰必將發生，甚至有些躍躍欲試。到了一九六九年，就更是亢奮不已，認為大戰在即，於是提出「深挖洞、廣積糧」的戰備口號。

他一聲令下，北京市全市到處都大興土木，到處挖防空洞，連我們大院也不例外，在院子裡挖了一個很深的防空洞。事後證明，這完全是勞民傷財，戰爭根本就沒有來。而防空洞唯一的用處，就是成了我們小孩的遊樂場。

我記得我們十幾個孩子會掀開洞口鑽進去，裡面漆黑一片，我們手拉手慢慢摸索著走，心裡既緊張又興奮。防空洞很長，兩側時有一些小隔間，我還記得最後當我們被一排鐵柵欄擋住去路的時候，驚訝萬分地發現，對面似乎是大院隔壁新街口電影院的地下室：北京市的地下，居然真的幾乎連成一片一片的地道了！

## 毛澤東死的時候我笑了

小學一年級的時候，遇到最大的政治事件，就是毛澤東去世，那是一九七六年的九月九日。我很清晰地記得，那一天下午我正和院子裡的幾個小孩在玩沙子（到底沙子有什麼好玩的我就不記得了），然後就有院裡一位叔叔一邊哭一邊走了過來，看到我們歡樂的遊戲，說：「你們還玩？毛主席逝世了！」被訓斥的我們只感到莫名其妙，低下頭不說話，但是我和另一個孩子互相看一眼，不禁偷偷笑了起來。我笑，是因爲看到這位平時總是一絲不苟、向來嚴肅的叔叔，居然也會像小孩似的在大庭廣眾之下哭鼻子；當時我完全不知道毛主席逝世，居然敢笑，這是多麼大逆不道的事情。事實上，小學一年級的我，對所謂「毛主席」根本沒有什麼感覺，更不可能悲傷了。不過現在回想起來，我很爲當時的自己感到驕傲：畢竟，毛澤東逝世，對於苦難深重的中國人來說，的確是一件好事，否則階級鬥爭不會停止，政治運動繼續連綿不絕，我們也不可能好好唸書。我當初笑出來果眞是對的！

這以後，周圍的生活開始發生越來越多的變化。這些變化我是從電影中感覺到的。在粉碎「四人幫」之前，我們能看到的電影無非是《地雷戰》、《地道戰》、《小兵張嘎》等革命年代的影片。偶爾也能在革命博物館的內部禮堂看到一些社會上不易看到的外國電影——主要是羅馬尼亞的電影，如《多瑙河之波》（*Valurile Dunarii*）、《沸騰的生活》（*Zile Fierbinti*）等——但是主題顯然還是跟革命或者階級鬥爭有關。

逐漸地，中國電影界開始小心翼翼地進行新的嘗試。於是我們看到了《苦惱人的笑》，具體劇情我已經記不清了，但是電影中對人性的刻劃，是以前的經驗所沒有的，我想這部電影打動了包括我在內的全國人民的心。至今，只要想起那個年代，我都還會在腦海中浮現出熟悉的旋律，那是《苦惱人的笑》的主題曲：「望著我，望著我，你那誠實的眼睛……。」

還有電影《小街》。記得女主角張瑜一頭短髮，像個男孩子一般，眼神純潔而明亮。故事的主題是政治劫難中的友情。《小街》上映的時候正是中國剛從「文革」的夢魘中走出來，舔舐傷口，著手重建精神家園的時候。在長達十幾年看不到銀幕上的人情與溫暖之後，電影主題曲那悠揚抒情的旋律，眞的如同荒漠甘泉一般清洌動人，我至今仍然能清晰記得歌詞：「在我童年的時候，媽媽留給我一首歌。沒有憂傷，沒有哀愁，唱起它，心中充滿歡樂……。」這種在懷舊情緒中夾雜的淡淡憂傷，是當時社會在巨大創傷過去之後，一股能宣洩隱祕情緒的主流，對我產生了巨大的影響。

一首歌，往往就是一個記憶的密碼，封存在歷史中，任歲月流逝而歷久彌新。記得小學時有一首名爲《海鷗》的兒童歌曲，我已經忘記了歌詞和全部的曲調，但是，開頭那句「海鷗、海鷗，我們的戰友」，對我來說有著神奇的功效，能一下子把小學時候的記憶從遙遠的過去拉近。之所以忘不了這首歌，是因爲我曾經作爲小學合唱團的一員反覆排練過這首歌，更是因爲它能把我帶回童年。

## 老北京的記憶

在我的印象中，在那個百廢待興的時代，老百姓的生活水平普遍還不高，但是全社會的精神面貌是積極向上的，大家似乎對未來有了很多的憧憬和希望。日子很辛苦，但是畢竟一天比一天心情舒暢，而人情味也構成了北京人日常生活中的基本成分。

我們那時候住的大雜院是典型的北京民居，其特點就是家家戶戶擠在一起，誰家裡要是吵架，全院子都能聽見。擁擠，同時也帶來溫馨。我印象最深刻的是每天到了吃晚飯時間，家家都在自己搭的小廚房前面拉開桌子和小凳子，一家人圍在一起在外面吃飯。這當然是因爲誰的家裡也沒有足夠的空間可以拉開吃飯的桌子。結果每天誰家吃的是什麼，大家都看得一清二楚，經常有鄰居會端過來一些新鮮的菜餚相互交換品嚐，各種白天發生的話題也在吃飯和涮盤洗碗的時候進行交流，大人在一起聊天，小孩在一起玩耍。

我們家那時候有一架留聲機，有時候會拿出來在院子裡播唱片，像是古琴曲《漁舟唱晚》等等，全院的人聽得津津有味。這樣的鄰里氣氛現在已經很難看到了。多年以後，我有機會在台灣的成功大學任教，在台南偶爾還能看到依稀類似這樣的景象，小小的街道上家家戶戶把桌子擺在屋外吃飯，路過的熟人會打個招呼，而在台北這簡直是不可想像的。

我記憶中的老北京，其魅力是體現在特有的胡同文化中：在一個晴朗的上午（那往往是北京胡同最安靜的時段），任意選一條胡同走進去，會看到灰牆和磚瓦房沉默地排列在兩旁，那份安詳讓人可以體會到什麼是「深遠」。牆頭上偶爾會有從院內探出頭的不知名但盛開的小花，或者會有一個小男孩站在屋頂上，揮舞著一根頂部繫上紅布條的竹竿，招引幾十隻雪白的鴿子，在藍淨的天上劃出一道道銀線。這樣的景象，在今天的北京，不知道是否還能見到了。

我總覺得，再淒慘單調的童年在每個人的心目中還是美好的。童年的心因其單純明亮，而壓抑了外在環境的險惡坎坷，所以再醜的東西，在童年的眼睛中也可以看到美。

## 四、十二歲就因爲組黨而被公安部審訊

### 開始接觸到文字

一九八〇年，因爲革命博物館在新街口東新開胡同三十二號的宿舍大院要拆掉改建成樓房，我們全家因此搬遷到革命博物館東門外的臨時家屬區。雖然是臨時，但至少也要兩、三年的時間，所以家裡就把我從大三條小學三年二班轉學到了東城區的東交民巷小學。

隨著年齡的增長，我一生中最大的興趣已經開始逐漸形成，那就是閱讀。我最早的閱讀經驗，就是所謂的革命題材文藝作品或歷史回憶。這完全是拜我母親之賜。她畢業於北大歷史系，之後分配到中國革命博物館，進行的是黨史研究。工作的關係，家裡有不少與黨史有關的書，我最早能夠接觸的就是這些書。以後我走上歷史研究的道路，顯然與從小受到的這種影響有關。

小學一、二年級的時候，我就開始似懂非懂地翻看《紅旗飄飄》、《星火燎原》等中共黨史回憶錄，以後又接觸到《萬山紅遍》、《紅潮》、《大刀記》等革命小說。說起來也眞是諷刺，我的閱讀生涯居然是從革命傳統教育開始的。不過這不奇怪，因爲對於那個年代過來的人，紅色經典是我們童年唯一能接觸到的東西，所以在我這個歲數以及比我更大個十歲左右的這代人心中，多少都有一些

「紅色經典情結」。我想這是時代的烙印，其實與意識形態無關，更談不上是對於共產黨和「文革」的懷念。

「四人幫」下台之後，紅色經典教育逐漸退卻，閱讀的多元化極大地豐富了我的精神世界。首先接觸的是小兒書，也就是今天說的連環畫。當時北京的街頭到處都有一些租小兒書的路邊地攤，一分錢租一本，經常可以看到放學後的小學生坐在地攤上翻看，我就是其中一個。最早接觸四大名著，就是從連環畫開始的。

而眞正讓我開始接觸到書籍的海洋，就是我母親工作的革命博物館的書庫。沒有課的時候，我經常跑去館裡找母親，她上班，我就跑去書庫，那是一個頗具規模的書庫。後來我曾經在別的文章裡這樣描寫過那時的讀書景象：「記得那是一座長條形的庫房，面積很大，牆上的窗子少而且小，能進來的光線就很稀微。進了兩道厚重的鐵門，是一個小書桌，頭頂有一盞昏黃的燈；然後就是黑壓壓密麻麻的書架。為了節約用電，取書之後要關掉書架上放的燈。於是，往往就是這樣的景象：一個小小的人，坐在昏黃的燈光下翻閱書籍。背後，是深夜一般的黑暗——幾米對這樣的畫面一定會有興趣吧！而我的閱讀歲月，就是從這裡起步的；我對世界和人生的看法，就是在這裡啓蒙的。」

那時候社會上流行威廉·夏伊勒（William L. Shirer）的《第三帝國的興衰》（*The Rise and Fall of the Third Reich*），以及《希臘神話與傳說》、《一千零一夜》等，我就是在那裡看的。記得那時候看《三國演義》到入迷的程度，幾乎書中所有人物的名字都可以背得出來，我還曾經按照自己心目中武功高強的程度排出名次來。

小學四年級開始，社會上流行聽評書，收聽劉蘭芳的《說岳》、單田芳的《隋唐演義》成了我們每天不可或缺的生活內容。每天中午放學，就加快腳步往家裡走，爲的是趕上評書廣播的時間。現在回想起來，我對歷史的興趣，很大程度上也有受到收聽這些傳統章回小說的影響。

而接下來，就是武俠小說的浪潮席捲而來。

一九八一年，電影《少林寺》上映，立即風靡全國；隨後，一九八二年，金庸的武俠小說開始進入中國。一九八三年，電視劇《霍元甲》造成轟動，播出的時候大街上行人稀少，大家都在家中看電視。我最早接觸粵語，應當就是聽《霍元甲》的主題曲《萬里長城永不倒》。武俠熱隨即席捲全國。

我記得我最早看的一部武俠小說是梁羽生的《萍蹤俠影錄》。書中充滿浪漫文采的刀光劍影的世界，對於一個充滿求知好奇心及浪漫想像力的我來說，眞是充滿了魅力。我入迷的程度，可以用一件事來說明：當時新書入庫之前在我母親的辦公室編目，因爲是公物我不能帶回家看，於是我每天晚上做完功課，就一個人到革命博物館的五樓、我母親的辦公室去看《萍蹤俠影錄》。閉館之後的大樓漆黑一片，我一個小學生，在黑暗中拾階而上，竟然完全沒有恐懼，只因爲心中充滿對閱讀的期待。

這以後，金庸、古龍的著作接踵而至。不僅是我，我們班上的男同學們毫無例外地經由閱讀進入了武俠小說的世界。吸引我們的，除了令人眼花繚亂的高明武功之外，還有豪氣沖天的江湖情誼。

## 十二歲組黨

當時我們班上幾個比較要好的男同學，有一天決定模仿武俠小說中的情節結拜。結拜的細節我已經忘了，但是我們自我感覺良好，還抄襲小說中的內容寫了結義宣言，起了名字叫做「俠氣黨」，想像自己就是武俠世界中仗義行俠的好漢，幾個好兄弟義薄雲天、縱橫江湖、大碗吃肉、大口喝酒之類的。

我們還寫了「黨綱」，大意無非就是除暴安良之類那些小說上的內容，而這些內容的眞實意義，其實我們完全不了解，覺得好玩而已。好像我們還每個人寫了一張卡片，作爲「黨員」的黨證吧。那時候我才小學五年級，還不滿十二歲。我想很多男孩子在那個年紀都玩過類似的遊戲。

然而，這個小學生的遊戲，居然驚動了中華人民共和國的公安部。十二歲的我，竟然在某一天晚上被帶進了公安部，詢問組黨一事！

事情的起因是這樣的：東交民巷小學地處眾多國家機關所在地，因此班上有不少國家部委的子弟。我們班裡就有兩、三個同學的家長是公安部的，其中一個姓賈的同學跟我關係很好，當然，也是我們「俠氣黨」的成員，平時經常玩在一起。

今天想起來我跟中國公安部是非常有淵源的。我們住的革命博物館的臨時宿舍，與公安部大院僅一牆之隔。我記得審判「四人幫」的時候，特別法庭就設立在公安部大院裡面，那時候我們趴在革命博物館的五樓頂上，還目睹了「四人幫」的成員押進法庭的場景。我們班上的公安部子弟，經常跑到我家後窗喊我，我就打開窗戶，翻身而出，就是公安部大院，找同學玩很方便。

要是公安部的人知道我以後會成爲頭號通緝犯，那個時候就把我抓起來，可能以後會省事不少。

有一次我們班上那幾個公安部的子弟在大院裡玩，看見一間辦公室裡有大堆的印刷紙，一時興起就偷了出來當練習本用。這本來是小孩子的把戲，但是公安部裡面丟失東西，這未免有點在太歲頭上動土。所以公安部大院的保衛部門就很認真地追查。以公安部的偵查能力，這幾個小孩哪裡躲得過去？很快就找到了他們幾個。自己的子弟，而且還是小孩，自然不會抓起來，但是一頓嚇唬是免不了的，於是自然就問他們「還幹過什麼壞事」？我們班那位同學本來早已嚇得魂不附體，但是慌亂之下居然還記得要立功求表現，於是就主動坦白，說在東交民巷小學跟同學們組織了「俠氣黨」！

坦率講，如果我是主審官，我一定哈哈大笑。一堆小屁孩，看多了武俠小說，居然也想當江湖好漢，這本來就是一個玩笑。然而，一九八一年，那時候「文革」結束沒多久，社會氣氛還是有一些緊張，「文革」的遺風依然留存，階級鬥爭的警惕性也還有影響。所以，公安部有關部門居然相當重視，一定要調查清楚。就這樣，竟然在某天晚上派人來革命博物館找我們館裡的保衛科，保衛科再來我家裡，在我父親的陪同下，把我帶去公安部保衛部門問話！

我必須承認，當時我眞是嚇壞了，雖不到屁滾尿流，但也是呆若木雞、兩眼發直。人家問什麼我說什麼，把我們爲什麼成立「俠氣黨」，都有哪些同學參加，怎麼結拜的，就跟一個標準的叛徒一樣，一五一十地全交代了。對方也是煞有介事，居然還眞的做了筆錄。整個過程我已經記不清了，但是有一件事印象極爲深刻，就是最後筆錄做完，我還顫顫巍巍地按下了手印。（順便說一下，這個動作在一九八九年之後我就做的非常熟練了。不知道是否跟童年時的這次「實習」有關？）

詢問了一個多小時之後，大概他們也覺得無聊，就讓我回家了。同時被夜審的還有其他幾個同學。我已經忘記他們說什麼了，但是我敢肯定，他們也一定是作了叛徒。

我家人這邊，一開始不知道怎麼回事，心想我從來都是膽小的小孩子，怎麼可能做什麼事情會驚動到公安部呢？不料，夜審我的第二天，公安部煞有介事地派人到革命博物館，在館保衛科人員的陪同下，找我母親問訊。我母親毫不客氣地問他們：孩子還不滿十二歲，只是幾個孩子鬧著玩的把戲，你們居然也當眞，是不是吃飽了沒事幹？後來這個事就再也沒有下文了，我們自己也很快就忘記了。當然，經歷了這件事情，我們班的這個「俠氣黨」自然也就土崩瓦解了。

今天想起來，我不能不感嘆人生。所謂從小看大，居然十二歲就因爲組黨被公安部審問，那麼以後我被公安部通緝、逮捕，說我要顚覆政府等等，似乎冥冥中有了那麼一條線索。不過，回頭看這件事，眞是令人好氣又好笑，這簡直是一部黑色幽默劇，從中可以看出中共的專政機器荒唐到了什麼地步！

# 第二章 閱讀、課外活動、開始思考

## 一、閱讀生涯的開始

前面提到武俠小說，那是我少年時期開始閱讀的重要組成部分，不過這只是其中之一。回顧自己四十多年的人生，閱讀無疑扮演了極其重要的角色。我無法想像，如果沒有閱讀，我的生活會是什麼樣子。簡單說，閱讀已經跟我的生命融合在一起。

最早開始閱讀，是從連環畫開始的。先是父母買的，在家裡自己看；然後上小學，開始在路邊租連環畫看。到了初中，學校的圖書館立刻成了我上學最大的樂趣，每天下課之後的大部分時間都是在圖書館裡度過。那時候因爲花太多的時間在圖書館裡，以至於當快要考高中的時候，我們班主任汪世鈞老師（現已去世）還特別叮囑圖書館，不要借書給我，讓我能夠專注在複習考試上。不過三年下來，我們那個小小的、藏書量有限的圖書館裡面我會有興趣的書，已經差不多都被我看遍了。之後上了高中，圖書館的藏書量使得我的閱讀從廣度到數量都有了大幅增長。

回顧從初中到高中的閱讀，大致有五類書籍對我產生了很大的影響，可以說是奠立我精神殿堂的基石。這五類是：

（一）武俠小說：這在上一章已經講過，就不重複了。

（二）以《讀者》雜誌和瓊瑤小說爲代表的小市民文學：八〇年代，《讀者》雜誌在全國流行，該雜誌走溫情、勵志路線，正適合中學生對人生指導的需求。以那個年齡的智力和思想深度，當然不可能探究到哲學等高深層次，而《讀者》的水準正好能爲我們提供很多知識養分，以及挑動我們這些清澀的靈魂。

到了高一的時候，瓊瑤的小說以勢不可當之姿占據中學校園，《窗外》、《雁兒在林梢》等代表作，是每個文學少年少女都爛熟於心的，我就是其中一個。記得當時我幾乎買到了全部的瓊瑤小說，大約四十多本。我後來講到這一段，經常會半開玩笑地說：「爲了搶看瓊瑤，甚至還跟班上女生反目。」瓊瑤小說，現在看起來當然已經無所觸動，但是對於十五、六歲的中學生來說，很大程度上是感情世界的引路人。那些童話一般的浪漫，也許不是很現實，但是對於我們來說，對現實本來就了解不多，還在探索階段，因此把小說中的情節當作現實也是很好理解的。小說中那些純情的詩歌，我幾乎都能背誦，當自己像所有情竇初開的少年一樣，開始在感情世界裡上下求索的時候，瓊瑤的小說確實提供給我有力的精神支持。那個時候開始，我就成了一個會在心中背誦詩歌，會看著黃昏發呆的

「文青」。

（三）古典文學名著和中國文學：我對中國古典文學的喜愛，是從四大名著開始的。與很多人一樣，《紅樓夢》是我的最愛，從初中到高中，我一遍遍地看《紅樓夢》，看完最後一章，再從第一章開始，幾乎沒有停止過，這已經成了我的生活習慣，一直到「六四」的時候才中止。我想，《紅樓夢》我看了沒有十遍、也有八遍吧。而《三國演義》則培養了我對歷史的興趣，諸葛亮是我心目中最崇敬的人物，而最後他七出祁山卻失敗，沒能完成大業，這樣的悲劇結局也使得我開始感受到生活的複雜。《水滸傳》中一百零八好漢的傳奇故事很能抓住我的心。有人說：「少不看水滸。」就是因為擔心少年人看多了水滸，會不安分，學著梁山泊好漢聚義造反。聯繫到後來我也成了造反人物，看來這個老話還是有一點道理。我是有一點好奇，如果當時沒有看多了《水滸傳》，是不是我就會老實很多呢？四大名著中，我比較沒什麼興趣的就是《西遊記》，也說不出什麼理由，就是不對胃口吧。

初中的時候，我開始參加課外活動。當時西城區少年宮負責了很大一部分中學生課外學習的任務，我很積極地報名參加少年宮的活動。最早我報的是航海模型班，學著做軍艦的模型，而且還真的交了作品。那是我少有對於鍛鍊動手能力之類課程的興趣，以後就再也沒有類似興趣了。

航海模型班結束之後，我開始轉入文學班，很快我就發現文學才是我最大的愛好。就是這個文學班的課外課程，給我的中國文學知識打下了基礎，尤其是對於古典詩詞。初中的時候，我就自己裝訂了一本小冊子，書封上寫的名字是《宋詞詞調格律記錄本》，我把宋詞中各個詞牌抄下來，想學著填詞。

最早嘗試寫詩，是小學五年級，可惜那時的作品現在已經找不到了。能找到的是下面這一首：「極目天簾天地連，磅礴珍珠共世眠。誰道太白香爐瀑，駕雷駛電到此間。」這首寫於一九八三年六月十九日大雨午後的舊體詩，現在看來相當的生澀稚氣。不過考慮到當時我才十四歲，也就可以自我安慰了。對唐詩宋詞的熱愛，至今未改，它已經成爲我生命中的一部分。

（四）台灣的文學淵源：我是從初中開始接觸台灣的藝文作品。當時比較流行的包括白先勇的小說，楊牧、鄭愁予、商禽等人的現代詩，木吉他合唱團、劉文正、鄧麗君等的流行音樂，還有瓊瑤的小說等。

中國大陸在八〇年代初，藝文作品還無法擺脫與現實政治的緊密關係，儘管已經批判了所謂「高大全」的革命現實主義文學，但是反其道而行之的「改革文學」，說到底還是爲另一種意識形態服務——儘管這是一種相對進步的意識形態。但是對於像我這樣對社會與政治還不敏感的青少年來說，這樣的文學顯得生硬而遙遠。相比之下，台灣的文學和音樂作品的溫情、個人化和唯美的特點就格外打動人心。

多年以後，只要有機會講到自己的文學之路，我都會回溯到台灣文學的影響，這絕不是因爲我現在與台灣關係密切，而是因爲台灣文學開啓了我對現代詩寫作的興趣。至今，我已經出版了三本詩集，也有過一些對我的詩歌評論，但是如果讓我自己總結自己詩歌作品的特色，我會說是從結構到語言，從風格到節奏，都充滿了台灣現代詩和現代民謠的影響。我的朋友、台灣中生代詩人陳克華也曾經如此評價。

很多台灣人並不知道一九八〇年代上半期，台灣的藝文作品在大陸的流行和影響力。但是在那個年代生活過來的大陸文青們，想必都感同身受。這些藝文作品形塑的是一個民族的內在氣質。從這個角度上說，面對中國大陸，台灣雖小，但是軟實力的影響力其實是源遠流長的。這種軟實力至今還在發揮作用，它也從側面反映出，所謂「中國的崛起」，其實只是硬實力上的崛起，這種狀況從未改變過。

（五）世界文學名著：我最早接觸的世界文學名著是奇幻文學的部分，如《希臘羅馬的神話故事》和《一千零一夜》。但是慢慢的，我開始被歐美文學深深吸引。像是法國的巴爾扎克（Honoré de Balzac）和大仲馬（Alexandre Dumas）、波蘭的顯克微支（Henryk A. Sienkiewicz）、美國的馬克吐溫（Mark Twain），英國的莎士比亞（William Shakespeare）和王爾德（Oscar Wilde）；及一些經典傑作，例如《簡愛》（*Jane Eyre*）、《九三年》（*Quatrevingt-treize*）、《復活》（*Resurrection*）等。對我來說，閱讀這些作品無異於打開一個奇異世界，一個更加寬廣的世界。寬廣，不僅是地域意義而言，也是指內心。

世界文學名著的閱讀中，我最傾心的作家就是英國的狄更斯（Charles Dickens），我幾乎讀遍了他所有的作品，至今印象尤深的包括《匹克威克外傳》（*The Pickwick Papers*）、《遠大前程》（*Great Expectations*）、《大衛·科波菲爾》（*David Copperfield*，台譯《塊肉餘生錄》）、《雙城記》（*A Tale of Two Cities*）、《董貝父子》（*Dombey and Son*）等。他對於英國、尤其是對倫敦低下階層青少年成長歷程的描述，他幽默詼諧的敘述風格，筆下洋溢的人道主義光彩，故事中對於人性的深刻描寫，都給我的精神世界注入了大量養分。

後來我有機會在倫敦小住，那段時間我完全沒有異地的陌生感，彷彿很久很久以前曾經在這裡生活過似的，這想必就和青少年時期大量且反覆閱讀狄更斯的作品有關吧。在異國他鄉，那種在一個初次到達的城市，卻覺得非常親切的感受，是非常奇異而溫暖的。

另外一本對我影響很大的作品就是司湯達爾（Stendhal）的《紅與黑》（*Le Rouge et le Noir*）。有一段時期，我總是把自己想像成書中的主角于連・索黑爾（Julien Sorel），他那種爲了成功不懈努力的精神令我嘆服，而那種孤傲的個性對我有強大的吸引力。這部小說，描寫的是一個年輕人奮力掙扎，想要躋身社會上流，然而終於不能見容於社會，而走上失敗之路的悲劇故事。它使我朦朦朧朧地感受到社會和生活的複雜，隱隱約約地建立起一種悲天憫人的黝黯意識，開始知道不是所有的東西，我們想要得到，就可以得到的。這樣的觀念，當時儘管還不是很清楚，但是隨著以後我遇到逆境，再去反芻當年的閱讀帶來的經驗，實在是獲益匪淺。

總之，作爲一個中學生來說，我的閱讀量是非常大的。今天回顧起來，我認爲這樣的閱讀，對我日後人生的影響，對我的精神世界和個性品格的形成，扮演了至關重要的角色。沒有閱讀，我很難想像自己可以一步步走到今天。現在，我有時候會應邀到中學去演講，面對十四、五歲的學生求知的眼睛，我都是告訴他們：今後，無論你們選擇什麼樣的人生道路，也無論你們從事什麼職業，閱讀，都是最重要的事情，也是成功最基本的保證，更是人生幸福的主要途徑。我想我並未誇大其辭，因爲，從我以後歷經的生命故事中，完全可以驗證這條人生經驗。

## 二、作為時代現象的體育熱

我上的第一所學校是北京市西城區大三條小學，現在這所學校已經不知去向了，而那一段小學生活記憶也變得如夢境一樣非常模糊。一九八〇年因為搬家，我轉到東城區東交民巷小學。該小學位於崇文門附近的鬧市，校區狹小，只有一座教學樓；我們上體育課都沒有操場，因此都是去附近的東單公園上。

那時候我已經是積極爭取進步的好學生，還擔任班上的少先隊中隊委員，俗稱「兩道槓」。記得我們音樂老師頗為喜歡我，曾看著我深情地說：「要是學生都像王丹這樣，共產主義早就實現了。」現在想起來真是不好意思，因為要是我那一代人都像我一樣，共產主義應當早就滅亡了。

我是一九八二年開始進入初中，上的是北京市西城區新街口中學。當時的規定是就近入學，所以中學同班裡有一些根本就是小學同學。我們一年五班說起來在新街口中學的校史上應當是會被記上一筆的，因為出了幾個名人。除了我自己之外，著名電影演員江珊是跟我同班三年的初中同學，班上另一名男同學馬健，在高中畢業以後成為北京市青年籃球隊的主力球員。我們班主任汪兆鈞是個性情幽默的大胖子，跟學生處得很好，有時候放學我們還會去他家裡玩。不幸的是，他很早以前就病逝了。

如前所述，我從初中開始大量閱讀，不過功課倒也沒有耽誤太多。基本的成績在班裡還是名列前茅的。說起來不可思議的是：我從高中以後到現在，文科的偏科現象非常嚴重，語文、歷史的成績一向很好，但是數學一塌糊塗，對於物理、化學更是避之唯恐不及，至今高中或者大學同學還常常嘲笑我：「哎呦，居然還會乘法！」

可是初中的時候，我代數、幾何的成績還是相當不錯的，不錯到了甚至還被老師任命爲代數課的課代表，代數韓老師因而很喜歡我，有時候還會在午休的時候叫我到老師辦公室跟她一起吃飯。至今想起來簡直不可思議：這怎麼可能呢？我現在已經完全不知道「代數」這兩個字的基本內涵了！

初中生已經是十四、五歲的年紀，對周圍的社會已開始有了解的興趣和基本能力，時代氛圍也已能影響到內心世界了。現在回顧初中生活時的中國社會，我印象最深的，居然是全民的體育熱。

八〇年代的中國，社會氣氛是積極向上的，全社會瀰漫著強烈的愛國主義情緒，而這個情緒的養成以及表現，是與全民體育熱息息相關的。一九八二年在新德里舉行的第九屆亞洲運動會上，中國代表團奪得六十一枚金牌，金牌總數超過日本，首次位居第一名。全國的體育熱由此空前高漲。一九八四年，在美國洛杉磯舉行的第二十三屆夏季奧運會上，中國代表團實現了零的突破。那次奧運會，中國奪得十五枚金牌，徹底打破了東亞病夫的形象，中國一舉成爲世界體育大國，體育熱遂達到頂峰。除了大型運動會之外，以中國女排爲代表的單項運動，如體操、乒乓球等也在國際賽事上取得優異成績。一些體育明星舉國皆知，也是我那時候熱烈崇拜的偶像，例如排球的郎平、張蓉芳、周曉蘭、梁艷、汪嘉偉、沈富麟；籃球的陳月芳、邱晨、柳青、穆鐵柱、匡魯彬；乒乓球的郭躍華、謝賽克、江加良、曹燕華、童玲；體操的李寧、童非、吳佳妮；甚至包括國外的運動員，如美國女排的海曼（Flora Hamman）、克羅克特（Rita Crockett），日本女排的江上由美，阿根廷的足球員馬拉杜納（Diego A. Maradona）等。記得一九八四年十二月十一日，中國足球隊在小組預賽中五：○大勝阿聯酋隊，我在當天的日記中寫道：「今天我十分的振奮！二十分的自豪！三十分的驕傲！四十分的幸福！五十分的狂喜！」可見那時我對體育的狂熱。而我，其實並非一個體育愛好者。

現在回顧那時候的體育熱，當然是與時代緊密關聯的。中國在結束「文化大革命」之後，開始以經濟建設為重點的改革開放，全民對於國家的未來充滿樂觀向上的情緒。體育運動員的成就，被國家利用來進行凝聚民心的政治操作就是從那個時候開始的；但是，人民發自內心的愛國熱情也是體育熱的主要基礎。體育熱席捲全國，其實反映的是大家對國家和社會的關心和熱忱。我至今認為，一個社會中，人民對於體育比賽的熱情，實際上除了對運動的喜愛之外，還有一部分包含的是對國家的認同程度。這樣的全民體育熱，對於我的愛國主義情感起了奠基的作用，當時大學生喊出的「團結起來，振興中華」，比起今天官方的愛國主義宣傳口號來說，是更真切的民眾內心呼聲，也深深地感染了我。

一九八三年十二月十二日我在日記中寫道：「在整個地球上，無論我走到哪兒，都將是中國人。我的祖國如果興旺發達，她的子孫在國際上的地位也會很高。因此我們沒有理由不愛國。在日本的體育館裡，中國女排第一次取得世界冠軍，當雄壯的中華人民共和國國歌奏響，國旗徐徐上升，我想每一個炎黃子孫都會感到無比的興奮和驕傲，都會充滿對祖國母親的愛。無論是坐在電視機前，眼巴巴地盼著中國隊獲勝的觀眾，還是場上拼命為中國隊加油的留學生啦啦隊，如果他們對祖國沒有感情，就不會有這麼大的動力來推動它。人們說，只有海外歸來的華僑才會親身感受到祖國的愛；我說，不，愛國之情的感受，在這裡也發生——轉播有中國隊參加的重大國際比賽的電視機旁、上映《火燒圓明園》的電影院裡、有人侮辱中國的時候。……我深切地熱愛我的祖國，我的母親，我要為她獻出一切力量，直到她興旺發達為止。」

這非常制式的語言顯然是受到當時的宣傳影響，但是對於一個十四歲的少年來說，這種熱情本身應當是真誠的。我這一代人——八九一代——後來會有走上街頭、去天安門廣場呼喚民主自由的熱情，是與這種由體育熱帶動的時代氛圍影響有很大關係。

# 三、最早的維權行動

## 少年情懷

初中的年齡雖然青澀，但是已經開始逐漸形成世界觀，開始形成自己對一些社會問題的看法，也開始有了叛逆的衝動。應當說，從初中開始，我對自己就有一定程度的自我期許。或許還沒有明確的目標，但是總覺得應當有所成就。我十四歲那年，一九八三年五月二十九日的日記中有一段話，大概可以勾勒那時的內心想法：「我認為，一個人一輩子若不遇到一些大波折、大風險，是不會有什麼大出息的。『文化大革命』的時候我還小，四人幫的影響還沒有妨礙到我，所以，我的這十四年可以說是一帆風順。這對我來說實在是最擔心的。」從中可以看到，雖然年紀小，但是我已經隱隱約約地期待一個大時代的到來。今天回顧這種志向，我認爲跟我從小喜歡閱讀歷史書籍是有一定關係的。雖然現實生活中我只是一個普通少年，但是在書籍的世界裡，波瀾壯闊的歷史畫面使我嚮往那種激盪人心的大時代、大事件。

在初中的學習過程中，與中國近現代史有關的作者裡，有兩個人的思想對我影響比較大，一個是梁啓超，一個是魯迅。梁啓超汪洋恣肆的文筆，瀟灑風流的才氣常常令我心嚮往之，我那時候對他的〈少年中國說〉倒背如流。尤其是其中「美哉我少年中國，與天不老；壯哉我少年中國，與國無疆」的句子，眞是蕩氣迴腸。我日後在美國流亡，與一些志同道合的八九同學成立自己的組織，最後確定的名字是「青年中國」，從中仍可以看到我少年時代受到梁啓超的影響。而魯迅對現實的針砭，更是培養了我對社會關心的熱情，也學會了用犀利的眼睛看待現實，在貌似平常的現象中去挖掘醜惡。

在初中即將畢業的時候，我也開始逐漸關心時事。標誌性的事情，就是我開始在每天的日記中間記錄當天的主要新聞。我依然能夠回想起當時時代氣氛對我的感染。八〇年代，那是一個充滿了熱情和希望的年代，在我接受訊息的周遭世界中，到處充滿了這樣昂揚氣氛。一九八四年那一年，我在新的一本日記本的首頁上，抄錄了一段《遼寧青年》一九八四年第一期的〈刊首寄語〉，作爲對自己的激勵，這段文字非常有代表性，從中可以約略領會到什麼是八〇年代的社會氣氛，該文章的題目是〈血，沸騰起來〉：

歷史的長河奔騰呼嘯著湧進了新的一載，湧進了五星紅旗那麼驕傲地飛舞的年代，湧進了鐮刀斧頭那麼鮮紅地飄揚的年代，湧進了古老文明的國度凱歌高奏的年代，湧進了我們新的一輩大有作爲的年代啊！

朋友們！血，沸騰起來！

是我們來實現先烈之憧憬的時候了，是我們來滿足父兄之渴望的時候了。責任田裡，我們要沸騰稻的金黃和棉的雪白；腳手架上，我們要建築飛簷的樓群以及棲鳳的亭台。科學的珠峰尚需大口呼吸地攀登，學海遠航眞眞時不我待。怎能讓愚昧捆縛住大鵬扶搖而上的雙翅，豈容忍落後吞沒那巨龍昂首騰躍的氣概。

說這樣的文字是八〇年代精神的典型代表，是因爲它具有一些那個時代的特色：淺白、直接，雖不深刻，卻充滿熱情，也許有失沉穩但是充滿理想；更重要的是，對這個社會充滿了一種溢於言表的責任感。我把這段文字抄在日記本上，可見這樣的文字對我具有鼓勵和啓發意義。所謂「八九一代」，都是在八〇年代這樣的時代氣氛下成長的，我認爲最重要的時代烙印，就是那種社會責任感和理想主義。

五年以後，支撐我們走上街頭和廣場的，就是這樣的社會責任感和理想主義。

同樣值得一提的是，在我成長以及關心國家的起步階段，我曾經是眞心眞意擁護和相信中國共產黨的領導，儘管那時其實我對中共的領導並不了解。但是作爲初中生，從學校到家長都鼓勵我們「積極要求進步」。所謂進步，就是爭取早日加入中國共產主義青年團。

我在班裡是第二批入團的，那是一九八四年四月十八日。那時候能夠入團，還是一件比較稀罕的事情。之後，漸漸地幾乎只要申請就可以入團了。據說一九四九年以前國民黨的外圍組織「三青團」，也是只要申請就可以加入。對於才十四歲的我來說，政治覺悟當然沒有高到認清所謂共產主義的虛僞之處，所以能夠入團還是一件很興奮、很驕傲的事情。今天想起來，也不覺得多麼可恥可悲。順便提一下的是，一九八九年我被捕入獄，我所在的北京大學歷史系的團總支召開會議，宣布開除我的團籍。不過這個開除動作從來沒有任何人向我本人宣布過，更沒有任何文字。我轟轟烈烈地加入，就這麼莫名其妙地被開除了。五年的團齡雖然不長，但是我跟共青團的淵源卻比絕大多數團員深厚，這是後話了。

## 十四歲維權

初中生活，除了在學校之外，放學之後大部分時間是跟宿舍大院裡的孩子們玩在一起。我比較早地就表現出一定的組織能力，院裡的小孩之中，我算是比較有辦法、有想法的一個。我的日記中就記載過這樣一件有趣的事情：我們小時候大家都喜歡打乒乓球，那是「國球」。可是宿舍大院裡並沒有一個乒乓球檯。結果一九八三年「六一」兒童節的前夕，我就寫了一封信，通過一位革命博物館我母親的同事轉交給館長，要求館裡爲我們小孩砌一個乒乓球檯，保證我們娛樂活動的權利。

現在想起來，這應當是我最早的維權活動吧，對照我以後的維權活動，十四歲的這一次已經有很多預兆了：第一，這是一封聯名信，我找了大院裡十一個小孩簽名。我以後不知道搞了多少次聯署和公民上書，這就是源頭。第二，我那時候已經學會選擇時機，因爲猜想在「六一」兒童節之前提出這樣的要求，更有可能引起館長的注意。借助敏感時機推動外界關注，這一招我以後也經常使用。第三，跟以後我們面對體制和當局時經常有的遭遇一樣，對於十二個職員子弟的聯名信，革命博物館的館長傳話說答應我們的要求，讓我們歡呼雀躍了一陣子，自然也沒有繼續要求，而是眼巴巴且乖乖地等著決策的落實。但是，二十八年過去了，至今我們的家屬院裡還是沒有砌起來一座乒乓球檯。

這讓我很小的時候就知道了：不要輕易相信當局的承諾，他們很可能先答應你，然後什麼也不做！

# 四、高中母校：四十一中

## 我的中學老師們

一九八四年我初中畢業，通過中考，九月一日進入北京市西城區第四十一中學念高中。開始了一段我至今想起來仍舊是美好回憶的高中時光。

四十一中不是重點中學，高考升學率不是很高。不過，這是一所歷史悠久的學校，建立於一九二一年，當時叫平民中學；聽老師講，這裡還曾經是當時北京市少有的幾所擁有樓房的中學。在四十一中畢業或者念過書的校友中，經常被學校津津樂道的，有著名作家、曾經擔任文化部長的王蒙，有曾經擔任國家體委主任的榮高棠。現在，我也不知道自己是否被列入「知名校友」的行列。

學校位於西城區白塔寺附近，校園面積不大，兩座教學樓和一座辦公樓圍起來一片操場。四十一中是西城區的籃球重點學校，素有打籃球的傳統，所以學校雖然不大，但是有四個籃球場，學校的男生幾乎人人都會下場打球。辦公樓是一座古色古香的木構二層小樓，樓梯踩上去會「咯吱咯吱」響的那種。兩座教學樓則是比較現代式的磚樓，那是我度過三年青春時光的地方，至今還會偶爾夢到自己從樓下走過。

我在校的時候，校長是張仲民。高二以後學校開始分文理班，我當然選擇了文科班。我所在的二年五班，班主任是袁蓓蓓，她也是我們的語文老師。袁老師對待我們幾乎沒有什麼老師的架子，在我們這些已經進入青春叛逆期的學生眼裡，她有時候反倒像一個大孩子，我們師生的關係可謂親密無間。我們經常去她家吃飯聊天，甚至一起看當時流行的日本動畫片《花仙子》。因爲太親密，有時候我們也忘記了她的老師地位，因此對她沒大沒小的。有的比較「刺兒頭」的同學仰仗她的寵愛，個別時候也會嚴重地頂撞她，氣得她當場流淚、甚至病倒，記得有一次還嚴重到不想再帶我們這個班。但是，每一次師生糾紛都不會持續很長時間，很快她就會跟學生言歸於好。我們當面還是叫她「袁老師」，但是背後都是「蓓蓓」、「蓓蓓」的亂叫，一直叫到現在。所以後來當我做了大學老師，我那些寶貝學生們當面叫我「丹丹」，我也不會覺得是不尊重。所謂言傳身教，我從高中老師身上就已經學會跟學生打成一片了。

除了班主任袁老師之外，對我影響比較深的另一位老師，就是我們的歷史老師趙士良。趙老師身材消瘦，因爲小兒痲痺有一隻腿行走不便，走起路來一拐一拐的。這位老師雖然身體不便，但卻是學校的明星老師，主要是因爲他的歷史課上得非常好，每年高考前後，他都被西城區教育局請去給全區的歷史老師上課，介紹如何帶學生進行歷史課的複習準備。趙老師有幾十年豐富的教學經驗，他上課基本不用講義，舉凡年代、事件經過，歷史人物名字可以說是脫口而出。他講課口若懸河，滔滔不絕，而且非常幽默詼諧，經常逗得我們哈哈大笑。當時不要說本來就喜歡歷史的我，全班同學都很愛上他的課。現在回想起來，我對歷史的興趣與趙老師的優秀教學，是有很大關係的。

可能是因爲我歷史課的成績在班裡始終名列前茅吧，趙老師對我一直頗爲青睞，拿我當得意弟子看待。「六四」之後我被捕入獄，趙老師非常焦急，多次到我家關心我在獄中的情況，鼓勵我堅強面對逆境。以後我流亡美國，趙老師更是掛念在心，常常跟其他同學念叨到我。有一次高中同學聚會，打長途電話到美國讓我現場連線，趙老師急不可耐地拿起聽筒，連聲關心我的生活情況，一再叮囑我「早點回來，老師等你」，那種對學生的熱愛令我銘感於心。

## 我的中學同學們

高中三年，與同學們感情深厚。尤其是高二以後組成文科班，大家彼此興趣相投，全班特別團結。相信我們那個班的同學回憶起高中生活，都會津津樂道的一件事，就是高二時候我們排練了話劇《雷雨》的片段。那次排練演出，從導演到演員，從舞台美術到服裝，從文宣到場記，全班同學幾乎全部投入，每天下午放學後大家都留在學校爲這次演出做準備，這使得我們班的同學由此而建立了特別的感情。女同學李華擔任導演，在班裡建立了威望，以後多次聚會都仍然以她爲中心。記得在《雷雨》中，我扮演周家二公子周沖，另一位女生扮演蘩漪，我當初在排練的時候不知道在導演的嚴格要求下叫了多少遍「媽」，以至於後來那位女同學一直還是叫我「沖兒」。後來我們在全校公演《雷雨》片段，獲得轟動性好評，老師們都想不到一批高二學生能表現出這樣的水平。那幾天我們袁老師在校園裡走路，頭都昂得高高的。其實我們幾個文藝演出的骨幹本來就對話劇表演有興趣，還曾經集體報名參加了北京市人民藝術劇院的「人藝之友」組織。

當然也有一些慘綠年華的莫名情懷。記得高中一、二年級的時候，功課還沒有那麼緊張。每週總有兩、三天，我會在下午三點下課以後，一個人坐車去故宮。那是我一生中最爲珍視的記憶：在黃昏半明半暗的陽光下，故宮太和殿前的廣場上雜草叢生，碎磚零亂。一個少年漫無目的地在深深的庭院裡閒逛，想像自己從古詩詞中攫取來的畫面：西風、古道、長衫、落日；也想像曾經是盛世見證的龐大宮殿群裡，忽然在一夜之間歸於落寞，沒有宮女，也沒有燭火，繁華竟是如此的曇花一現。故宮成了我高中生活中私人精神世界裡的標記。

## 五、我的「團派」背景

上高中以後，我的課外活動越來越多，對政治的興趣也越來越大。高一開學我就擔任了班裡的團支部組織委員，以及高一年級總支組織委員。那一年正好趕上國慶三十五週年，當局舉行閱兵式作為慶祝。北京市很多學校的學生都被動員起來參加國慶活動，我們學校被指定的任務是去當標兵，就是站在遊行路線兩邊維持秩序。國慶前一天的夜裡全校集合，然後在長安街露宿，一直到第二天參加閱兵儀式。雖然累得人仰馬翻，但內心是非常激動的，不可諱言，這種激動來自於對國家強大的驕傲。那時候，我的思想水平還不可能達到認識到個人自由的重要性的程度。爭取進步，就成了我當時的自我期許。

參加完國慶閱兵儀式之後不久的十月十一日，我就向校黨委遞交了入黨申請。當時各個中學都會有一、兩個名額來培養中學生黨員，我那時候的目標就是在高三畢業之前能夠加入中國共產黨。因此開始自學馬克思主義的經典名著，包括《科學社會主義簡要摘本》和《馬列主義基本理論摘要》，列寧的《國家與革命》、《共產主義運動史》等。我還和班長劉潔等同學自發組成馬克思主義學習小組，一起閱讀討論《共產黨宣言》、《法蘭西內戰》、《哥達綱領批判》、《反杜林論》等馬列著作。高二的時候，我幾乎有整整一年的時間，都調上鬧鐘，凌晨四點起床，用早上的時間閱讀這些馬列書籍，態度之虔誠可見一斑。

至今想起當時的那種高度熱情，我並不會覺得多麼難為情。第一，這畢竟是真實的歷史，我不能迴避；我也不能因為現在反對極權社會的專制制度，就忘記自己曾經誤入迷途。第二，在我高中的時候，求知的空間是很有限的，在周圍的知識主流完全被馬列主義教育籠罩的情況下，一個高中生能夠仰望到的抽象理論也只有正統教育。我想，我如飢似渴地學習馬列主義，並不是因為我真的從頭開始就認同這些學說，而是出於對抽象性知識和理論的好奇與熱情。第三，我認爲很多認知都是比較的結果。至今想到高中的時候讀過那麼多馬列的書我並不後悔，因爲這對於我後來進行反思，從而決定拋棄馬列主義有很重要的基礎作用。因爲對馬列主義教條有一定的了解，所以當以後開始接觸到諸如自由主義、共和主義等更加文明的思想體系之後，我才會更加有醍醐灌頂的領悟。

因爲自己積極要求進步，主動閱讀並帶領同學閱讀馬列著作，也因爲我在老師的眼裡一直是比較聽話，願意靠近學校和團組織的「好學生」，所以我逐漸被校團委的馮老師重用。高二以後歷任班團支部書記、年級團支部書記、學校團委委員，直至代表四十一中參加西城區團代會，是標準的學校團幹部。高三的時候，我看到團中央舉辦每週一次的基層團幹部懇談會，於是主動報名參加。我大概去參加兩次這樣的「週末懇談會」，主持人中就有今天的中共中央組織部長李源潮。這是團中央領導試圖聽取基層團幹部對於團工作意見交流的座談會，我毫無疑問是與會者中年紀最小的一個。記得我當時膽子算是大的，並不甘於聽別人發言，也曾經慷慨陳詞一番，痛陳中學裡團組織工作存在的問題。大概是因爲比較特殊吧，這個發言後來在《中國青年報》的相關報導中還曾經被引用過。

作爲團幹部，現在回想起來，我當時的表現也是比較「左」的。高二的時候我因爲堅持每天早上上課前，檢查團員是否佩戴團徽，一度使得班上同學對我頗有意見。因爲這雖然是校團委對團員的統一要求，也是下達給各個班級團支部書記的任務，但是很多別班的團幹部並未積極執行，而我可是積極得不得了，遇到忘記帶團徽的同學，會直接要求他們回家去取。因爲這是學校紀律，我背後有老師撐腰，所以同學敢怒不敢言，但是對我的反感可想而知。儘管這小小的反感，很快就被別的更加親密的同學友誼壓倒，所以並未影響到我跟高中同學的關係，不過至今想起來還是有點汗顏，這只能說是「人不輕狂枉少年」了。

有趣的後話是：一九八九年「六四」鎮壓之後，我被關押在秦城監獄。審訊人員到處去進行「外調」，調查我過去的思想和行爲，當然也來了四十一中。據有位老師事後告訴我，公安局的人來了學校以後，校黨委書記完全拿不出任何證明材料來揭發我的「反黨言行」，唯一能提供的，竟然是厚厚一摞我遞交的入黨申請書。搞得調查人員面面相覷，啼笑皆非。

我的表現，學校當然看在眼裡。當時的校團委一直有培養我做專職團幹部的打算。那時候我多次遞交入黨申請書，非常希望高三畢業的時候能夠成爲罕見的學生黨員。但是學校有學校的其他考量。因爲當時每個高中都要配備專職的團委老師，可是很少有人願意做這個工作，學校只能用保送上北京師範學院（今首都師範大學）的誘惑，爭取高三畢業的團幹部能夠留校。而我就是重點培養對象。到了高三學期中，學校就找我談話，向我交底：校黨委準備向上級爭取名額，發展我入黨，同時學校保送我上北京師範大學，但是畢業後要返回四十一中做團委老師。不過學校同時也很矛盾，因爲四十一中不是重點中學，高考升學的成績一直不理想，但高考升學率是考核學校教學成績的主要指標。我是那一年應屆高中畢業生裡，被所有老師公認是少數具有考上大學實力的學生，如果眞的考上大學，對學校的業績也很重要。所以學校讓我自己做選擇，是不必參加高考等著保送上大學，同時入黨呢；還是放棄這個機會，走自己的路。

其實到了高三，我已經逐漸開始轉變思想，對於團的工作和馬列主義等正統思想的熱情已經大幅減低，甚至還有了不同的想法（這個下面一節有具體描述），何況考進北大一直是我的人生理想，儘管沒有把握，但是我很想努力一搏，也算對得起自己。所以我當即就婉拒了學校的好意，表示我還是想走自己的路。學校並沒有勉強我，而是把這個機會給了另外一位高三的團幹部。現在想起來證明自己當初的選擇非常正確，眞的很難想像，如果我決定接受學校給我鋪好的路，今天會是什麼樣子。

雖然拒絕了學校的安排，但是從校領導到校團委到班主任，對我還是十分厚愛的。畢竟在高二到高三的兩年裡，作爲學生團幹部，我的工作之努力是有目共睹的。作爲對我的肯定，學校向區裡和市裡的教育系統正式推薦，結果我被評爲一九八七年「北京市市級優秀團幹部」。對於一個中學生來說，這是一個相當高的榮譽了。我如果沒記錯的話，好像那一年全西城區的中學應屆畢業生中只有這一個名額。以這樣的資歷，我想我可以說是貨眞價實地具有「團派」背景了。不過這個背景很快就化爲烏有，我後來完全成了共青團的敵人，最後甚至被開除了團籍。

從北京市市級優秀團幹部到共產黨的階下囚，前後只有兩年的時間，這不僅是我命運的大轉折，其實也折射了那個時代的風雲變幻。因爲，經歷過「六四」那一場重大歷史事件的洗禮，類似我這樣人生經歷的人，當然不在少數。後來我在受審查階段，經常被要求反思自己的這種轉變，但是我想，應當反思的恐怕不是我，而是中共自己。

# 六、一本書改變了我的一生

## 辦中學生刊物

當然，除了在政治上比較「左」的一面之外，我的高中生活也充滿了豐富的內容。早在高中一年級的時候，我就參加了學校的學生文學社團「百草園文學社」，社長林如海是同年級一班的同學，才華橫溢，寫的小說在西城區幾所中學中流傳。出於對詩歌的共同愛好，我們發起編輯出版詩歌刊物，取名《詩苑》，林如海與我擔任主編，編輯中包括周亦工、麥紅、劉潔、郝慧若等同學。從此開始了我長期的編輯文學或者時事刊物的歷程，一直延續到現在。

高二分班以後，上述這些同學都匯集到了同一個班級——文科班，我們之間相互思想激盪，對周圍的世界和生活進行了不同層面的討論和參與。除了年級性的《詩苑》之外，我們還在班裡辦起了思想性的小報《求索》。今天回想起來，很多事情有點不知天高地厚，但卻充滿了熱情和無畏。當時我曾經跟另一名同學聯署，給初中母校新街口中學寫了篇三千字的教育體制改革建議，一共有七條，分別來自對於外校經驗的借鑑。

高三開始，我活動的範圍擴大到四十一中以外，聯合西城區的其他幾所中學：十三中、八中、一五九中、七十七中、五十六中我所認識的一些同學，共同創辦了文學刊物《紫雲英》，我擔任主編。爲了擴大刊物的影響，我們幾個不同校的同學一起跨區行動，聯絡了東城區學通社的同學，也曾經去《北京青年報》編輯部尋求支持。除此之外，我還擔任西城區中學生聯合會會刊《學聯報》的記者，至今還留著頗爲正式的記者證。說起來我也算是一個相當資深的媒體人了。

除了課外活動之外，我開始大量投稿，追逐寫作的夢想。値得記錄的是，一九八五年廣東辦的《歷史大觀園》月刊發表了我撰寫關於清末地方大員岑春煊的軼事文章。這是我平生第一次在全國發行的正式刊物上發表文章，從此揭開了漫長的寫作生涯。這篇文章雖然不長，但是《歷史大觀園》是一份非常正規的歷史普及性專業刊物，在全國有一定的發行量，作爲一個高二學生，能在這樣的刊物發表作品，不僅老師和同學刮目相看，我自己也頗爲洋洋自得。記得當時雜誌的編輯還專門寫信來鼓勵我這個他們年紀最小的作者，希望我以後報考中山大學歷史系。當然，我也收到了平生第一次的稿費，興奮之餘慷慨大方地幾乎傾囊而出，給家人買禮物，還請同學吃飯，最後的開銷應當是大於收入，使我那時候就深深地認識到，靠寫作，是很難生活的啊。當時我以爲從此我就可以躋身作家的行列，於是更加積極地投稿，不過之後大多就都石沉大海了，這也證明了當一個青年寫作者，尋找發表途徑還是很不容易的。

## 嚮往英雄

回顧自己的過去，認眞的開始進行思考，建立自己的價値觀和人生觀，應當是從高二開始的。而這個起步，就充滿了一個標記：熱情。這當然跟時代的氣氛有一定的關係，也跟我們從小接受的革命先烈英雄人物的教育有關係。我很早就決心，不要過那種庸庸碌碌的一生，這也算是一種英雄情結吧。

一九八六年十月三日我在日記中的記述頗有代表性：「生活要火熱，我一直抱定這個信念。如果一個人的一輩子平平淡淡地度過，除了爲自己打算以外別無考慮，也不關心別的什麼事，最後在追悼曲中離開世間。這種生活固然安逸平穩，但簡直毫無意義，白到世界上來一遭。人的價値就在於他爲社會、爲人類做出的貢獻的多少。在世上留下錢財無用，但留下貢獻可以澤被後世，這該多有貢獻。我的一輩子不求平穩安寧，不求閒逸舒適，只願生活得富有活力和火熱。」這是一個十七歲少年的心聲。今天看起來也許幼稚，但是我覺得彌足珍貴。我至今仍認爲，如果一個十七歲的少年就開始世事洞明，安於現狀，這是很可悲的。

可以作爲上述這段話佐證的，是那時我給自己確定的座右銘。那是蘇聯革命文學經典著作《鋼鐵是怎樣煉成的》（*How the Steel Was Tempered*）中，主角奧斯特洛夫斯基（Nikolai Ostrovsky）的一句名言：「人的一生可能燃燒、也可能腐朽，我不能腐朽，我願意燃燒起來。」我還請同學用毛筆寫了貼在書桌旁邊的牆上。這是一句我們這一代和上一代人耳熟能詳的紅色名言，足證紅色經典文化的影響，在「文化大革命」結束好幾年之後還是有一定影響力。

## 影響了我一生的一本書

然而，也就是在這個時期，因爲非常偶然的機遇看到的一本書，讓我的思想產生了顚覆性的影響，甚至可以說是影響了我的一生。

我們學校的圖書館就座落在教學樓的一樓，閱覽室裡因爲室外的濃蔭而顯得有些昏暗。那其實是一個很小的圖書館，裡外兩間，外間是報刊閱覽室，裡間是書籍庫房。總是有一位衣著樸素的老師坐在一張簡陋的木桌後面，淡黃的桌面滿是刻痕，桌上的雜物，無非也就是借書證、膠水、剪刀之類，感覺起來卻散發出與眾不同的味道。越往庫房裡面走，更加不同的味道越是濃郁，似乎都是時間灰塵的氣息。庫房裡面的格局很小，呈對稱的雙排排列，書也擠得很滿，甚至於抽下一本都很費勁。由於缺乏打理，書架上和書上的灰塵總是很重，仰頭去看書架上的索引時，一不留神就會打噴嚏。這樣一個簡陋的圖書館，對於正好處於懵懂狀態，對知識一知半解又如飢似渴的我們來說，就是外面的世界。就在這些灰塵密布的書架上，有一次，我找到一本書：《蘇聯持不同政見者論文集》。

話說當時，我在高中的政治面目簡直就是「極左」。我是班級的共青團支部書記，學校的校團委委員，用句現在的時髦話語，我是典型的「團派」。日記中某一頁上，我還曾經恬不知恥地寫著「要投入到共產主義的事業中」，現在看起來眞是不堪回首。可是那本《蘇聯持不同政見者論文集》完全改變了我。

我那時還不是很清楚「持不同政見者」——這個後來成爲我的著名標籤及頭銜——的含義，只是覺得很好奇，就借回家閱讀。這是蘇聯異議人士沙卡洛夫（Andrei Sakharov）和麥德維傑夫（Roy Medvedev）等人撰寫的批評蘇共文章的結集。「文革」後期，中國官方組織出版了一套僅供黨內一定級別幹部閱讀的書籍，其中很多是國際共產主義運動陣營內部反對蘇聯共產黨的論文和著作，主要是供高級幹部參考用的，因爲封皮一律是白色或者黃色的，所以統稱爲「白皮書」或「黃皮書」。雖然是內部叢書，但是時間久了也就慢慢流傳到了社會上。「文革」結束之後，民間也到處可以看到這些書了。不過爲何一個中學的圖書館也會購進這樣的書，這是我至今仍覺得不可思議的。

這本書一下子就吸引住了我的注意力。那些作者在書中列舉的事實，比如史達林主持的肅反，比如蘇共宣傳對人民的愚弄等，使得我第一次看到了所謂「社會主義」和共產黨的另一面，受到很大的震撼，同時對於自己過去所接受的訊息開始有了自己的想法。我第一次看到原來在我們習以爲常的宣傳之外還有完全不同的論述。那些離經叛道的觀點在天生逆反的少年心中能夠引發的震蕩，如同精神上的脫胎換骨。從此我開始用另一種眼光看周圍的政治圖騰，也從此走上了另一條不同的人生道路。

獨立思考的第一步一旦邁出，思想必將逐漸獲得解放。一九八六年底和一九八七年初，安徽、北京、上海等地相繼發生學潮，之後胡耀邦下台，當局發動「反對資產階級自由化運動」，這些社會上的重大政治事件，已經開始引起我的注意和思考。尤其是方勵之等人的言論，更加深化了我對現實的批判性認識。我在後面還會再談到。

因爲受到這些啓蒙的影響，我對於自己在團內的工作也有了新的想法。高三上半年，我帶領校團委另一名學生團幹部組織了一次問卷調查。主要是調查中學生對於共產主義是否還有信仰。我曾經把這個計畫報告給團委馮老師，但是遭到反對，馮老師認爲我這是無事生非。但是那時候我的內心已經開始有了叛逆的種子。不管學校的反對，我還是自行向西城區附近幾所學校的團員發出了問卷，回收的結果令人震驚也富有啓發意義，那就是大部分團員表示對共產主義並不理解、也不信仰。這份問卷回收之後，我交給校團委，馮老師大怒，對我進行了嚴厲的批評。學校黨委也被驚動，專門派副書記找我談話，他們怎麼也想不到，在他們印象中，那個最聽話、最積極配合學校工作，並一心要求入黨的好學生，爲什麼做出這樣的異端行爲。

他們不知道，從那個時候開始，我已經決定，與過去的思想，與社會主義和馬列主義分道揚鑣；而那時我也不知道，我會在這條路上越走越遠，一直走到今天。而這個轉變，居然是從一本書開始的。

現在我已經不記得那本書裡每篇文章的具體內容了，但是它帶給我思想解放上的意義，則是里程碑式的，那種衝擊我至今仍記憶猶新。我希望以後還能找到這本書，以作爲一種紀念，提醒自己曾經如何在思想的歧路上徘徊。

如果沒有那個圖書館，如果那個圖書館中沒有那本《蘇聯持不同政見者論文集》，也許，今天我就是中共的接班人了。（我開玩笑的啦！而且，阿彌陀佛，幸虧沒有！）

## 七、高中生活的尾聲

### 驪歌響起

一九八六年我進入高三，進入中學生活的最後一年。對於我們來說，高三是一個人生的重要分水嶺，因爲這一年，我們要參加高考，決定自己未來的命運；也因爲這一年過去之後，我們的少年時期就要結束，我們即將進入十八歲，展開新一段人生。多愁善感的文科班學生們，對此是非常感慨的。記得一九八六年十一月，爲了參加五省市「校園歌曲大獎賽」，我和呂軍、劉潔、李華、王昕、郭海軒幾個同學組成創作小組，由我寫詞，王昕作曲，其他人配樂演奏，最後做成卡帶送去參加比賽。比賽結果如何我已經不記得了，不過歌中的旋律我至今還能哼唱得出來，而由我作詞的這首歌名，就是《人生第一站》，我寫道：「校園是人生第一站，在這裡明天後面是明天，一天天我們在幻想，什麼時候才可以走出校園……。」這可以充分反映我們邁入高三的集體心情：對未來充滿期待，但是又有點茫然；對於過去的少年時光充滿留戀，有一種莫名的悵惘。

一九八六年的最後一天中午，我們三年五班辦了一個新年聯歡會。高中同學三年即將面臨分別，大家心中都充滿感傷。我們在教室內進行了精心布置：門外貼著林如海、郭海軒、馬忠書寫的對聯：「千聲歡新歲，萬古重少年。」教室內的上空是一條條的拉花，還漂浮著一個個氣球，每個氣球上都拴著一個致以親切問候或者名言警句的小卡片。黑板上有用三十五顆心形剪紙（象徵全班三十五位同學）組成「心心相印」四個字。牆壁正中是用紅紙剪成的一顆巨大心形，中間大書一個「愛」字。教室後面的板報上則畫著一片金色，中間有一行字：「夕陽裡道一聲珍重」。

聯歡會由我主持。同學們各顯身手，節目精彩紛呈，有男生合唱《讓世界充滿愛》，女同學王昕獨唱《血染的風采》，女生二重唱《人生第一站》（自創歌曲），歷史老師趙士良的京劇選段《打漁殺家》，班主任袁蓓蓓的獨唱《紅梅花兒開》，呂軍的京劇選段《當官難》等，我和一名女同學王嘉合演了一齣豫劇《倒霉大叔的婚事》。整場晚會，大家歡聲笑語，但是也充滿了依依惜別之情。

我一直認爲，十七歲是人生中最寶貴的年紀，這時的我們仍然保留著單純，同時也多少懂得了一些世事，這時結下的友誼也最純潔。事實上，我們班同學之間的友誼一直持續，現在每年還在組織聚會，每次聚會大家也不會忘了打長途電話給我，讓我在電話中短暫分享這一份青春的美好回憶。

聯歡會結束之後，我跟一位同校好友專門去了一趟櫻桃溝，作爲向一九八六年的告別。我記得那天行人稀少，白雪覆蓋的櫻桃溝靜謐安寧。我們回家的時候已經是萬家燈火，而我們的心情則像雪一樣平靜。

一九八七年，就這樣來了。

這一年的二月二十六日，是我十八歲生日，也代表著我正式成年。這個不尋常的日子對我來說意義重大。那一天我拉上同班好友登上景山公園，俯瞰北京城，內心對未來充滿嚮往，同時也充滿自我期許。當天回來之後我在日記中寫下這樣一段話：「遙望中南海迷濛一片，故宮莊嚴博大，全城大半盡收眼底，我心中不由自主想起了同鄉人黃巢的詩：『颯颯西風滿院栽，蕊寒香冷蝶難來。他年我若爲青帝，報與桃花一處開。』」*我必須承認，作爲一個中學生，有這樣的自我期許，算是有些狂傲。但是回過頭來看，我認爲在十八歲的那個年齡，能夠狂傲是一種正面的能量。

也是在同一天的日記裡，我激勵自己：「一定要百折不撓，愈挫愈奮，明確目標，堅定追求。」

* 黃巢的祖籍也是山東菏澤。

而要追求的第一個目標，就是考進北大。

## 差點成為電視人

但是這一年高考，實行部分專業學校提前招生的制度，其中，北京廣播學院成了大熱門。八〇年代後期，隨著電視機的逐漸普及，進入電視台已經成爲炙手可熱的行業選擇，傳媒專業如同今天的生化專業一樣，是當時最爲前端的專業。在電視台工作，對我們來說，充滿了好奇與嚮往。

這一年，北京廣播學院播音、新聞、電視節目製作三個專業參加全市的提前招生，各校頂尖學生趨之若鶩，我也決心報名試試。其實我的心願還是去北大，報考廣播學院多少有點趕時髦的心態，同時也想開開眼界、見見世面。反正因爲是提前招生，就算被錄取，我自己還是可以選擇接受或放棄的。

四月十六日我和班上幾個同學去參加初試，現場果然看到不少平時在北京市和西城區的中學生圈子中比較知名和活躍的中學生。可以說，那一屆應屆高中畢業生中的一時之選，很多人都想來這裡試試自己的實力。

初試是口頭辯論，題目是「電視必將取代報紙和無線電廣播」，一共二百六十多人參加，要選出五十二人進入複試。辯論歷來是我擅長的項目，所以初試我順利過關。四月二十二日進行複試，五十二名考生要逐一面對七位主考官進行即興演講，最後選出十八人。我抽中的題目是「開放、搞活與我的成長歷程」，這個頗爲具有時事性，配合當下政策的題目確實讓我有些不知所措，結果發揮得不理想，複試沒有通過。後來聽說，在通過複試的十八個人中，還要再比較參加高考的成績，最終二百六十人中能夠考上廣播學院的，只有三人，可見競爭之激烈和這些專業的熱門程度。

如果當初眞的雀屏中選，我可能就會成爲電視節目主持人了。以後我凡是遇到北廣（今天的中國傳媒大學）的人，都會跟他們說，其實我是沒有考上你們學校，才去北大的，聽到的人都有點目瞪口呆。雖然主持人沒做成，但是我倒沒有什麼挫敗感，畢竟我心中眞正的目標，還是北京大學。

## 黑色的七月

中國的高考是七月七日至九日三天。對於中國的學生來說，高考是扭轉命運的一次關鍵考試。我們這些大城市裡的孩子還好，但是對於那些從小生長在貧窮鄉下的小孩來說，如果能夠考上大學，是他們唯一可以改變自己命運的機會。所以，當時的競爭是非常激烈的。八〇年代的中國，大學還沒有像現在這麼林立，因此進入大學的門檻相當高。一九八七年全國的高考升學率，如果我沒記錯的話，好像是平均七個應屆高中畢業生中只有一個考上大學的比例。

進入高三最後一個學期，我跟所有的同學一樣，開始緊張的複習階段。最後的一個月，我和一些同學甚至爲了節省回家的時間，而集體住到學校，大家晚上複習到十一點多，就把桌椅拼湊在一起躺在上面睡覺。我給自己制定了複習計畫，密密麻麻的一大張紙貼在牆上，細化到每天幾點到幾點看某門功課的某本教材的第幾頁到第幾頁。這個計畫沒有完全按照課任老師安排的進度進行，這是因爲我對自己各門功課的程度還是有一定把握的，我比較想按照自己的節奏進行最後衝刺。

考前一個月，西城區安排全區應試學生進行兩次模擬考試，由於以上原因，我第一次模擬考試的成績，在全班的排名從原來的第二名下降到前十名以外，班主任極爲緊張；但是我老神在在，心中一點也不慌亂，因爲我有我自己的進度。家裡了解我的狀況，也沒有多擔心。第二次模擬考試時，我的成績就回到全班第一名。

關於高考，我父母對我採取的是信任的態度，沒有給我太大的壓力，放手讓我按照自己的想法進行複習，並不會太過問我的複習進度，同時也一再說，只要能考上大學就好，不一定非要進北大。這樣的態度，讓我可以輕裝上陣。對考生來說，填寫志願是至關重要的，每個學生可以填寫三個志願。我當時不知道爲什麼，對自己信心滿滿，除了填寫了一個極爲普通的大學作爲墊底之外，第一、第二志願填寫的都是北京大學，當時的想法就是破釜沉舟，激勵自己直搗黃龍，完成自己的人生目標。我的第一志願是北京大學國際政治系政治學專業，這個專業那一年在北京市招收八個人。我就要準備擠進這八個人之中。

被當時的媒體稱爲高中畢業生的「黑色的七月」很快就到了。半年高度密集的複習，現在就在此一舉了。我記得我當時的心情頗爲放鬆，這倒不是因爲我對自己的成績有把握，而是因爲我覺得都已經最後三天了，緊張也無濟於事，再多看一些習題也意義不大。所以我考前三天就停止複習，在家休息，或者跟同學出去看電影。

七月七日高考開始，考場在西城區豐盛中學的第三考場。我至今還保留著當時的準考證，考號是100270。三天的時間一晃而過。這之後才是最難熬的日子，因爲我們要等待七月三十一日那天高考成績下來。這近一個月的等待眞是一種折磨，終於畢業了的喜悅完全被焦灼取代。

七月三十一日成績終於出來了，我語文九十六分、歷史九十三分、地理八十三分、英語八十三分、政治七十九分、數學六十二分，總成績四百九十六分，這個成績是當年四十一中應屆畢業生中全校最高分。特別值得一提的是，那一年歷史的考試連趙老師都說比較難，我九十三分的成績在全西城區的考生中排第二名。這似乎預示了我未來還是會走上歷史研究之路。

成績出來了，但是否能被北大錄取還是未知之數，因爲四百九十六分的總成績已經超過了那一年北大招生的基本線，但是並未超出很多，而且北大國際政治系競爭激烈。後來外界有一種說法，說我能上北大是因爲父母都是北大的，所以受到照顧，這完全是胡扯，北大的招生制度十分嚴格，絕對不可能因爲是北大的子弟就破格錄取。

## 北大，我來了

八月十一日是領取錄取通知書的時間。那一天我到了學校門口，感覺腿都軟了，心一直砰砰砰地跳，呼吸都有點困難。未來人生如何，此刻就要揭曉，我的心情應當可以理解。我清楚地記得，我是用瑟瑟發抖的雙手接過傳達室老師遞給我的信，接著我一眼就看到了信封上右下邊鮮紅的「北京大學」印鑑，腦子裡立刻「嗡」的一聲被巨大的狂喜充盈了。

騎車回家報喜，我在路上心情十分恍惚。三年的辛苦終於修成正果，我多年的心願化爲現實，未來在我的眼裡已鋪開了一條陽關大道，那種激動，所有考上大學的學生應當都能體會。我終於控制不住自己，喜悅的淚水奪眶而出，我就是這樣一邊擦眼淚、一邊趕回家的。結果就發生了誤會。

正巧這時母親不放心，派我姐姐去學校看我是否順利拿到錄取通知。結果我姐姐在路上跟我擦肩而過，一眼看到我滿臉鼻涕眼淚狼狽不堪的樣子，她猜想一定是大事不好，我落榜了，才會哭成這樣。大驚之下，也不敢問我，就先衝回家中「報警」。據我母親回憶，她聽到我姐姐描述我的悲慘狀況，也覺得應當是沒有考上，所以準備好了等我回來要好好安慰我一下，鼓勵我不行就明年再考。結果我抹著眼淚進了家門，就宣布了考上北大的好消息，大家這才知道是虛驚一場。

安頓一下心情，與家人分享了喜悅。當天下午，我就騎車去了北大。那天黃昏，我徜徉在未名湖畔，這個我從小長大的地方，今天在我的眼裡有了不一樣的面貌，雖然還沒有正式開學，我已經覺得自己成了這裡的一分子了，當時我真想大聲喊出我心裡反覆呼喊的一句話——北大，我來了！

# 第三章　北大：我的精神聖土

## 一、初進北大

### 進入北大國際政治系

我對北大有深厚的感情，是與家庭有一定關係的。我父母都是北大的學生，父親畢業後留在北大任教，教書三十多年才正式退休。我母親畢業於北大歷史系，說起來我們母子不僅是校友、還是系友。我從小就經常隨父親去北大校園，可以說是在那裡長大的，我對北大的一草一木都相當熟悉。小時候跟父親去北大，他在實驗室忙碌，我就在大樓外面玩耍，等他下班後帶我去食堂吃飯。夏天的北大校園，滿校的蟬鳴大噪，這種聲音，成了我回憶之門的密碼之一。

記憶最深刻的，是一九七六年唐山大地震那天，我與父親、姐姐就住在北大的教師宿舍裡。當天深夜天搖地動，窗口望出去，遠處地平線上明亮如同白晝，那種詭異壯麗的景象把我嚇呆了。我父親畢竟是做地質工作的，對地震比較熟悉，所以在搖晃起來的第一個瞬間就判斷出是地震了，他立刻左臂夾住我、右手拉起我姐姐，以最快的速度衝下了樓。好在北大宿舍樓是鋼筋混凝土建構，非常堅實，所以沒有倒塌。第二天上午，母親也從新街口的家裡趕來，我們一家於是在北大度過了地震之後人心惶惶的一個月。這些成長期間的經歷，使得我對北大，有一種近乎血緣性的認同和親切。

一九八七年九月一日，我在父親和姐姐的陪同下，來到北大報到入學，開始了我人生中最爲難忘、最爲留戀的一段時光。

報到當天，我就搬進了新生宿舍，三十八樓五二〇室。三十八樓位於當年的西門旁，與以後我住的四十三樓等五座鋼筋水泥的五層建築連接在一起，北大大部分的男生都住在這裡。後來我們常常笑說，如果當局派警察進校鎮壓學潮，我們這五座樓把門窗堵住，各樓之間還可以首尾相連，堅持一、兩個星期不投降是沒問題的。

搬進新家之後，我們就領取了學生證，這個證件我到今天仍然保留著，而且非常珍惜，我的學號是08821054。這裡有一段小插曲：一九八九年學潮之後，我被開除北大學籍，但是如果你現在去查北大歷史系歷屆學生的名冊，還是可以看到我的名字和學號。不要以爲這是什麼了不得的事情，事實上，對於這些有一定敏感性問題的處理，各個系的態度是不一樣的。北大物理系的學生名冊檔案中，就已經抹去了方勵之、李淑嫻老師的名字。

北大男生宿舍大小不等，我們五二〇室擺放三張上下鋪的床位，除了我之外，同舍的是來自東北的劉大立、劉漢斌，來自湖北的肖俊、張世華，以及來自山東的徐建習。我考進的是北京大學國際政治系政治學專業，我們就算是這個專業的八七級學生。

政治學專業成立於一九八二年，一九八三年開始招本科生，一九八五年才開始招收博士生，當年一共招收了四名博士生，算是一個比較年輕的科系。到我入學的時候，全專業共有教師十五人、教授兩人：趙寶煦和張漢清兩位先生。趙先生更是中國政治學研究領域的權威學者。政治學專業有四個研究方向：政治理論、中國政治、國際政治、行政管理。培養目標是黨政幹部、教師和科研人員。我入學的時候，我們的班主任是今天中國政治學界的學術骨幹——燕繼榮老師。

就政治學專業而言，當時復旦大學政治學系在全國鼎鼎大名，今天已經進入中共領導高層的中共中央書記處書記王滬寧，那個時候就是該系的著名教師，北大政治學系與他們難免有瑜亮情結。不過北大自有自己的優勢和吸引力，那就是整個學校的歷史地位和優秀傳統。在新生入學後的第一次全班會議上，我就發言表示：「我考到北大，就是爲了享受北大的民主和自由的氣氛。」

北大之所以爲北大，是有很多因素的，其中一個就是其顯赫的盛名吸引了歷屆高中畢業生中的精英。在我們這一屆國際政治系的同學中，就有北京市文科狀元，來自各省的同學基本上也都是各省文科名列前茅的精英。我一直認爲，大學的功能之一本來就是提供一個機會和平台，讓我們可以與其他同齡的優秀人才互相交流、互相促進；從這方面來說，北大的學生來源本身就是得天獨厚的教育資源。

## 軍訓

進入北大，我們的第一件事，不是開始選課，而是集體離開學校，去參加軍訓。這是八〇年代中期中國高等教育中開始的一項制度，新生入學要先接受五個星期的軍訓。北京大學的新生被安排去河北正定附近三十八軍的部隊參加軍訓。這項安排使得北大這一屆新生與三十八軍官兵建立了深厚的友誼，而這種友誼在日後的「六四」鎮壓時遇到了嚴峻的考驗，這就是後話了。

九月九日深夜一點二十分，滿載十五節車廂的北大學生專車，從北京出發，第二天一早，把我們帶到了河北省正定縣。*女生特殊編列成女生營，留在正定縣城參加軍訓，而我們全體男生轉搭軍營的大卡車，開赴我們訓練的地方：距離縣城四十里地的小畢鄉。我被編入三十八軍軍訓一團三營十連三排七班。我們的班主任燕繼榮老師和系裡的年輕老師印紅標也隨我們來到軍營，被掛名為連隊的「副指導員」。考進北大不到兩個星期，還沒做學生，我就成了一名中國人民解放軍的預備役士兵。今天想想，實在有點不可思議。

進入軍營，我們首先學的就是遵守紀律，我想這大概就是教育當局安排軍訓作為我們進入大學第一課的主要目的之一吧。我們做任何事情都要先集合，聽連長訓話，然後大唱軍營歌曲，吃飯之前也是一樣。通常，我們上午學習軍訓課程，下午進行操練。課程內容包括隊列訓練，就是稍息、立正、左右轉等；軍事理論課，就是學習各種軍隊條令、軍兵種知識、軍事地形學、三防知識、輕武器射擊、單兵戰術動作、班組戰術、連排戰術等等。軍訓結束的時候進行結業考試，我成績最好的一門是連排戰術規則和軍事地形學，得了一百分；而成績最差的是條令教育，看來我比較適合做軍官指揮別人，而不是當士兵被別人指揮。

軍營生活緊張枯燥是不必說的。我們每天早上聽到起床號就要一躍而起，這不僅是因爲規定要迅速起床，也是因爲起床晚了，盥洗的地方就擠不進去了。有時候晚上還要進行「拉鍊」，即半夜三更或者凌晨，突然吹號集合，全連出發夜行軍到很遠的地方。這往往是我們最手忙腳亂的時候，找不到鞋的，釦子扣錯的，拿了別人衣服的，忘記背上行李包的，各種洋相都有。每次都遭到連長的挖苦諷刺和嚴厲訓斥。

後來我們學乖巧了，先是從各種管道揣測今天夜裡會不會「拉練」（這種時刻冒充軍官的班主任就會偷偷地成爲洩露「軍事機密」的叛徒），然後晚上就寢的時候就乾脆人不卸甲、馬不卸鞍，頭枕著打好的行李包。等到凌晨一、兩點集合號響起，大家一個鯉魚打挺，直接衝出寢室。結果那一次因爲集合完畢的速度實在太過於神奇，連長一眼就看出了我們的把戲，最後還是一頓挖苦諷刺和嚴厲訓斥。

身體的辛苦還不是最大的考驗，對我們這些身體正在發育階段的學生來說，吃不好才是最辛苦的事情。軍隊的伙食跟大家過去在家裡相比，自然是相差甚遠。據說我們受訓那一年，軍訓費用緊張，也影響到我們伙食的改善。當時只有米麵充足，菜的種類很少，尤其是肉類，更是經常讓我們望穿秋

＊ 兩年前，習近平在這裡當縣委書記（一九八三年至一九八五年間）。

水。管飽，但是吃不到油水，這是全體「解放軍戰士」一致的心聲。

記得軍訓期間，北大曾經派副校長和一些老師來河北看望大家，問大家有什麼困難，同學們用響亮的聲音齊聲回答：「改善伙食！」我們還半開玩笑地說，我們吃的連炊事班養的豬都不如，以至於每次炊事員餵豬的時候，都有一圈的學生圍觀，眼睛裡滿滿的是羨慕。因爲沒有油水，再加上操練的辛苦，我們每一個人都在此時締造了自己人生中飯量的最高紀錄。我從小飯量不大，但這時最多的時候曾經一頓吃了六個饅頭。我們還曾經進行過調查，發現全營最高紀錄是一頓吃十二個饅頭！不要說現在想起來不可思議，就是軍訓結束之後不久再回顧，我們都不敢相信自己曾經是那樣的飯桶。我們連隊上也有小賣部，進一些月餅、糖果之類的小吃，但是我們每一次採購的時候都是風捲殘雲，把貨架上的東西一掃而光，嚇得服務員驚嘆：「這簡直是鬼子進莊了。」後來小賣部乾脆關門了，我估計是被我們嚇倒了。

不過，不管生活上多麼艱苦，操練多麼辛勞，這麼多來自全國各地方的十八歲學生湊在一起，青春的能量是無法壓抑的，生活還是被我們編織得燦爛多姿。我們的軍營，建在一片開闊的田野中間，對於我這樣從小在大城市長大的孩子來說，那樣的風光是賞心悅目的。別的不說，晚上抬頭，就可以看到滿天的星斗，這就已經非常能觸動我的小資產階級浪漫情懷了。我一九八七年九月二十二日軍訓期間寫了一首描寫環境的小詩：「西風弄葦嘆別離，極目青原無笛語。落日晚照池塘畔，風聲雨聲共唏嘘。」

儘管今天看起來，這首詩有美化現實之嫌，但是也反映出回到純粹的大自然中，給予我精神上的享受。

軍訓的艱苦生活之外，也有很多趣事，日後都成了我們談天的笑料。有一次，我跟另一位同學（不，戰友）站凌晨的崗。大約天剛朦朦亮的時候，我們發現有一個老頭鬼鬼祟祟地出現在我們的營區，而且一路摸索著竟然走到了連長的寢室，在窗戶下繞來繞去。這簡直是十分嚴重的敵情啊，我和同學互相看了看，腦海裡閃現出不少緊張的情節：刺客？破壞分子？施放毒氣的傢伙？國民黨特務？不行，我們不能放棄我們的職守，此時此刻，我們感覺到小時候看的抓特務電影彷彿就發生在眼前。鼓起勇氣，我們從老頭背後撲過去大喊一聲：「不許動！」那老頭頓時被我們的英雄氣概嚇得不知所措，語無倫次地不住念叨。這時連長聽到聲音衝了出來，我們正要得意地把俘虜交給他，卻聽見他用不太耐煩的聲音說：「爹！你怎麼又不打招呼就跑來了！」原來是連長他爹從老家跑來看他！

結果，我們的警惕性並未得到連長的表揚，他還狠狠地白了我們一眼，就帶著他爹進屋去了。

在軍營裡，大家有更多的時間相互認識，並討論未來回到學校的生活。我們班上的北京孩子除了我，還有韓東、邱凱生兩人。因爲都來自北京，所以我們很快就混熟了，而且變成了形影不離的好朋友，很快被人稱爲「三劍客」。三個人中的邱凱生是一個大活寶，胖胖的他臉上架個大眼鏡，寬臉龐上經常有意擠出各種表情，逗得我們哈哈大笑。他最拿手的，就是模仿連路都走不動了的全國政協主席鄧穎超出來接見外賓的樣子，看著他在營區的林蔭小道上假裝步履蹣跚地被架著走過來，嘴巴癟著，嘴唇蠕動的樣子，還眞的有三分神似。每一次我和韓東都笑到上氣不接下氣的，我有一次還笑到直接躺到了地上，呼吸急促。那樣的經驗使得我甚至有點害怕，害怕自己眞的會笑死。

## 《藍帆》

八〇年代本來就是文青充斥的時代，大學生更不例外。我們班裡就有很多詩歌愛好者，大家一拍即合，那時候我和班上的高鵬程、張全在、吳小斌等討論後，在軍營裡辦起了班級的詩刊，我取名叫《藍帆》。幾乎大半個班的同學都加入了編輯和工作，這使得素不相識的我們很快就凝聚起了感情。連隊支持我們，讓我們可以刻版印刷，小小的一份刊物就在短短五個星期的軍訓生活中出版了。後來北大全體軍訓學生回到學校，總結軍訓生活的時候，我們這份軍營小報還曾經被提到過。《藍帆》因此成了我們政治學專業全體同學的精神地標。

二〇一一年是我們北大政治學系八七級同學畢業二十週年，老同學聚會的時候，就倡議再辦一期《藍帆》作爲紀念。我雖然已經在遙遠的美國，但是大家還是希望我作爲創刊人之一，能爲復刊的這份班刊寫〈發刊詞〉，我於是寫道：

> 一九八七年那一年的秋天，我們從各自的故鄉來到北大；在剛剛安頓下行李之後，我們被送到了迥異於校園的另一片廣闊天地——河北正定，去參加軍訓。我相信，對於很多同學來說，那是一段雖然短暫、但是留下了大量記憶的時光；而《藍帆》的創刊，就是那些記憶中色彩斑斕的一部分，也是我們永遠難以忘懷的一部分。
>
> 其實已經很難重新勾勒出《藍帆》從創刊經過到每一期的編輯工作的細節了，不過我覺得也沒

有關係。《藍帆》對我們來說，是一個記憶中的青春時期的胎記，它刻在我們的心中，在某一個我們珍視的角落裡靜靜地存在著。因爲有這樣的存在，已經進入中年的我們，還有這樣的計畫，回來重新再辦一期《藍帆》；因爲有這樣的存在，我們四散在世界各地的同學，還依然共同守望我們自己的精神家園；因爲有這樣的存在，我們永遠都不會忘記我們曾經共同經歷過的光輝歲月。

把我們在精神上聯接在一起的是那樣的一個年代，一個可以用藍帆啓航來形容的年代。記住它，守護它，讓它成爲我們一生最爲寶貴的財富而且彼此去分享它，這，也許就是《藍帆》在我們心中的意義吧。

我們逐漸老去，但是，我們依然年輕。

這就是二十年以後的回顧，我們的心聲。

## 告別軍營

儘管軍訓期間我們天天怨聲載道，但是當五個星期的訓期結束，我們終於要返回北京的時候，大家卻開始捨不得了。部隊裡的班長、排長，其實也是比我們大不了幾歲的大孩子，五個星期的朝夕相處下來，他們和我們培養出了深厚的感情。最後告別的時候，有的男生竟然哭的稀里嘩啦的。在離開的列車上，我們再次唱起軍訓期間每天唱了不知道多少遍的《三十八軍軍歌》：「鋼鐵的部隊，鋼鐵的英雄，鋼鐵的意志，鋼鐵的兵！平江起義上井岡，鐵流向北方……」的時候，竟然一點也不覺得厭煩，而是感到無比親切了。

短暫時間結下的友誼持續了很久，後來我們開學，有的同學還跟班長保持通信。有一次班長來北京出差，居然還跑到北大來看我們。這樣的情況在參加過軍訓的我們這一屆大學生中並不少見。八九民運中，當李鵬宣布戒嚴令，作爲戒嚴部隊試圖進入北京的，就有三十八軍的士兵。當北大的同學去堵截軍車時，我們最經常做的反宣傳工作，就是對著三十八軍的士兵高唱《三十八軍軍歌》，不難想像三十八軍的軍人內心會做何感想。後來三十八軍軍長徐勤先將軍悍然抗命，寧願被軍法處置，也不願下令鎮壓學生。這個決定的背後，是否跟軍訓產生的感情有關，是值得考察的。

十月十日，經過五個星期的苦行，我們終於回到北京，心中的興奮難以言表。我和邱凱生、韓東回到學校丟下行李，就騎自行車一起返回北京市區。一路上又叫又笑，三更半夜的穿過住宅區的時候一起大喊「要注意計畫生育」，然後快速逃走，各自回家。那樣的青春，似乎就在眼前。

後來大家回想起軍訓，都覺得其實是挺美好的記憶。在開始大學生活之前，有這樣的機會讓大家朝夕相處，接受集體生活的薰陶，對很快適應大學生活也是有益處的。不過，「六四」之後，作爲一種懲罰，北大、復旦等幾所大學實行軍訓一年的制度，這就完全背離了原來軍訓制度的設計本意。好好的軍訓眞的變成了地獄一般的苦修，辛辛苦苦考上大學的青年學生要到偏僻的鄉下苦練一年軍事課程，在那幾屆大學生心靈上造成很大的陰影。北大軍訓接連出現了幾起自殺事件，學生和家長也是反對聲浪四起，因此爲期一年的軍訓制度堅持了沒幾年就取消了。說起來，這些學弟學妹們被如此管制，當然是因爲當局要加強學生的思想紀律教育，這也是因爲吸取了八九學潮的教訓。所以後來我遇到一九八九年後入學的北大學弟學妹們，提到他們軍訓一年受的苦的時候，都會開玩笑地說：「對不起，對不起，都是我們害的！」

## 二、安置靈魂的精神家園

### 第一次遊行

我在進入北大之前，就對北大曾經參加和主導過的幾次學潮和遊行有所耳聞，可以說是心嚮往之。沒想到一九八七年十月十日我們這些新生剛從軍訓營地回來，正要開始期待已久的大學生活沒多久後，十月二十六日就見識到並參加了我們在北大的第一次上街遊行。

那次遊行其實是非政治性的，是因爲中國足球隊在世界盃亞洲區預選賽中打敗日本隊，終於實現了「衝出亞洲，走向世界」的目標。北大的球迷們，包括我在內，當天晚上都擠在食堂收看電視轉播。

比賽結束的哨聲一響，大家激昂的情緒頓時引爆，幾千人先是衝出食堂，在校園裡聚集，然後就自然而然地走出了校門。完全沒有任何人組織，這是一次純粹自發的遊行。學生們高呼「中國萬歲」、「團結起來，振興中華」等口號，高唱《國際歌》，興高采烈地向城裡進軍。

我那時大概還比較不習慣這樣的行動，跟著學長學姐們走到白石橋民族學院附近就回來了，後來聽說最後還是有一千多人走到了天安門廣場，才盡興而歸。

這種新生入學的洗禮對我來說眞是新鮮又刺激，而且給我留下了深刻的印象，那就是，遊行是我們表達情緒和意見的正當權利。

## 第一次看到大字報

這之後不久，又一次接受北大民主自由空氣的洗禮，就是第一次在三角地學三食堂前面的布告欄上看到了大字報。這是一篇署名爲「潤邦」的作者寫的，題目是〈統一分配制必須取消〉，提出「教委如不改革統一分配制度，將成爲改革的絆腳石、歷史的罪人」，「知識分子就是這樣，只有你讓他幹他喜歡的工作他才能幹好」。對於我來說，大學生遊行、貼大字報，以前只是聽說過，現在親眼看到，這種激勵和啓發的作用是不言而喻的。我想，一個大學的風氣，其實就是這樣由一代代師生通過保持傳統的實際行動所傳承下來的。

受到這樣的校園氣氛影響，我很快就融入了堪稱火熱的大學生活中。對於一個學生來說，除了上課之外，很重要的校園生活就是課外活動和各種社團活動。我積極參加了各種活動，除了被選爲政治學班的團支部宣傳委員，以及系裡的學生會常代會代表之外，也在一位山東老鄉的學長帶領下參加了校團委組織部檢查組的工作。那時的團委書記是朱善璐，我曾經在他領導下在團委宣傳部辦公室工作過，也曾經採訪過他，採訪稿還在學校廣播過。他後來擔任過南京市市委書記，現在回校擔任北京大學黨委書記。

在學生社團方面，作爲政治學系的學生，我參加了政治學社，同時也報名參加了中文系同學組織的「五四文學社」，被分在詩歌和評論組。記得參加的「五四文學社」的第一次活動，是邀請北大中文系七七級畢業生、文藝評論家黃子平來回答新社員的提問。他在詩歌方面向我們推薦北島，小說方面推薦汪曾祺，這對我來說都具有開闊閱讀視野的意義。他還叮囑我們：「一部作品，能否被人看懂，並不能作爲評判作品好壞的標準。」這樣的觀點，對我來說都很具有啓蒙意義。我整個價值系統、思想體系，從進入北大第一天起就開始了重新的建構。

## 知識的海洋

一個大學，其主要的結構成分之一就是圖書館，而北大圖書館可以充分滿足我的求知慾。我當時就像一個初進大觀園的劉姥姥一樣，看見什麼書籍都想瀏覽，根本來不及設定主要方向，只是迫不及待地吸收各種讓我感興趣的知識。我現在手裡還保存著一張當年在北大圖書館的借書單，由此可以看到那時候我的讀書興趣：《關於反右鬥爭的學習材料》、《北京話初探》、《魯迅國民性思想討論集》、《印度哲學》、《建國十年大事記》、《右派分子儲安平的言行》、《孔子評傳》、《豐田四十年的歷程》、《自卑與超越》、《漢山詩集》、《美國對外經濟戰略》、《美國通史簡編》、《美國政治中的「院外援華集團」》等等。

到北大不久，我就開始對一九五七年的反右運動比較感興趣，這主要是因爲看到很多當年的右派言論，其實即使是放在現實中，都很有前瞻性，因此對那一段歷史，對那一代知識分子非常想有更多的了解。所以有一段時間，我每天去圖書館，逐頁翻看一九五七年的《人民日報》和《光明日報》。當時的想法，是想以一九五七年的《人民日報》、《光明日報》、《文匯報》、《新華月報》以及其他右派材料、回憶錄和口述採訪爲基礎，寫一本完整的「反右運動史」。我在日記中給自己規定了寫作宗旨，就是要讓這段歷史「作爲一個警告，向中國知識分子和所有具有良知的人們呼籲，對知識進行迫害這種無知的行爲必將危及全民族的存亡，中國知識分子要爲自己的價值勇敢戰鬥」！

作爲新生，我們對未來四年的大學生活充滿了興奮的嚮往。我當時想法很多，雄心壯志層出不窮，恨不得一天有四十八個小時可以用。我打算跟同班的邱凱生合作，寫一篇報導文學〈高考啓示錄〉，把高三那一年下來的所思、所感總結出來。我們擬定了寫作計畫，準備採訪八七年和八八年的應屆高中畢業生，也就是現在周圍的大學同學。也要採訪中學的帶考老師、教導主任，甚至北京市高教局領導等，我們的野心是希望能從不同側面寫出一篇對高考制度進行全面反思的文章。除此之外，我還與過去高中時期合作過的幾個同學計劃編出一本《北京中學生詩選》，爲此我還找了北大團委宣傳部開出介紹信，到各個中學去聯絡文學社團，徵集稿件。這些「宏偉」計畫其實後來往往無疾而終，這是一般年輕人做事情的通病：虎頭蛇尾。不過從中也可以看出大一生活是多麼豐富充實。

當然，作爲學生，最主要的精力還是要放在學業上。除了基礎課英文和數學以外，我還選修了「中國古代政治制度史」、「政治學」、「計算機」等基本的課程。那時候最頭疼的就是「高等數學」。政治學專業因爲會涉及到數據統計，所以高等數學是必修。而自從進入高中以後，我與數學就漸行漸遠，數學成績從來就是最弱項。連高中的代數幾何我都難以掌握，現在要學高等數學，這簡直是趕鴨子上架。我記得第一個學期我去上高數課，看著老師在前面黑板上畫了一堆符號和數字，那完全是雲裡霧裡的感覺，根本聽不懂、也不想聽懂。後來高等數學這門課，我整個學期就去了四次，其中還有一次是有去沒有聽，趴在桌子上寫了一首詩，這就是後來張雨生譜曲的《沒有煙抽的日子》。

結果不難預料，高等數學第一個學期的考試，我就沒有及格。作爲文科學生，不是只有我一個人頭疼數學課，班上不及格的其實不少。後來第二個學期開學補考，系裡大概知道讓我們這般文科生過關比登天還難，乾脆就睜一隻眼閉一隻眼，結果我勉強得了六十分算是及格。當時我想，讓我四年都這樣跟高等數學拼命，我就白來大學了。因此第一個學期結束，已經開始考慮轉到歷史系了，這是後話。

## 燕園，我生命中最重要的地方

現在回想，我前後在北大唸書兩年，時間並不長，但那是我人生中最重要的轉折階段，而這種轉折，是與北大息息相關的：正是北大的自由空氣，培養我追求自由的理想；正是北大的學術氣氛，教育了鍛鍊理性思考的能力；正是北大博納百家的氣度，使我感受到多元的可貴和寬容的意義；也正是北大的課程、書籍、講座和社團活動，使我接受了啓蒙教育，對世界的看法不再是懵懂無知。

北大對我的影響，並不只是這些看得見的東西。曾經在燕園*——北大校園的稱謂——生活過的北大同學都應當會同意，燕園有一種整體的氣氛，讓北大學子浸淫其中，感染其中。

記得大一的時候，作爲對高中三年寒窗苦讀的補償，我對功課有意地比較放鬆，而全身心地體驗大學生活的自由。我常常一個人或跟同學在校園裡散步。這時已經是深秋，剛從綠色軍營歸來的我，滿心希望尋回一份平靜的詩意。黃昏的時候從學生食堂背了書包和飯盒向後山和未名湖走，穿過六院及中間的果園，總是會不由自主地放慢了腳步。落葉在腳下沙沙地響，遠處寒蟬的嘶鳴澹泊而高遠。亞非所、歷史系、數學系，三座木質小樓一字排開，各披一身濃濃的綠蔭，綠出許多的禪意。想起父母像我這麼大的時候，就曾經在這個院中進進出出，三十年過去了，學生換了一代又一代，如今我也在這個院中進進出出了，而這幾座木樓依然故我，永遠是那樣的安詳穩重。

很快就進入了冬季，我覺得那是北大最美的季節。記得每當白雪紛揚的時候，我常常喜歡與同學相約，在夜深的時候出去踏雪。午夜的校園靜得出奇，只聽見雪花從樹上落下簌簌的聲音。昏黃的路燈下，只有我們的影子依稀模糊。未名湖畔，入眼是一片白色蒼茫。湖面、堤岸與湖心島都成了一統白色的江山，只有石舫彷彿披了白色的帆布在漫天的風雪中沉默。沿著湖邊慢慢地走，大家往往都沒有了平時的笑語喧嘩，誰都不願打破眼前這一片晶瑩的靜謐。每到此時，我都會覺得，燕園簡直就是一道防護網，把我們包圍起來，把世界的紛擾雜亂凍結在高牆之外。

北大冬季的雪景在我的腦海中是如此的印象深刻，以至於後來我多次在夢中回到那個世界。大二的時候（確切地說，是一九八九年一月六日），寫了一首名爲〈雪落之後的心情〉的詩，多少可以反映出北大校園之美帶給我的享受，及我大學二年級時的心境。

無聲地丈量著昨夜的心情
如夢的詩意恍惚
心情也如飄下的紛紛揚揚
沒有失落也沒有衝動

雪落之後的心情又如何呢？
你不能明說我的無奈
也不能再去湖邊
自己看周圍的雪景
其實雪景也是自心情湧出
的一池綠水
只是淡淡的，霧一般的
如雪落之後的星空
那樣

* 原為燕京大學的校園，故稱「燕園」。

那樣的心情只有等雪落時候
才會緩緩飛升
天色昏暗
淡漠是一片汪洋
你不是一直認爲
心情在此時
是一枚青色的蘆葦嗎？

從很久以前就開始了
我在心裡種下了心情
但只是自己說給自己
一個人聽
一個人訴說也是雪落之後的心情

如現在眼前的旗幟
一頁頁翻過天空

你根本不了解什麼是雪落
正像我根本不明白
爲什麼這漫天的無奈
下了整整三個星期
還在慢慢地下

雪落之後的心情
不會在傍晚凝固
心情也許就是這樣
只有等再下起漫天的雪
再唱起心中的歌。

單純、熱情，充滿理想主義和浪漫主義，是那個時代大學生的精神寫照。記得那兩年學校裡流行齊秦的專輯《燃燒愛情》，幾乎每個學生宿舍的窗口都會偶爾飄出「我是一匹來自北方的狼……」或者「給我一個空間」的歌聲。在齊秦的歌聲中，從窗口眺望迷濛的夜空，那是我們那一代大學生的浪漫。多年以後，一位大學時代的同學赴美讀書，臨走的時候來我家告別。相對漠然良久，我問他帶了什麼紀念品去美國，他說，他只帶了一盒齊秦的《燃燒愛情》。

而火熱激情的代表，就是崔健。一九八七年十一月二十三日崔健到北大大飯廳開演唱會，那時我第一次聽到《一無所有》，全場爲之瘋狂。這不僅是因爲搖滾這種音樂形式天生就是屬於年輕人的，更能打動年輕的心；也是因爲那時我們這一代大學生渴望打破束縛，追求自由的心情，在這首歌中得到盡情的宣洩。

## 我的北大情結

回顧兩年的校園生活，我總覺得，北大的整體氛圍中有一種令人安心的寧靜，這是一種悠長的、內蘊豐富的寧靜，是經歷了時間和歷史才能淬煉出的冷靜，是博大精深中冶煉成的大度，以及感性和理想交織而來的氣質。

北大是一個開放的世界，也是一個擁有自我格局的天地，是一座眞正的象牙塔。身處其中，你可以依然執著於當世的豐富多彩，找到火熱的都市節奏；也可以把這裡當作是一個小小的世外桃源。在這裡，你時常可以看到一張張年輕有朝氣的面龐，他們有銳利的目光、大幅度的手勢和誇張的表情，散發出鋒芒畢露的氣勢，談吐中無法壓抑「天下之大，捨我其誰」的張狂；也可以看到一些毫不起眼的老人，他們穿著舊式棉襖，背著手瞇著眼，在冬天的陽光下緩緩散步，看到我們這些學生，眼裡滿是溫和親切的目光。而這些老人，其實往往就是各個學術領域裡大名鼎鼎的老前輩、業界的權威泰斗。我認爲，這兩類人是學校裡最亮的兩道風景，也代表了北大的兩種風骨：北大，正因爲既有傅斯年、羅家倫這樣的少年才子，也有梁漱溟、馮友蘭這樣的碩學耆宿，才能做到獨領風騷而不失於輕浮，功力深厚而不趨向保守，這也正是北大在中國近代史裡引領社會風潮，在眾多高等學府中領袖群論的原因所在。

我毫不諱言地說，我確實有強烈的「北大情結」。北大是我生長的地方，也是我安置靈魂的精神家園。在北大唸書雖然只有兩年，但是這兩年已經足以使我領略到了北大的精神魅力。今天的北大，仍然是我心嚮往之的地方。當我一九九八年流亡到美國的時候，《紐約時報》（*The New York Times*）採訪我，問我未來最大的願望是什麼，我曾經說要「當北大校長」，隨即成為那篇報導的大標題。至今我也不會覺得這樣說過分狂傲。我知道自己不一定夠格做北大校長，但是敢於以「當北大校長」為目標並敢於說出來，這，本身就是一種北大氣質！

## 三、山雨欲來風滿樓

### 時代氛圍深入校園

進入一九八八年以後，中國無論是經濟、政治還是社會穩定等方面，都出現了風雨飄搖的態勢。整個八〇年代都還是一個政治為主導的時代，因此社會的焦點還是圍繞在政治變化上為主。這樣的形勢自然也會折射到校園內，使得在校學生對時事的關注不斷升溫。當時大家最關心的，就是黨內改革派和保守派之間的分歧與對立。我一九八七年十一月二十八日的日記中就寫到：「一連串人事大變動表明在中央，改革派占了上風，保守派被壓了下去，中央注意從下面選拔人才。」我現在已經忘了我是根據什麼做出這樣的判斷的，但是這表示，我大概從一九八七年開始越來越關心時局發展，並準備參與時代的熱點了。

高三開始參加每週一次共青團中央舉辦的「週末青年懇談會」，上了大學以後我還繼續參加。一九八七年十二月五日那一次是在團中央大樓四樓第二會議室進行，主題是「民主與法制」，當時的團中央書記李源潮，全國人大法工委副主任楊景宇等出席聽取意見。我在會上就政治改革和學者參政的主題進行了發言，另一位來自大學的團幹部也提出，應當正確看待學潮。

學潮氣氛的形成，也有地理的優勢。要研究一九八〇年代北京的學生運動，地理和空間的因素是不能忽視的。

北京市西部被規劃爲大學區，主要的高等院校都分布在海淀區的學院路上。從南往北，路東依次是北京醫學院、北京鋼鐵學院、北京石油學院、北京農業機械化學院；路西依次是北京航空學院、北京地質學院、北京礦業學院、北京林學院，這就是所謂「八大學院」。再加上白石橋路到海淀路周圍的中國人民大學、北京師範大學、中央民族學院、北京工業學院、北京電影學院、解放軍藝術學院、中國政法大學、北京大學、清華大學和北京農業大學等，在一片不大的空間區域內，密集分布了如此眾多的大學，客觀上講有利於學生運動的動員和集聚。

## 精彩紛呈的講座

在大學裡，思想的活躍主要表現在各種各樣的講座層出不窮，不僅言論大膽，主題敏感，現場反應熱烈，在隨後的校園活動中還能起到引領話題的作用。

也是一九八七年十一月二十八日這天晚上，我去二教階梯教室聽來自台灣的陳鼓應老師的講座。他那時在北大哲學系任教，因爲有統戰背景，身分比較特殊，言論上歷來百無禁忌。最著名的就是當保守派代表、國家副主席王震出面批判《河殤》的時候，他公開表示，雖然從學術角度看他對《河殤》也有意見，但是鑑於保守派現在攻擊《河殤》，他決定不對《河殤》公開批評。在這次主題爲「尼采與道家思想」的演講中，他穿一身中式對襟小襖，一派儒雅風度，頗具三〇年代知識分子風度，這在當時的大學教師中是很少見，很令在場學生折服。以後，因緣際會，我跟陳鼓應老師有過不少來往。

印象比較深刻的另一次演講，是現在已經流亡澳洲的北大法律系青年教師袁紅冰與哲學系陳坡縱論國是。袁紅冰談到反腐敗的時候，疾言厲色說：「該殺就要殺幾個貪官。」而陳坡則談到中國與印度在邊境上的一時緊張，他公然主張出兵印度，打到印度洋，建立新的戰略出海口。這些也許過激的言論，聽在我們學生的耳朵裡，可是熱血沸騰。而且我們知道，北大就是這樣的地方，什麼樣的言論都可以自由發表，這正是北大的魅力所在。

一九八八年十月二十日，北大經濟學院青年教師孫來祥做題爲「通貨膨脹在中國」的演講，我在現場。那次因爲人實在太多，最後孫老師是站在桌子上講的。作爲以北大經濟系教授厲以寧爲首的北大學派的一員，他再次提出該學派關於當前中國經濟的政策建議，就是後來有名的「三五八方案」。*他認爲，通貨膨脹在中國有長期存在的趨勢，緊縮不是對策，重要的是「工業實行股份制，農業實行農場主制」，他提出的一些觀點當時讓我留下深刻印象，回去後趕緊記在日記本上，他說：「我們過去講世界是物質的、物質是運動的、運動是有規律的、規律是可以認識的、而認識則來自物質，這不是一種怪圈嗎？基於這樣的物質基礎，我們常常以爲只有物質上的創新才是偉大的發明，實際上，『公司股份制』這樣的創造也是一種偉大的發明，是一種制度創新，這比物質上的更偉大。」他還指出：「我們過去認爲只有包含人類勞動的東西才有價值，但是像大興安嶺、海洋水產這樣自生自長的東西難道就沒有價值，可以讓它白白燒掉嗎？」這些觀點今天聽起來也許沒有什麼，但是當時對於我們這些高中時早把傳統馬克思主義的勞動力價值觀等理論背得爛熟的人來說，具有很強的顛覆性，打開了我們的眼界。

八〇年代的知識分子具有一個普遍的共識，就是要進行啓蒙工作。一九八九年上海王元化等創辦知識分子刊物，取名就是《新啓蒙》。作爲當時被啓蒙對象，我自己的思想成長過程就可以用來佐證：啓蒙的意義是非常大的。可以說，當年我們這一代大學生就是吸取啓蒙運動的精神營養長大的，這成了我們日後走上天安門的思想基礎。我相信，直到今天，啓蒙仍然是中國所迫切需要的東西，尤其是青年學子們迫切需要的東西，而知識分子對社會產生影響的主要渠道之一，也仍然是啓蒙。

在北大，啓蒙的工作主要是青年教師來完成的。上述那些演講是一種類型，平時青年教師因爲沒有家室之累，有更多的時間跟學生接觸；年齡相仿使得師生的溝通也比年長的教授們容易，所以北大的傳統火苗是經由青年教師向下傳播的。我記得剛進北大的時候，印紅標老師有一天深夜來我們宿舍聊天，非常神祕地拿出一盒卡帶給我們聽，原來是一九八一年北京大學競選運動期間，哲學系的胡平在北大發表的競選演講錄音。印老師對胡平的推崇影響了我們。我後來專門去圖書館找到了胡平發表在武漢《青年論壇》上的那篇著名的〈論言論自由〉，看了之後眞是大開眼界。當時跟我來往比較多的青年教師，包括徐培、張毅生等，對我的影響，堪稱具有指引的意義。是這些青年教師，帶領我走上了關心社會、關心政治，並積極參與社會運動的道路。

當局似乎也看到了青年教師的歷史作用，「六四」之後，北大的整肅工作中，青年教師成了重點打擊對象，他們有的被捕接受審訊，有的被停止上課的權利，有的在評級上受到種種限制，不少人憤而離開了北大。這以後，北大原有的青年教師陣營流失很多，我一直認爲，這是北大傳統在一九八九年以後未能更好的延續下來的重要原因之一。

## 校園氣氛日益活躍

除了學術演講之外，各種校園活動對於北大的活躍氣氛也做出了貢獻。比如一九八七年十二月

---

* 一九八八年四月，在厲以寧的領導下，北大課題組提出了〈一九八八至一九九五年我國經濟體制改革綱要〉。這個綱要的核心就是厲以寧的一貫主張：經濟體制改革的成敗取決於所有制的改革。因為這個綱要是按照三年、五年、八年的中期規劃進行，所以稱為「三五八規劃」。

十五日，在北大辦公樓禮堂舉辦了北大第一屆藝術節的詩歌朗誦會，我作爲學通社記者進行了現場採訪。當時北京先鋒派詩歌的領軍人物大多到場，如芒克、楊煉、多多、貝嶺、張真以及四川非非主義的三名代表周倫佑等。那一場朗誦會，詩人刑天躺在一個紙糊的大鼓中被抬上來，然後他在鼓聲中，坐在鼓裡大聲朗誦自己的詩作，到最高潮時他手持大斧破鼓而出，場面令人震撼。散會後大家圍著這些詩人不散，從大禮堂一直邊走邊聊送到校外，因爲人數很多，形成一次關於詩歌的遊行。

這樣的活動在當時的北大數不勝數。也有外面社會上的人士慕名到北大展現自己的。有一次我到學三食堂吃飯，抬頭只見食堂屋頂上站立一人，手提一桶紅油漆，從頭到腳澆了自己一身。聽旁邊的人說，是貴州一名詩人在進行行爲藝術表演。這樣千奇百怪的事情在北大太多，我們大多見怪不怪，當時我也就是看了一眼，就去吃飯了。

總之，從一九八七年下半年開始，社會上關於政治改革的熱烈討論引發出山雨欲來的氣氛開始在校園中發酵。我們越來越能感受到一種莫名的緊張氣氛在周圍瀰漫，並帶有一種興奮的期待心情。

## 四、從柴慶豐事件到草地沙龍

### 令人不安的一年

時間進入一九八八年。這一年在中國八〇年代的歷史上是非常重要的一年。在一九八八年，改革十年積累下的社會矛盾開始激化，黨內政策分歧日益突出，民間關於政治改革的呼聲高漲，社會情緒動盪不安。這一切，都爲一九八九年的到來做好了準備。

一九八八年剛一開始的時候似乎已不太平靜。二月份南方等地甲肝（即A型肝炎）流行，全國人心惶惶。北大校園中，凡是從新疆、上海、江蘇、浙江等地回來的學生一律不准住進宿舍，要立即去醫院另行安排住宿，隔離觀察。上述地區來京人員在北京都很難找到旅館住。上海的外國領事館已經撤離，北京的駐華使館也開始做撤離準備。上海經濟大受打擊，糖果等產品頓時滯銷。各地傳言紛紛，有的說新疆已經死了三千多人，整個南疆都封鎖了。大家都杯弓蛇影，人人自危，有人連上海的來信都要帶上手套才敢拆看。社會上瘋傳板藍根沖劑可以預防甲肝，此時到處都出現搶購熱潮，據說在上海十幾包板藍根可以換一台彩電。我家裡也不放心，要求我每天必須喝兩杯板藍根，還專門送來洗手的肥皂。我那時已經買好票準備去聽的美國鄉村音樂會也被宣布取消了。這陣惶恐持續了半個多月才慢慢平息。

我那時儘管已經開始感受到社會上的氣氛日益緊張，但是還沒有捲入任何具體的事件之中，學校裡也還是歌舞昇平。我那時剛剛找到一份家教的工作，一星期三天，一次一個半小時，是給兩個小學四年級的孩子——中關村一小的陳振禮和李鳴蘭——補習功課，一個月可以掙到五十元，不無小補。

除此之外，那時全國青年流行跳霹靂舞，我也趕時髦，還專門報名參加了霹靂舞學習班，每週一次騎車到城裡去練舞。北大學三食堂週末經常舉辦舞會，我有時也會去參加，展示一下學來的舞藝，頗爲引人注目，短暫地做過一段「街舞少年」。我現在還是愛看青少年的街舞表演，就是那時留下的習慣。此外，打麻將也很流行，各個宿舍樓到了晚上都會看到走廊上三五成群的學生擺起桌子，「嘩啦嘩啦」地「搓麻」的景象，後來還驚動了校方，下令各系勸導學生少玩麻將。

八〇年代後期，西方的各種節日，如聖誕節等開始在校園流行，這其中也包括了愚人節。四月一日那天，北大三角地布告欄上赫然貼出廣告，說人大代表汪明荃將與著名歌星齊秦、崔健等在首都劇場舉辦演唱會，特別優惠大學生，有意購票者請到辦公樓一〇五室登記。這樣的演出陣營，放在今天，就類似瑪丹娜加女神卡卡的卡司，當然引起轟動，於是絡繹不絕地有人到上述地點去詢問，到了那裡才發現，那是校長丁石孫的辦公室！那天正好丁校長在辦公室上班，被騷擾到苦不堪言，被迫向全校發表廣播講話進行「闢謠」。各宿舍樓和教學樓聽到廣播後都傳出大笑聲。

我們班裡的同學也是各顯神通。班長徐智明、班團支部書記劉大立以「官方」立場發出通知，宣布下午不上課，結果下午的課上老師面對寥寥幾個因為立場堅定才沒有上當的學生而發呆。我和季成則遍告班裡各個宿舍，稱星期日晚上在西小院開舞會，於是有同學專門去通知老鄉來參加，有女生跑來表示贊同，我們一概詭笑不語。晚上，女同學楊揚一臉困惑地跑到我們男生宿舍，問我們找她何事，我們頓時大笑，她才醒悟到是被女同胞們設局陷害了。鬧劇一直持續到深夜十一點，徐建習在中文系的一位老鄉匆匆趕來，也是問找他何事，這是同宿舍劉漢濱的傑作，結果那位老鄉一臉怒色卻無可奈何，遂悻悻然而去。這成了我最初的愚人節回憶。

三月三十日我所在的國際政治系政治學專業，從國政系獨立出來，成立了北京大學政治學與行政管理系，這是北京大學的第二十九個系，也是當時最年輕的系。之後我又轉到歷史系，所以我常常說，我在北大短短兩年，但是上過三個系：國政系、政治學系、歷史系。這有可能創下北大歷史上的記錄。

## 一九八八年的「兩會」

然而，在這樣的青春、快樂和笑鬧的背後，同學們的政治熱情也在潛滋暗長，並在四月份召開的全國人大，政協「兩會」期間進行了牛刀小試。

在這次「兩會」上，知識分子待遇問題，以及引發出的教育問題，成了會議代表關注的熱點。北大校長丁石孫在人大會議上發言，疾言厲色痛斥當今一些官僚，同時公開爲北大學生仗義執言，說學生不是鬧事，關心國家是好事。他還說：「不要把知識分子逼急了，否則你們將成爲千古罪人。」這番話在北大校內當然引起強烈反響。四月五日，北大三角地有人貼出了刊登在《中國青年報》上的丁校長人大發言全文，很多同學留言，有的說「丁石孫，好樣的」，有的寫著「北大博士支持校長」。

丁校長的話激發出了同學之間熱烈的討論。隨後幾天，三角地出現了不少大字報，有人提出要去天安門廣場擦皮鞋，以反諷知識分子待遇之低。幾十名青年教師和一批研究生，分別貼出了〈致「兩會」的公開信〉，一時之間，三角地每天人頭攢動，大家自發形成不同的小組進行國是討論，我也在其中，還因爲發言踴躍、言辭大膽而被香港無線電視台的記者錄影後播出，這大概是我第一次入鏡境外媒體吧。

## 第一次到天安門廣場靜坐

因爲這些公開討論，我認識了中文系青年教師徐培、張毅生，以及國政系八五級的黃偉文，數學系八四級的邵江等活躍分子。四月十日是星期日，我與徐培、張毅生，以及他們的朋友劉剛等一共二十多名北大的青年教師、博士生、碩士生和本科生來到天安門廣場，面對人民大會堂坐下，開始靜坐行動，我們打出了「增加教育經費」的橫幅。我應當是年紀最小的一個。

出發前，我們對於這次行動是否會招致逮捕心裡都沒有底，記得劉剛還特地囑咐大家身上不要帶任何利器，以免當局事後做文章。事前我內心不免有點忐忑，但是到了廣場坐下以後，周圍迅速圍攏了大批人潮，有上千人之眾，此時我的心定了下來，因爲我的周圍有那麼多的人。當然，其中顯然也包括便衣警察們。

很快，周圍出現三輛警車，遠遠地停在那裡，大概是監視。周圍有一些警察，但是卻也沒有過來干涉，甚至還幫我們維持秩序。這時是一九八八年，整個社會和政府內部的氣氛比較開明，而且全國人大和政協正在人民大會堂裡召開，很多記者在京採訪，我們又只有二十多人，我想當局應當不想把事態擴大。就這樣坐了一個小時，我們看達到了宣傳效果，就自行離開了。現在想想，政府採取容忍態度，抗議者達到目的離開，這應當是一次非常理想的抗議活動。

那是我第一次走上天安門廣場進行抗議活動，當時我還是大學一年級新生，入學剛剛八個月。

「兩會」前後，在鄧小平的堅持下，趙紫陽推動大膽激進的經濟改革政策，這就是所謂的「物價闖關」。當局宣布準備一次性全面放開消費品物價的管制。這個消息一出來，全國出現搶購風，物價立即順風上漲。到了五月，各類消費品物價平均上漲百分之十五到三十之多，全國人心惶惶。而大學生也受到直接衝擊，因爲物價上漲如此之多，而學生補貼只增加了八元，大家都是牢騷滿腹。社會上，各個單位都在動員，要大家與政府共同承受改革的陣痛，不要發牢騷，但是牢騷依然滿天飛，各種不滿開始悄悄積聚。我母親工作的革命博物館還傳達說，如果有人到天安門廣場鬧事，不要參加，也要要求家屬不參加。可見，當局對新的學潮可能會爆發已經有了預感。

有時候，預感本身就會成爲發生事情的促進因素，因爲這樣的預感會使得人心動盪，而人心動盪，就會使得任何一個突發事件，都會迅速蔓延開來，成爲一場風暴。柴慶豐事件就是例證。

## 柴慶豐事件

六月二日晚，北大地球物理系學生柴慶豐跟朋友在學校附近的一家小酒館吃飯，因爲一點小事與鄰桌兩人發生口角，結果對方抽出刀攻擊柴慶豐，導致他流血過多死亡。這件兇殺案就發生在學校附近，引起同學們對大學周圍治安狀況的強烈不滿，同時也因爲本來就積蓄了很多情緒，當天晚上就上街遊行了。

六月三日這天本來我不在學校，因爲凌晨兩點去同仁醫院幫我姐姐排隊掛號看眼科。拿到號碼後返回家，路上正好遇到北大的遊行隊伍，其中也有我的同學，我當即加入。聽同學說，剛出校門的時候大概有上萬人左右，不過一路上有人陸續返校，這樣，到了天安門附近公安部門前的時候，還剩下大約上千人。

公安部顯然已經做了準備，在門口故意潑了很多水，但是同學們不顧鞋子被打濕，還是聚集在門口，打出「討還血債」的標語和兩面地球物理系系旗，並高呼「保障人權」、「還我同學」等口號，要求公安部領導出面。沒多久，北京市副市長陸宇澄、市政府祕書長袁立本、公安部副部長俞雷以及北大黨委副書記郭景海先後趕到現場並向同學喊話安撫，我們這邊派出兩名學生代表與公安部領導兩次談判，最後他們承諾召開公審大會、追悼會，改組北大保衛部，嚴懲兇手，但是指責學生遊行是違法行爲。學生得到這樣的條件後，才於凌晨五點多散去。

我凌晨回家稍事休息後趕回學校，只見三角地已經貼滿了大字報，同學們的情緒已經沸騰，討論的重點也由治安問題轉到了時局上，不少大字報把矛頭指向了現在的政府和國家體制，有的提出「要把這個事件作爲一場人權運動的起點」，有的提出「要把知識分子問題、社會治安問題、物價問題、黨風不正問題等放在一起算總帳」。可見，這四個問題，正是當時社會上最爲關注的焦點。還有人號召「到天安門廣場去」。當時校園內最流行的順口溜是：不說白不說，說了也白說，白說也得說！

接下來幾天我和幾位平時一起討論問題比較多的老師和同學積極投入校園民主運動。我寫了大字報〈問幾個爲什麼〉，徐培起草了〈知識分子該揍？〉，而邵江則貼出大字報，揭露剛剛卸任的前北大學生會主席、現任的校團委常委、北京市人大代表陸昊打電話向北大黨委副書記告密，大概是哪些人貼了什麼大字報，哪些人比較活躍之類，他的電話正好被邵江等同學聽到。這樣的職業學生的行爲被揭發出來，陸昊在北大學生中名聲掃地。這位陸昊此後一路被中共重點栽培，現在已經是共青團中央第一書記，據說被列爲習近平之後的中共第六代領導集體的核心人選。

六月五日左右，在三角地貼出了署名「行動委員會」的大字報，學潮向組織化方向發展。這個「行動委員會」的基本成員是哲學系八七級的楊通學、八五級的肖旭等，他們明確提議成立學生運動領導小組，號召大家六月八日去天安門廣場靜坐示威，並且印出了綱領、口號等發給同學。

六月六日至八日三天，行動委員會連續三個晚上在三角地組織討論會，吸引大批人潮，很多人上台講話，其中一些以後也是八九學運的骨幹分子。講話中最受到熱烈歡迎的，是法律系研究生、後來名列一九八九年學運「二十一人通緝令」名單的熊炎。他六日晚上登台講話，創造了很多膾炙人口的說法，例如他說現在的政權，就是「一個飽鬼下台，然後一個餓鬼上台」，他號召大家八日的遊行要「高高興興地去，高高興興地回」，他用濃重的湖南腔講出這些極富煽動力的話，引起全場的大笑和持久的掌聲。在此之前，他曾經用「湖南人」的署名在三角地貼出一張大字報，因爲措辭極爲大膽，也頗爲轟動。他在大字報中直指「現時的中國是歷史上最黑暗的時期」，形容「儘管它披上了改革的外衣，罩上了『經濟發展』的面紗。其實，肌體已經腐爛，脊梁已被壓垮，只剩下一些白白的蛆在吸吮人民的血」。

六日晚上，我參加了在塞萬提斯像前的草地上召開的行動委員會籌備會議，有十幾人參加，包括時任北大學生會外聯部長、之後在八九民運中擔任對話代表團主要成員的沈彤。這次會議主要討論未來的行動方向。沈彤力主公開行動，並制定綱領，由行動委員會代表學生提出。也有同學表示應當謹慎，看看形勢發展再定。我屬於後者。當時我主要是擔心公開亮相只會使得以後更加被學校注意，會影響到民主沙龍的舉辦。我認爲民主沙龍的固定形態已經建立，這是得之不易的，應當珍惜。因此當大家一致同意成立行動委員會的時候，我和同去的黃偉文代表民主沙龍表態不公開參加，但是答應幫助做工作。

這次會上，大家還商定八日下午三點在天安門廣場靜坐示威，由行動委員會成員出面與當局談判。當場我們還討論了一些可能提出的要求，包括廢除北京市關於遊行的十條規定、開放報禁等。會上還決定派人去各校發動，張貼行動綱領，以求得到各校聲援。我領了去北師大進行宣傳動員的任務。

這次會議範圍很小，只有十幾個人參加，大家都有點緊張，使得會議富有地下工作的氣息。但是事後會上討論的情況還是完全被北京公安局掌握，行動委員會成員的名單也被當局掌握，顯然這十幾個人中有人是職業學生或者事後在約談中全盤交待了。我雖然表明不參加，但是據說我的名字還是被列在成員名單上，大概凡是與會者都被列入了黑名單之中。

第二天一早我就到三十八樓三〇七室哲學系學生會的辦公室，油印了行動綱領，然後帶了兩個同學去了北師大，分別在學生比較集中的水房、圖書館前和女生宿舍樓的牆上張貼了三份題爲〈危機！中國！〉的大字報，這份大字報號召：「中國目前面臨的不是一般的危機，乃是生死存亡的危機，我們今天仍然要大聲高唱《義勇軍進行曲》：『中華民族到了最危險的時刻』。」大字報在最後呼籲：「不能再沉默了，不能再忍耐了，不能再旁觀了，行動起來吧！」*

七日校內已經風傳，說是中央已經下令對學潮進行嚴厲打擊，而且要拿北大開刀，還說公安局已經擬定一個十幾人的名單，參加行動委員會的人一律會被捕或者開除。晚上在三角地的討論會照樣召開，人數還是很多，但是現場氣氛已經有些詭異，周圍出現大批校外人士，閃光燈頻閃。到了晚上十點四十分左右，學校的大喇叭突然開始廣播，播放的是校長丁石孫、校黨委書記王學珍的安撫性講話。雖說是安撫但是語氣嚴厲，說有少數人在利用學生搗亂。此時，三角地的人群越聚越多，大家的情緒更加緊張起來，上台講話的人明顯減少。但是大家依然還沒有散去，熱烈討論明天是否要走出校園。

到了八日深夜十二點多，學校廣播站再次廣播，這一次，播出的是北京市政府連夜發布的通告。這個通告以殺氣騰騰的語氣，說北大學生中的極少數人「要否定黨的領導，詆毀改革，反對人民政府，破壞安定團結，破壞民主法制」，扣了一堆大帽子之後，更把學潮定性為「製造謠言，蠱惑人心，妄圖把這一刑事案件轉移成政治問題」，是「反動行為」，並希望北大廣大師生員工高度警惕，保持清醒頭腦，明辨是非，旗幟鮮明地進行鬥爭等等。通告還強調北京市政府頒布的關於遊行示威的十條規定是合法的，重申一切遊行示威行為未經申請都是非法的，這顯然是針對即將發生的北大學生的遊行而來。

現在看來，這篇北京市政府通告，其口氣與措辭，其所代表的當局心態，與後來一九八九年著名

* 周良霄、顧菊英編著，《忘卻的紀念——八九民運紀實》（香港：新大陸出版社，二〇〇九年），頁二八。

的〈「四二六」社論〉，一直到二十世紀初上海等地爆發反日遊行時《文匯報》發表的社論〈維護安定團結的政治局面〉等，措辭語氣幾乎完全雷同，表現出中共統治方式和心態僵硬與冥頑不化。

這個措辭強硬的通告，對現場的學生產生了一定的震懾效應。儘管廣播停止後引起校內一片嘩然，各個宿舍樓都傳出砸瓶子的聲音，也有人高喊遊行去，但是響應者寥寥，慢慢的大家也就散去了。

次日早上，大家看到《人民日報》發表了社論〈改革要有安定團結的環境〉，《中國青年報》和《北京日報》也發表了類似社論呼應。當天，趙紫陽、鄧小平在會見來訪的外賓時都提到了「要安定團結」。前一天夜裡，北大的團委及學生會系統就組織一些人突擊張貼一批反攻性質的大字報，在早上蓋住了原來的大字報。這天上午，校園裡氣氛緊張，大家議論紛紛，傳言四起，有的說鄧小平批評北京大學說「像農貿市場一樣亂」，也有傳言說校方準備開除十五個學生，名單已經擬好。

然而，就是在這樣的緊張氣氛下，當天下午還是有上千名學生來到天安門廣場，其中也包括我自己。其實廣場中午開始就已經在周邊加強戒備，我們到了那裡後，發現警察比學生還多。此時行動委員會已經在校方壓力下宣布解散，廣場上沒有人站出來指揮，大家三五成群地閒逛聊天，等待有什麼事情的發生。有一名女研究生試圖演講，馬上被警察制止。廣場四周，圍觀的群眾也越來越多。到了晚上八點左右，學生看到還是沒有人出面組織，就陸續散去。這場臨時性的廣場集會最終因爲缺乏有組織的領導而流產。不過，沒有組織者也帶來一個好處，就是當局想殺一儆百都找不到目標。

後來還有同學貼出反諷性的大字報，建議政府不妨把天安門廣場改建成一個大翻板，有學生遊行的話，一按開關就可以把翻板翻到地下，正好可以「一網打盡」。我們看了都哈哈大笑。不知道當局後來到了一九八九年的時候，是不是會後悔當初沒有採納這個建議。

醞釀中的六月八日大遊行就在這樣強大的壓力下胎死腹中。這次學潮半途而廢，與大環境有關。畢竟當時全社會和校內關於政治改革的討論才剛開始掀起熱潮，同學們的積極性還有待提高。同時也與組織者有關。行動委員會的主要成員陸續接到來自系裡、學校方面的關切和壓力之後，大多轉趨低調，群龍無首，是這次學潮沒有能夠延續的重要原因。

對我來說，這次流產的學潮完全是一次練兵和實習，它使我對大規模的學生運動有了基本的了解。以後到了一九八九年學潮爆發的時候，我已經算是具有了一定的經驗。

## 草地沙龍請來了方勵之

一九八八年五月四日是北京大學九十週年校慶日，上午在大禮堂召開官方的校慶大會，政治局常委胡啓立，以及一眾高官如國家教委主任李鐵映，全國人大副委員長王漢斌，北京市長陳希同，全國政協副主席屈武、周培源、費孝通、雷潔瓊，北大名教授馮友蘭、張岱年、陳岱孫、周一良等，還有日本來的井上靖，美國來的林家翹，社會知名人士聶衛平等在台上齊聚一堂，台下坐的是各地來返校的老校友，來自西南聯大、法大和燕京大學的老校友受到禮遇坐在最前排。在校學生每個班級有一個名額，通常都是給了各班級的學生幹部，我有一張別的同學轉讓給我的票，因此也混了進去，與其他學生幹部們站在座位區四周。

丁石孫校長主持會議，他的講話不斷博得學生的熱烈掌聲。輪到胡啓立代表中共中央講話，他恭維了北大一番自不在話下，然而當他講到類似「在黨和政府的領導下」之類的官腔時，場下四周的學生代表們發出陣陣的「噓」聲，完全不給這位政治局常委面子。要知道，這大部分發出「噓」聲的人還都是學生黨員和學生幹部。我注意到，不僅台上的校領導坐立不安，台下的那些老校友們一個個東張西望，面面相覷，我不禁暗自好笑。

當天下午，原北大物理系學生劉剛等在留學生宿舍勺園對面的塞萬提斯像草坪上，召開了第一次草地沙龍。事先他就已經通知我參加。我到了現場，發現草地上已經擠滿了人，有的學生還爬到了樹上。這一次劉剛邀請的，是前中國科技大學副校長、一九八七年被開除黨籍的著名自由派代表人物方勵之，和他的夫人、北大物理系副教授、當時海淀區代表北大的人大代表李淑嫻。

方、李老師走到人群中時，全場爆發持久的掌聲。大家對這位大膽挑戰體制的物理學家早就心嚮往之，今天得見眞人，都很興奮。我是第一個發言的，我表示，我報考北大，就是因爲嚮往這裡的民主自由精神和優秀傳統，現在我們新生的任務，就是把這種傳統傳承下去。然後方勵之老師講話並回答學生提問，他說自從他被開除黨籍以後，所到之處都受到熱烈的歡迎，他要感謝政府幫助他擴大影響；他講到鼓勵青年人入黨，以便改造黨，講到民主不是靠恩賜，而是要爭取的等等。他的講話完全征服了現場師生，幾乎每說一、兩句，就被熱烈的掌聲打斷一次。全場的熱烈歡迎的氣氛跟上午的官方大會上大家的抵觸情緒形成強烈的對比。當時我就已經感受到，政府已經失去了民心，因爲凡是受到當局批判的人，立刻就會成爲到處受到歡迎的人。而這正說明了人民對政府的不滿已經開始在積聚。

五月四日的第一次草地沙龍獲得巨大成功。主辦者劉剛告訴我，他打算辦成每週一次的固定討論形式。我大力支持，表示會積極參加。五月十一日第二次的草地沙龍，邀請的是中國科學院自然科學史研究所的研究員許良英先生，他主要談到的是一九五七年的反右運動。這本來就是我有興趣的題目，因此當即約好再去看望許先生，進一步請教，這是我跟許先生長期交往的開始。

五月十九日的第三次草地沙龍請來的是著名劇作家、七十一歲的吳祖光先生。吳先生回顧了自己在共和國歷史上幾十年的風風雨雨，尤其是講了自己一九八八年被勸退黨的過程。他繪聲繪色地回憶了當時的書記處書記胡喬木是如何氣喘吁吁地爬上他住的五樓，親自來宣布「不退黨，就開除」的決定，而吳先生自己，又是如何逐條批駁了胡喬木代表中紀委對他的指控。吳先生表示，他接受被逼退黨，主要是因爲不想讓夫人新鳳霞擔心，因爲新鳳霞身體不好，胡喬木走了之後就大病一場，這番陳述表現了老夫妻之間的深厚感情。

當談到離開共產黨對他的影響時，他笑著說了一句妙語：「各得其所。」他對中共的知識分子政策非常不滿，認爲黨對知識分子是「由團結到教育到懷疑到敵視到迫害」。最後他表示，儘管現在黨有些「站不起來」，但還是對黨抱有希望的。他還點名批評賀敬之、姚雪垠和臧克家在「反對資產階級自由化運動」中的表現，是思想僵化的結果。

五月二十七日的第四次草地沙龍請來的是雜文大家邵燕祥先生，他主要針對中共的腐敗和民主自由的話題談了自己的看法，不過講的比較謹慎一些。第五次草地沙龍最爲轟動，這一次劉剛請來的，是當時美國駐華大使洛德（Winston Lord）及其夫人華裔作家包柏漪女士。美國外交官接受中國民間人士邀請參加校園討論活動，這無論在當時還是現在都是十分罕見的，也表現出當時美國對中國正在醞釀的民主運動已經察覺到苗頭，因此希望深入了解一下。那一次來的人非常多，把整個草地擠得水洩不通，我有事來晚了，結果根本進不去裡面，所以聽不太清楚洛德夫婦說了一些什麼。

這一次草地沙龍涉及到了美國人，使得主辦者劉剛以及草地沙龍引起當局和校方的高度關注。隨後發生的柴慶豐事件中，劉剛又被認爲是積極分子。他當時剛剛畢業不久還沒有工作，公安局方面開始監視他的行程並對他進行調查，這些都使得他不便繼續高調公開活動。

劉剛的行事風格歷來是神龍見首不見尾，我一般找不到他，但是他有事的時候就會到宿舍來找我。有一天深夜他急匆匆趕來，說在北京已經待不下去了，要去外地，說現在風聲也比較緊，草地沙龍只能暫停，但過一段時間之後希望我能繼續辦下去。

其實，這也正是我打算做的事情。

## 關於草地沙龍與民主沙龍的澄清

這裡涉及到多年以後的一樁公案。最近幾年，同樣流亡在海外的劉剛多次在網路上發表回憶文章，提到民主沙龍的事情，說這是他創辦的沙龍，但現在在主流的歷史回顧中似乎成了王丹的專利，言下之意有些不平。我想正好可以藉這個機會澄清一下。

其實關於這樁公案，早在一九九六年，對我和劉剛都知之甚深的許良英先生就有過說明，爲客觀起見，我還是引用許先生的論述：「人們往往把五月間由原北京大學物理系研究生劉剛發起的『草地沙龍』和以後由王丹發起的『民主沙龍』混爲一談。草地沙龍只舉辦過五次，各次的主講人是：方勵之、我、吳祖光、邵燕祥、美國駐華大使洛德夫婦。活動場所在塞萬提斯像的草地上。王丹大概是『草地沙龍』的熱心聽眾。在『草地沙龍』因柴慶豐事件中止半年後，他約了二、三十個同學辦起了『民主沙龍』，活動時間大概是從一九八八年十一月到一九八九年四月，我沒有參與過。」*

許先生的回憶是符合事實的。外界後來稱我爲「民主沙龍」的創辦者其實並沒有錯，這也不是我在搶奪劉剛的功勞，這一點他應當是有所誤會。只是有些人會把「草地沙龍」跟「民主沙龍」混爲一談，忘記了劉剛曾經成功創辦草地沙龍，從歷史的角度講確實對他不公平。

後來的民主沙龍，雖然從時間、地點和主題等方面都與草地沙龍不同，劉剛也沒有具體參與過，但是民主沙龍的形式，其實也是傳承草地沙龍的傳統。因此就算說劉剛是「民主沙龍」的創辦者，也合乎事實。在我兩年的北大生活中，劉剛對我來說，是主要的啓蒙者和領路人之一，對此我至今仍感懷在心。既然他很在乎民主沙龍創辦者這個榮譽，我希望外界以後把這個榮譽給予他，以銘記他在推動北大校園民主工作上的貢獻。

* 許良英，〈為王丹辯護〉，《科學、民主、理性》（香港：明鏡出版社，二〇〇一），頁三三三—三三四。

# 五、學潮前夕

## 開始接觸方勵之夫婦

一九八八年六月五日，我第一次來到方勵之老師家裡。

第一次聽到方勵之這個名字時，我還是北京市第四十一中學高三的學生。那是一九八七年的一月，儘管我們三年級的學生們都在忙於高考的複習準備，但是校園外一場曇花一現的「反對資產階級自由化」運動還是衝擊到了我們。

一月十三日，《人民日報》轉發新華社合肥一月十二日電：「受中共中央和國務院委託，中共中央委員、中國科學院副院長周光召，今天下午在中國科技大學全體幹部會議上宣布，免去管惟炎的中國科技大學校長、黨委副書記、研究生院院長職務。撤銷方勵之的副校長職務。他們二人將由中國科學院分別安排到物理研究所和北京天文台任研究員。」

緊接著，一月二十日的《人民日報》上刊登了消息：中共安徽省紀律檢查委員會一月十七日作出了關於開除方勵之黨籍的決定。決定列舉了方勵之的五大罪狀，分別是：（一）鼓吹馬克思主義已經過時，否定馬克思主義的指導作用。（二）否定社會主義制度，宣揚「全盤西化」，主張走資本主義道路。（三）公開提出要「改變黨」，否定黨的領導。（四）主張大學擺脫黨的領導，鼓吹大學「完全獨立」，挑撥知識分子同黨和政府的關係。（五）鼓吹資產階級「民主」、「自由」，煽動學生鬧事，破壞安定團結的政治局面。

同一天的《人民日報》配合這條消息，還發表了上海交通大學的朱雅軒、朱榮林的批判文章，題爲〈黨與知識分子的關係不容挑撥〉。這篇充滿「文革」情調的文章在最後說：「方勵之倚才自恃，儼然以知識分子，尤其是八○年代青年學生的『救世主』自居，似乎人們都是『阿斗』，黨和政府什麼都錯了，馬列主義全都失靈了，而唯獨他的一套淺薄的『理論』才是濟世良方。……然而這類『學說』，對生活在二十世紀八○年代，受中國共產黨教育培養的知識分子來說，有幾個信他的呢？」

這兩位作者顯然錯估了形勢。在八○年代末期的中國，相信方勵之，受到方勵之思想啓蒙與鼓舞的豈止是「幾個」，根本就是成千上萬。當局大張旗鼓地批判方勵之，就是明確的反證。而我，就是千千萬萬以方勵之爲精神導師的八○年代青年學生中的一個。

作爲一個正在熱火朝天地準備高考的中學生來說，我對八六年底的學潮了解不多，對方勵之的言論本來也完全不了解。但有一天我回家，在北大地質系教書的父親帶回來一個系裡的學習材料，赫然就是《方勵之、劉賓雁、王若望自由化言論批判》，裡面鉅細靡遺地羅列了很多三個人的講話和文章。這使得我有機會完整地看到了方老師的觀點。那種感覺，眞的如同醍醐灌頂，令我受到很大的精神震撼。因爲在此以前，我很少能見到這樣大膽的、批判性的言論，這一次看到，使得我對很多問題產生了新的看法。

印象最深的，是早在一九八五年三月，方勵之就在浙江大學演講的時候，提出「鬧事表明了學生對社會的敏感，是非常可貴的。我們應當利用他們這種敏感去解決社會的問題」。一九八六年十一月十五日，他在上海交通大學演講時，提出了知識分子的獨立地位問題，主張「知識分子是最先進的力量」，「要有獨立的思考、獨立的人格、獨立的感覺，也就是獨立的意識」。在這次演講中，他發表了鼓動人心的言論：「有個同志說，現在流行一個順口溜：『東風吹，戰鼓擂，現在誰也不怕誰。』現在我覺得的確是這樣。有些東西，是你不去做，你做了以後發現他也不敢對你怎樣，也沒有什麼了不起。民主是靠一步步爭取來的。」

後來我常常想，什麼叫做「啓蒙」，方老師他們的言論對我們這一代的影響，就是典型的啓蒙，因爲開啓了我們用分析和批判的眼光看世界的道路。更重要的是，當大家本來以爲這些言論「觸犯天條」，因而不敢行使言論自由時，方老師的大膽言論突破了禁忌，等於剝掉了皇帝的新衣。這樣的示範作用也是「啓蒙」的含義之一。

同時我也常常想，中共的宣傳部門有時候眞的是愚蠢到不行，這樣全國性地發放方勵之等人的言論，其實正好是擴散了他們的言論和影響，對自由化運動起到了紮紮實實推波助瀾的作用。我相信很多那個年代的人，都是通過批判材料才能接觸另一個思想天地，這說起來還是要謝謝中宣部呢。

進入大學以後，各種消息來源多了起來，我也聽到了一些關於方勵之的傳奇故事。比如，方勵之被迫離開合肥科技大學返回北京那天，科大的學生自發地到車站送行，據當時還是學生的北京大學經濟系教授夏業良後來對我說，那一天自發前來的學生人山人海，大家在火車上掛上橫幅「方校長我們永遠支持你」，列車就這樣一直開進了北京。因此當時在我的心目中，方勵之完全是一個偶像和傳奇。我想不到日後能夠親自跟隨在他左右。

六月五日那一天，是當時在美國威斯康辛大學任教、現在台灣《遠見》雜誌發行人高希均拜訪方勵之，提出希望他介紹一些北大的同學給他認識，因爲他想進行採訪。通過劉剛的介紹，我和徐培、張毅聲、黃偉文、邵江、劉剛、黃海新、季成等一起來到方勵之老師在保福寺九一六樓一一〇一號的家。

方老師家是四居室一套，房間很大，門廳就有三個。正屋中間是一塊地毯，四周是半圓形一圈沙發，屋角的茶几上赫然是一尊鋼製的美國自由女神頭像。

李老師也一起和大家見面。當天談話的具體內容我已經不記得了，好在有歷史記錄，那就是隨後的一期《遠見》雜誌中關於對十一名北大同學以及草地沙龍的報導。採訪中爲了保護我們，給我用的化名是北大B系的A同學。

## 方勵之夫婦保護了我

七月下旬，據香港媒體報導，大陸警方已經下令逮捕和開除柴慶豐事件（也稱「六八學潮」）中的首要分子。在《明報》上，赫然登出了四月十日我去天安門廣場參加靜坐行動時，與另一個同學高舉「More Money For Education」標語的照片。這時我已經有了開學就會受到學校整肅的心理準備。我倒是沒有很害怕，只是想到這會連累到家裡而有點不安。

我去找比較有經驗的青年教師徐培、張毅聲和高年級同學邵江商量，他們建議如果出事，就要把事情鬧大。我們還做了召開記者招待會的思想準備。八月二日晚上我們去了方勵之老師家裡，想聽聽他的意見。李淑嫻老師告訴我們，也許不會那麼嚴重，但是做好準備是必要的；她還說，她和方老師就隨時做好了入獄、被驅逐的準備。她作為北大老師，對我們提出希望，就是一定要學好專業，要把知識學紮實，搞出成績來，然後才能更好地做一個有良知的知識分子，為推動中國的現代化進程而努力。李老師還提醒我們不要參加其他什麼政治派別的明爭暗鬥。她說，很早之前，就有人表示可以牽線讓方勵之跟鄧朴方見面，也就是讓他加入鄧小平的陣營，被方老師一口拒絕了。

方老師則對我談到，蘇聯現在正在批判史達林。史達林現在證明是一個魔頭、是殺人兇手，而在我們國家卻仍然受到推崇。每年五一勞動節的時候，還會在天安門廣場樹立史達林像。方老師戲謔地說，以後他打算提一桶紅油漆去廣場，潑到史達林像身上。針對我們提到學校可能迫害參加學潮的學生一事，方老師表示，如果下學期開學，校方敢開除北大學生，他會召開記者招待會向全世界輿論呼籲保護學生。方老師這樣的態度和對學生的愛護給了我很大的鼓舞。

一九八八年秋季開學不久，我就聽說學校定了五個人為「六八學潮」的組織者，我就是其中一個。而且，我政治學專業的班主任燕繼榮老師應當是受到我的連累，被撤掉學生黨支部書記的職務，也離開班主任的職位，一個月少了八元的收入。這些都讓我有點風聲鶴唳。

當時我已經在日記中寫下了準備措施。一旦學校整肅我，我就要進行五個回擊：第一，向最高人民法院行政法庭提出控告，起訴北大主管學生工作的黨委副書記郭景海。第二，找人聯署在學校張貼大字報，呼籲同學聲援。第三，請記者寫成內參向上面捅上去。第四，託人在港台報刊上發表消息，爭取輿論關注。第五，與方勵之老師聯合召開記者會，進一步擴大輿論影響。

然而，我這些招數都沒有用上。

九月十四日，我父母專程到學校找我，告訴我說，數天前，方勵之、李淑嫻夫婦出訪澳洲，途中在香港轉機的時候，接受了記者採訪。當記者問到北大學潮之後是否有學生受到報復的時候，李淑嫻代表方勵之回答說：「對於草地自由論壇的組織者，我們對一年級的大學生王丹表示擔憂。」我父母專門轉達給我這個新聞的意思，是為我擔憂，因為這有可能使我成為境外媒體關注的焦點，他們叮囑我最近一段時間要低調一點。

我那時聽了這個消息也確實有一點緊張，為了防止被學校抄家，那個週末我還特別把宿舍裡的部分物品轉移到了別的地方。然而，學校的處理意見卻一直沒有下來，最後是不了了之了。現在想起來，這恐怕就是因為方勵之、李淑嫻老師在境外媒體上點了我的名，使得我受到輿論關注，反倒對我起了保護作用。所以那時候我就知道，如果決心做反對派，最大的自我保護，就是盡量透明和公開化，讓外界知道你的一舉一動。外界的輿論關注越大，你的安全係數就越高。當然，這也只是就一般情況而言。

## 轉到歷史系

前面已經講過，在政治學要學習高等數學，這對我來說簡直是苦難的海洋。從高三開始，我就好像得了數學恐懼症，怎麼努力都無法與數學親近，一直到高考也是以勉強及格的成績告終。好不容易到了大學，居然冤家路窄，又遇到數學，而且還是高等數學，這怎麼能不叫我魂飛魄散？勉強上了一個學期的高等數學之後，我已經下定決心不再逼自己學數學。可是政治系不可能爲了我這點小小心願就改變課程規畫，因此我只有一條路可走，就是轉系。

轉系對我來說是相當簡單的決定，因爲歷史系本來就是我一心嚮往的地方。我外祖父是抗日戰爭前老川大歷史系的畢業生，我母親自己就畢業於北大歷史系，因此轉到歷史系對我來說是順理成章的事情。不過，這裡又有了一樁公案可說。

一九八八年秋季開學，我從政治學系轉到北大歷史系，本應升入二年級的我轉進的是歷史系中國史專業一年級。爲什麼會降級呢？這是因爲按照北大學籍管理規定，學生提出轉學的要求得到批准後，自己可以選擇平級轉入他系，或是降級轉入他系。

當歷史系徵求我的意見時，我決定降一級，進入一年級。這裡有兩個考量：第一，如果我直接升入歷史系二年級，那麼歷史系一年級的一些基本課我必須另外花時間補上，這未免太辛苦了，不如我直接進入一年級，這樣不會出現成績跟不上的情況；第二，我那時已經開始迷戀北大的校園氣氛了，因此覺得如果降級，就可以在北大生活至少五年才會畢業。我的家境還可以，並沒有太大的一定要早一點工作的經濟壓力，能多在這個象牙塔裡待一年，當然是最好的選擇。因此我選擇了降級。這完全是依照學校學籍管理條文的規定做出的自願選擇，這些條文今天也可以查到。

然而，習慣造謠的中共，在「六四」鎮壓之後開動的清算攻勢中，在官方的《北京日報》上發表化名是「北大一同學」（其實我們都知道作者根本就不是學生，而是北京市委的宣傳機構）的文章，

「揭發」我在北大政治學系的時候功課多麼差，是因爲上不下去了，才「蹲班」轉到歷史系的。該文章專門用了「蹲班」這樣的用語，以凸顯我是一個學習成績很差的學生。

據我所知，在我被捕之後，公安局的人不止一次來過北大歷史系對我的情況進行調查，他們應當知道我爲什麼會轉到歷史系，因爲系裡的檔案會有我的轉系申請和相關的批准程序。但是他們還是歪曲事實，其目的很清楚，就是盡量去抹黑我，破壞我的形象。

對那些了解中共的人來說，對於這種流氓做法一點也不會奇怪。但是，畢竟很多人對中共還是不夠了解，因此官方的這種宣傳還是會讓一些人相信。例如我後來到了美國，美國留學生的主要網路論壇MIT BBS上就會不時看到有人提到我在北大時「蹲班」的事情，顯然是被當局欺騙得不輕。因此在這裡我也再次澄清一下。事實上，北大兩年，儘管我花了大部分時間進行校園社團活動和社會活動，但是我各門功課的成績在班裡算是中等左右水平，這是有記錄可查的。

提起來更有意思的是，時間過去了二十多年，有一次我在美國遇到比我小二十屆的北大歷史系學弟孫允晨。他當年在北大的時候也頗爲活躍，還曾經試圖民主競選學生會主席，並反對北大的一些無理校規，因此在北大也是一個「麻煩人物」。他是從中文系轉到歷史系的。據他說，後來學校和系裡也是有人說，孫允晨是因爲在中文系混不下去才被迫轉到歷史系的。同樣是抹黑的手法，二十多年來完全一模一樣地用於兩代學生活躍分子身上，看來這個黨根本談不上什麼「與時俱進」！

九月六日新學期開學，我正式成爲北大歷史系八八級中國史專業本科一年級學生，也搬進了新的宿舍：三十二樓二一〇室。從這一年開始，北大學生宿舍制度改革，由原來同一個系的同學住同一個宿舍樓，改爲不分系別，同一年級的同學住同一個宿舍樓。當時學生中間有傳言說，這樣的調整是爲了避免老生把北大的叛逆傳統傳染給新生，也不知道是眞是假。三十二樓原來是北大中文系的男生宿舍，因爲出過駱一禾、海子、老木、西川等著名詩人，歷來有「才子樓」之稱。我住的二一〇室，同宿舍的有山東的孟昭強、雲南的馬子輝、江蘇的劉宏、江西的石忠獻等。

北大歷史系本身就堪稱歷史悠久，前身可上溯至一八九九年秋天京師大學堂設立的史學堂，可以說是近代中國最早建立的史學教育科系。曾經在本系執教的包括了李大釗、傅斯年、顧頡剛、錢穆、陳寅恪、李濟、鄧廣銘、周一良等史學大家。我進歷史系的時候，系裡師資力量還是十分雄厚，除了兩位鎮系之寶——鄧廣銘和周一良兩位老先生——還健在之外，其他的教授還有中西交通史權威、今天的台灣中央研究院院士張廣達先生，世界史領域現代化比較研究的著名學者羅榮渠先生，以及張衍田、張芝聯、朱龍華、田余慶、何芳川等諸位先生。

記得開學不久，系裡安排鄧廣銘和周一良兩位先生與新生見面，使得我有機會親炙大師風采。那一天兩位史學大家並沒有多談史學領域的事情，反倒針對時事大發了一通議論。鄧先生說忽視農業和文教是中央決策者的失誤，周先生則重提應當教授治校，並建議盡量減少必修課，反映出兩位老學者對時局的殷切之心。

我們中國史班的班主任是主攻中西交通史和敦煌研究的榮新江老師，他專業功底深厚，當時是北大破格提拔的副教授。現在在中國的敦煌學研究領域已經是權威級的學者。當時的系主任是馬克堯，副系主任是成漢昌和林被甸，系黨總支書記是張秀成，副書記是王春梅。其中王春梅和成漢昌分別代表黨政兩個系統負責系裡的學生工作，以後我跟他們打了不少交道。

轉到歷史系對我有一個好處，那就是因爲我母親是一九五五年入學的歷史系學生，畢業後有一些同學留校任教，現在都在系裡工作，如副系主任林被甸、亞非所副所長陸庭恩、先秦史教授孫淼，乃至當時的北大學工部部長、後來擔任副校長的郝平等，都是我母親的大學同學。這使得以後當我積極投入校園民主活動以後，在面對來自校方和系裡的壓力時，我的這些叔叔阿姨輩的老師們多少起到了一些緩衝的作用。

## 有張有馳，等待時機

一九八八年暑假的時候，生活對於我來說，還算是相當平靜。我隨父母到河南雞公山避暑。雨天、雲海、山霧、風聲，是我每天深夜的伴侶。難得有這樣寧靜面對自己內心的機會，四天的時間裡，我寫了七篇散文、四首詩和一闋詞。我深深地知道，其實這樣的山林之樂才是我人生中最美好的時刻，然而這樣的時刻也只有在山林之間才會有。九月開學，我下山回到北大，那些寧靜轉瞬之間就被鋪天蓋地的活動、事件和政治興趣所覆蓋。

開學不久，我的活動觸角開始伸張到校園外。那時我認識了中新社高級記者高瑜。她當時用化名在香港的《鏡報》雜誌上撰稿，透露了不少大陸政壇內幕，同時她還擔任《經濟學週報》副總編輯，是北京知識分子圈內的活躍人物，與另一名著名女記者——《光明日報》的戴晴同爲「一時瑜亮」。我在她家裡第一次看見《爭鳴》等「境外反動刊物」，還看見我們一九八八年四月在廣場靜坐的照片也赫然在列。在她的鼓勵下，我開始用化名給《爭鳴》寫稿，報導北大校內的民主活動。

劉剛也從外地回到了北京，依舊是神龍見首不見尾的風格，時不時來北大找我，而且都是深夜，完全是地下工作者的姿態。九月初的一天他找我，說以後每週六要在圓明園辦一個聚會，叫「淵鳴園」，取「鳴冤」的同音含義，他希望我積極參與。我那個時候謹記幾位青年教師對我的提醒，「要有張有馳」，所以不太贊成繼續公開挑戰當局，認爲我前一階段跳得太高，現在應當注意保護自己，不做無謂的犧牲。所以九月十三日去參加了第一次活動，但是沒有發言。那次活動人數不多，只有十幾個人。之後的情形我因爲沒有繼續參加就不了解了。

九月中旬，緬甸爆發了以學潮爲主的民主運動，後來的諾貝爾和平獎得主、民主鬥士翁山蘇姬率領數十萬民眾遊行示威，當局被迫答應實行多黨制，反對派領袖、前任總理吳努（U Nu）已經組成臨時政府。這次緬甸如火如荼的學生運動，在國內進行了較爲及時的報導，對中國高校內的活躍分子來說是一種鼓舞和啓發。我就曾經在當時的日記中專門記下緬甸的事態發展，並對那裡的學生表示「值得欽佩和學習」。

當時我的基本思路，還是在北大內部推動校園民主建設。爲了配合社會上知識界發動的啓蒙運動，我也打算從辦刊物做起。九月下旬我就跟同班的高超群、楊濤、潘洪祺、何晉、甘向紅等討論籌辦系刊的問題。我們首先向系裡申請，系裡很快就批准，而且還答應給我們兩百多張紙作爲支持。當時我已經是北大出名的「麻煩人物」，系裡對於我的活動還給予這樣的支持，也可見當時北大的校園氣氛之寬鬆。

在同學們的大力支持和積極參與下，不久我們就油印出版了屬於八八級歷史系的眞正民辦系刊，我取名叫《燕園風》。

第一期由我撰寫了發刊詞，強調選擇稿件以「絕對自由」爲原則。我還爲本刊撰寫了專文，題爲〈思想自由是絕對的〉。同時，我原來所在的八七級政治學系的同學們也創辦了班刊《野火》，我應邀撰寫了五千字的長文〈危機與禁區〉在上面連載。這篇文章的主要論點，是呼籲打破「文革」和五七年「反右運動」這兩個歷史事件的研究禁區。文章後來由我母親轉給當時中共中央理論刊物《紅旗》的副總編、我母親的大學同班同學蘇雙碧，請他提意見，沒想到他很讚賞，還專門約我到《紅旗》編輯部談了一次。雖然無法安排在《紅旗》發表，但是蘇叔叔對我勉勵有加，希望我繼續多讀書、多思考，這對我是很大的激勵。

八八年秋季的北大，校園內躁動的氣氛逐漸加溫，同學們追求自由自主的心態越來越強烈。記得北大校方趁著新學期開始的機會，準備加強宿舍管理制度，以前學生宿舍沒有熄燈的規定，所以經常可以見到有學生通宵達旦地在宿舍裡打麻將，也許是爲了杜絕這種現象，學校宣布，九月十八日開始，晚上十一點一律熄燈。

當天晚上十一點一到，果然所有宿舍樓除了盥洗室和走廊之外，所有寢室的燈全部熄滅。以三十八樓爲中心的幾幢宿舍樓立刻鼓譟起來。數百名同學衝出宿舍，在樓下集會，拍掌大叫。樓裡的我們都擠在走廊上，也不知是誰帶的頭，大家一起高唱那時候最流行的電影《紅高粱》的主題歌《妹妹你大膽地往前走》。還有同學乾脆點燃了被子，從窗口丟了下去，熊熊的火炬帶來一陣歡呼。大家盡情發洩了半個小時才逐漸散去。

這次滋事並未能改變熄燈制，原來打麻將的同學只好將麻將桌搬到走廊上繼續玩，而各個宿舍也並未因爲十一點熄燈就各自休息。相反地，正是因爲室內熄燈，大家無事可做，只有聊天，於是各個宿舍都出現「臥談會」，大到社會環境，小到畢業前途，大家激烈辯論，通常都要聊到一、兩點才睡，遇到爭議性話題，通宵達旦也是不奇怪的。我至今還很懷念這樣的「臥談會」，懷念當時那一代大學生對於社會的熱情。

一九八八年下半年，中國最熱門的話題就是電視紀錄片《河殤》掀起的熱潮。這部由蘇曉康擔任總撰稿，王魯湘、謝選駿等執筆的紀錄片提出結束黃土文明，迎接以藍色文明爲代表的新世紀，對傳統文化提出嚴厲的批判，提出學習西方的文明和政治制度，得到高校學生的高度推崇。九月二十一日那天晚上在二教二〇三教室舉辦《河殤》座談，編導夏駿以及謝選駿等參加，結果人山人海，連夏駿自己都進不了會場，臨時改到更大的一〇三教室才得以進行，可見《河殤》熱之一斑。可惜的是，夏駿本人口才不是很好，講座進行到一半，當場就走了不少人，這也側面反映出北大學生的「難伺候」。

另一次比較轟動的演講是十月二十八日柏楊夫婦到北大參觀，本來學海社要請他公開演講，但是柏楊因爲寫有《醜陋的中國人》，被一些黨內保守派視爲自由化思潮，因此校方不同意安排他公開演講，改爲在學校會議室舉辦了一個小型座談會。那次座談只有三、四十人參加，學生會和團委的學生幹部比較多。

柏楊先生那時已經年近七十，但是滿頭黑髮，精神很好，看上去也就五十多歲的樣子。對於柏楊先生講了什麼我印象不深了，但是卻還記得陪同柏楊來參加座談的北大哲學系教授陳鼓應先生，在發言時特別談到了國家副主席王震對《河殤》的批評，* 他明確地說：「現在的知識界對王震很不滿意。」

說到學海社，跟我還是有一定淵源的。這是北大一個頗具規模和歷史的學生社團，長期得到學校的支持。十月三日我在宿舍看到一張留言條：「關於你的傳言不少，望近期內一晤。我個人和學海社都願與你交個朋友。」署名是歷史系八六級的學長劉道遠，也是當時學海社的社長。以後我帶槍投靠，在學海社下成立當代社會問題研究部，這是後話。

這個階段我開始思考自己的人生規畫。那時因爲面臨來自校方的壓力，也是因爲受到剛從澳洲回來的方勵之老師的影響，我一度很想畢業後到澳洲去留學。因爲方老師訪問澳洲回來以後對我大讚那裡氣候適宜、地廣人稀等等。

同時我也繼續勤工儉學，主要是覺得自己已經進入大學，不應當再向家裡要零花錢。那時候商務印書局的郭繼賢給我找了一份臨時工作，是去北京圖書館抄書，抄出來可以翻印再版。我曾經一字一字地抄完一本二十萬字的《有錢人財閥族群的研究》，報酬是二百元，這在當時是一筆不小的收入。

---

* 一九八八年十月的三中全會上，王震提出要批判《河殤》，但是沒有得到趙紫陽的響應。在此之前，王震曾經在寧夏公開批評《河殤》否定傳統文化、污衊偉大祖國等等。

所以我很早開始，經濟上就獨立了。

除了抄書之外，我還嘗試進行校內售書活動，同時也把校園啓蒙運動結合進來，最成功的一次就是請方勵之老師簽字售書。

一九八八年十一月四日，我和邵江一起在北大爲方勵之老師的新書《宇宙的創生》舉行公開的簽售活動，方老師、李老師都來參加。前一天上午我們貼出了海報，當天中午在二十九樓民主與科學雕像下，擠滿了慕名而來的學生。中午十二點開始賣書，學生們蜂擁而上請方老師簽名，學生拿出身邊所有可能簽字的東西：明信片、書、學生證、人民幣，甚至是碎紙片請方老師簽名，場面一時非常混亂。我和邵江擔心無法控制現場，導致方老師被擠到，提前結束了活動。即使如此，在這短短的時間內，還是賣出了三百三十七本書。可見方老師當年在青年學生中受擁戴的程度。

另外一件事情，更能體現出方勵之「青年導師」的形象。

十一月九日，我以北大學海社當代社會問題部（我是部長）的名義邀請方勵之老師來北大演講，那天的題目是「物理學與美」。我借的場地是北大二教二〇三階梯教室，那是一個可以容納至少三、四百人的大教室。但是當我接到方、李老師來教室門口的時候，完全傻眼。只見教室內是黑壓壓的人群，很多座位上坐了兩個人，即使如此，還是已經達到飽和的狀態。更多的同學因爲進不來而只能堵在門口，更有同學乾脆爬到窗口上，所有的窗戶因此被塞得滿滿的。我在北大參加過無數次沙龍、講座，但是這一次是我見過最爲熱烈的一次演講。

題目雖然是科學方面的，但是方老師的內容針對時事的部分總是引起大家熱烈鼓掌和會心的大笑。方老師的演講從來都是以幽默見長，這一次也不例外。比如他講到人類發展史的時候，展示了自己做的幻燈片，其中有從猿到人的過程，一直到文藝復興、工業革命等等，到了最後，極爲反諷地標示出「反對自由化」作爲人類發展史學的一個階段，全場頓時大笑、鼓掌、喝彩聲不斷。

我以過來人的身分作證，八〇年代的北大幾乎每天都有演講和講座。北大的學生有一個傳統，不管你是什麼碩學鴻儒，還是多麼知名的人物，幾乎所有人都曾經被學生「噓」過。但是，方勵之老師這次演講，是我在北大兩年聽過的演講中，惟一一場沒有被「噓」過的。方老師的巨大影響力和魅力由此可見一斑。

## 創辦民主沙龍

一九八八年十月底，我開始醞釀恢復「草地沙龍」，一度取名爲「思想俱樂部」、「自由討論會」，後來覺得太羅嗦，乾脆改名爲「民主沙龍」。地點還是在勺園旁邊塞萬提斯像下的草地上。時間確定爲每個星期三下午。

十一月二日舉辦了第一次民主沙龍，參加的都是我平時來往比較多的同學，包括中國史八八級的高超群、楊濤、甘向紅，世界史八八級的張佳坤，經濟學院八七級的李民祺、陳瑞軍，技術物理系八五級的武運學，政治學系共運專業八七級的陳琪等。這些同學構成了接下來半年民主沙龍的骨幹力量。

關於民主沙龍的地位，我開宗明義表示，第一是「沙民主」，即圍繞民主化問題爲主題；第二是

「民主沙」，即採取自由討論，不自我設限，言論自由的形式。第一次沙龍的主題，是高超群提出的「中國未來發展的趨勢」。題目有點大，但是大家討論熱烈，得出的共識，歸納起來有兩條：一是必須進行普選；二是中國的民主化要以新聞自由爲突破口，而新聞自由又要以新聞法的立法爲突破口。會上也有不同意見，例如李民祺就認爲，知識分子應當走向企業，成爲資本家，才可以引領中國前途。而我和陳琪都提到歷次學潮的經驗亟需總結的問題。

第一次的沙龍討論，我們都覺得比較成功，至少大家都願意坐下來認眞討論一些宏觀的理論問題。受到了第一次的激勵，十一月九日下午我們在草地上舉辦了第二次民主沙龍，這一次經過我四處拉人，出席的有來自七個系的十八名同學，包括我原來政治學系八七級的同學邱凱生、韓東、高鵬程，以及哲學系八八級的陳國峰，哲學系八七級的肖旭，數學系八五級的邵江，中國史八八級別的石忠獻、孟昭強等。第三次民主沙龍維持同樣的規模。

前三次的民主沙龍我基本上維持以自己熟悉的同學爲範圍，學生自己以自由的方式進行討論。眼看這樣的方式已經逐漸成熟穩定，我決定開始擴大沙龍的規模和影響。第一是開始張貼海報，歡迎全校同學自由參加；二是決定開始每次沙龍邀請一位老師或學者參加並做主題發言。這在以後成了民主沙龍的基本形式。

十一月二十三日下午的第四次民主沙龍，我請來了已經擔任海淀區人大代表的李淑嫻老師，因爲已經張貼了海報，這一次有五十多人參加。北大官方的學生通訊社燕新社還專門派了記者採訪。可見當時學校還是把這個沙龍視爲正常的學生課外活動。這次活動以後，民主沙龍在北大校內開始聲名鵲起，來找我的人越來越多。原國政系的幾位跟我接觸較多的青年教師，也開始關心沙龍的內容並主動提供建議和意見，我的信心大爲增加。

但是，也正因爲民主沙龍和我本人在北大變得小有名氣，學校和系裡的關切眼神也終於開始投射在我的身上了，對我施加的壓力接踵而至。

最先引起系裡關切的還不是民主沙龍，而是我擔任主編的《燕園風》雜誌。十一月底出刊的第四期《燕園風》上，發表了我寫的一篇〈關於毛澤東的思考——兼談領袖人物的歷史評價問題〉，這篇文章公開提出要否定毛澤東思想；同時，柴慶豐事件時行動委員會的主要成員肖旭發表了他的〈所謂「安定團結」〉，八七級政治學的邱凱生則寫了〈改造黨的形象〉。除此之外，從第三期開始，我還開設了「大字報摘抄」專欄，陸續刊登「六八」學潮中三角地張貼的大字報。

第四期開始，我完全是爲了測試系裡給學生的言論自由之底線，所以公然開設了「外電報導」專欄，把我們透過短波收聽到「美國之音」節目中關於中國政治時事的一些敏感問題之報導摘要刊登出來。在當時，收聽「美國之音」還算是有可能被刑事追究的反動行爲，我們不僅收聽，而且還公開刊登內容，算是非常具有挑戰性的做法。同時，我還請吳祖光先生爲我們的刊物題詞。經過這些大膽的動作，《燕園風》的影響力已經遠遠超過了歷史系八八級，有許多外系同學傳閱我們的這份系刊。

就在《燕園風》已經令系裡的黨組織快要忍無可忍的時候，我又闖了另一個禍。

十一月二十八日，我應海淀走讀大學的同學邀請，去那裡演講。給我的題目是「神與宗教的滅亡與中國民主化運動」。我現在完全想不起來爲什麼給了我這麼一個奇怪的題目，因爲我跟宗教完全不沾邊，不過可以猜測，這大概是邀請的同學爲了減少我這個麻煩人物的敏感度，故意在眞正的主題「中國的民主化運動」前面胡亂增加了一個掩護吧。不過老實說，這個「掩護」實在是夠牽強的就對了。

這是我第一次到外校公開演講，大概是有點亢奮，也有想顯示北大學生思想大膽活躍的意思，所以講話時火力大開，百無禁忌，公開表示我的立場是反對共產黨的，還明確提出「四項基本原則阻礙中國前途」，同時又拿毛澤東當箭靶，表示「應當否定毛澤東思想」等等。總之，這場演講的內容連我自己都覺得極爲「反動」，場上的反應可想而知。根據我的日記所記載，在場的該校黨支部書記和教導主任「氣壞了，慷慨激昂地大加反駁，呼籲學生要明辨是非」。

跑到人家學校去發表如此反動的言論，我想海淀走讀大學校方是不可能不向北大方面反映的，結果就是，學校和系裡決定找我談話了。那時候還不流行「被喝茶」。

十二月一日，歷史系黨總支副書記王春梅叫我去辦公室，明確表達對《燕園風》雜誌的不滿，還具體提出「三角地文抄」專欄必須立即停辦。談話之前我已經有了充分的思想準備，我決定用「八字方針」來對付來自學校的壓力，這就是我以後經常提到的：「虛心接受，堅決不改。」

所謂「虛心接受」的意思，就是說，系裡是承受上級任務，直接面對我的人，沒有必要跟他們激烈對抗，否則雙方關係處不好，也是給自己的工作增添麻煩，同時，如果得罪系裡，他們有的是辦法給我「穿小鞋」。這是戰術層面的事情，可以做一些技術性讓步。而所謂「堅決不改」的意思，就是說，絕不能因爲學校施加壓力就放棄自己的努力，這是原則問題和戰略問題，是不能讓步的。

本著這樣的精神，我的態度非常好，非但不跟王春梅頂嘴，相反還表示會認眞考慮系裡的意見。同時，我也強調了我們追求言論自由的一貫立場。回到宿舍後，我緊急召集《燕園風》編輯部的同學們開會，我們一致決定不必跟系裡鬧翻，畢竟系裡只是被上級黨委要求才找我們的，內心中也不覺得就是與我們爲敵，我們也要讓他們對上級有個交代，這樣才能創造讓我們繼續出刊的空間。

因此，十二月二日中午編輯部的同學們再次開會，原則通過了我起草的〈告同學書〉，決定爲了保證《燕園風》可以繼續辦下去，編輯部決定做一些小的、無礙大局的妥協，比如擴大文藝版面，增加一些風花雪月的內容，增設「班級工作情況簡報」、「我的故鄉」兩個應景單元，作爲我們「虛心接受」的證據。同時，原來準備好的幾篇內容敏感的重頭文章我們決定繼續刊登，以體現「堅決不改」的立場。

事實證明，這樣的策略比完全抵制的做法更好。鑑於我們的單元有所調整，大概系裡對校方也可以有個說法了，所以後來《燕園風》再也沒有被關切過了。

## 民主沙龍的影響擴大到全校

一九八八年底，北京和各地的民主風潮進一步風起雲湧，知識界、思想界的自由化力量蓬勃發展。十二月初，北大校內各單位連續召開理論會議，著名自由化知識分子溫元凱、嚴家其、于浩成、張宗厚、朱厚澤、戈揚、李澤厚、金觀濤、龐樸、陳鼓應、包遵信、華生等頻繁出現在北大各個講壇上，使得校外的氣氛進一步帶動了校內氣氛的活躍。

十二月八日我主持了第五次民主沙龍。這一次我邀請了《光明日報》記者戴晴。戴晴因為主持思想訪談類單元，敢於邀請敏感的自由化知識分子和觸及敏感問題而聲名大噪，而她是葉劍英養女的背景使得她的言論和動作更加引人注目。能邀請到她，是因為她的女兒是北大歷史系八六級學生，算是我的學姐，是劉道遠幫忙牽線的。這一次沙龍來了六十多人，校刊也專門派了記者採訪我。這篇採訪後來還公開發表在校刊上。我表示舉辦民主沙龍的目的就是為了延續北大傳統，「哪怕只是一根蠟燭的光芒也行」。

十月十四日的第六次民主沙龍擦槍走火，導致我們跟校方的直接衝突。事情是這樣的。

我一向認為推動北京高校的民主運動，需要各校的積極分子之間進行串聯，彼此呼應，才能壯大力量。為此，這一次的民主沙龍，我本來是準備請人民大學的學生社團「青年論壇」代表肖峰傑等十幾名人大同學來與民主沙龍的北大同學對話。一切都安排好了之後，誰知「青年論壇」的宣傳部長貿然在人大校園貼出海報，高調公布消息說北大學生邀請人大同學去討論民主。這當然就驚動了人民大學的校黨委。

結果人大校黨委緊急打電話給北大校黨委，希望阻止這場所謂「串聯」活動。據我後來得知的情況，北大校黨委一開始還以為是政治系學生發出的邀請，緊急通知政治系黨總支書記在中午的時候召開學生幹部會議追查這項活動。這當然一無所獲，而與此同時，人大那邊，已經有上百位同學陸續出校門，往北大而來。

下午兩點，先到達的十幾名人大學生在北大校門口，被已經嚴陣以待的北大校衛擋住，不許他們進校門，也不給他們填寫會客單，雙方在校門發生激烈爭執。此時學校才知道原來東道主是我們。歷史系的王春梅叫上我們班主任榮新江，急忙到宿舍找到我，把我帶到校門口，試圖讓我勸人大的同學返回去。但是，等到我趕到校門口的時候，發現那裡已經空無一人，原來是我們民主沙龍的武運學等人已經帶著他們從別的旁門進入了北大。這一次學生之間的串聯對話活動結果還是如期舉行了。不過這次活動，也使得校方對沙龍提高了警覺。

十二月二十二日我們舉辦了第七次民主沙龍，因爲上一次的活動引起當局注意，本著「有張有馳」的策略，這一次我們刻意低調，沒有請校外的學者，而是請來了政治系的楊鳳春老師與大家座談。

其實，到了一九八八年底，不僅是北大，全國很多高校都出現了規模不等的校內民主運動。當時我聽說，國家教委已經傳達文件，一九八八年九月至十一月的兩個月中，全國高校爆發了七十多起大小學潮，尤其是邊緣地區居多，而且有不少是青年教師主導。在北大，除了民主沙龍之外，「未來學會」等學生社團也比較活躍，據說有一部分北大青年教師和博士生打算下學期有所動作，目前校方正在做工作試圖壓抑情緒。總之，從社會上到學校裡，都有一種山雨欲來的感覺。

在十二月二十三日的日記中，我對一九八九年的社會形勢作了一個分析，可以體現當時我們對時局的感覺：「明年的形勢不好，危機重重，大規模社會動亂恐怕有可能出現。原因很多，主要是：（一）政局不穩，黨的威信下降，民心喪盡；黨內腐敗，政府貪污情況十分嚴重；官倒屢禁不止。（二）明年物價儘管中央想控制在今年以下，但看來無法做到；物價還是要上漲很大一部分。（三）

明年基建規模仍控制不住，而外債還期又到，國庫已空，經濟混亂在所難免。（四）由於今年自然災害嚴重，糧食大面積歉收，明年年初開始就會出現大範圍的春荒，搞得不好就要餓死不少人。」最後我在日記中寫道：「是福是禍，只有走著看。」

從這段日記可以看出：第一，當時我已經預感到，一九八九年會出事；第二，我們對於出事的預期，還是建立在經濟形勢不好的判斷基礎上的。不過，儘管已經預期會出事，當時我對於自己能做什麼的想法，還是集中在北大內部的校園民主上。

七次民主沙龍的舉辦，使得我對如何活躍北大校內的民主氣氛開始有了一些規劃性的想法。當時我對自己的定位很清楚，就是在北大建設校園民主，鼓動更多的同學出來關心和討論中國的民主化問題。爲此，我對一九八九年的工作展望是：第一，至少舉辦十五次民主沙龍，並把《燕園風》雜誌擴大發行，與民主沙龍的活動結合起來，在北大形成一個有影響、有號召力的行動平台。第二，一旦這個平台已經成熟，就在北大校內發起一次要求民主競選學生會的學潮，而民主沙龍就可以成爲這次學潮的中心組織機構。「六四」後，當局指控我有組織、有預謀地發起學潮。如果眞的有預謀，這就是我的「預謀」。

此時，我還根本想不到一九八九年的形勢發展，已遠遠超出了我的「預謀」。某種程度上講，對於一九八九年就要參與組織大規模的學生運動，其實我在心理上的準備是不足的。

## 創辦全校性刊物《新五四》

在期待、迷惘與略帶緊張的氣氛中，一九八九年來到了。

一九八八年十二月三十一日晚上，我留在宿舍跟同學們一起跨年。午夜十二點一過，正式進入一九八九年，各個宿舍都躁動起來。那時北大流行摔啤酒瓶子發洩情緒。所以當新年的鐘聲敲響，我們都衝到走廊上，把手裡的啤酒瓶摔到牆腳。宿舍樓裡面「乒乒乓乓」一片玻璃破碎的聲音，走廊上一地的碎玻璃渣。這時，我發現手指不小心劃破了一個口子，鮮血從指頭上流了下來。我記得非常清楚，當時身邊有個同學說：「哎呦，看來今年要有血光之災了。」我們聽了都笑笑沒有當回事。萬萬想不到的是，這句話居然一語成讖。

一九八九年的民主運動，嚴格說，是從一月份方勵之發表致鄧小平公開信開始的。一月二十一日，李淑嫻老師找到我，給了我兩份複印件。一份就是方老師的這封呼籲釋放魏京生等政治犯的公開信。這封信簡潔明確，不卑不亢，全文如下：

中央軍委鄧小平主席：

今年是中華人民共和國成立的第四十年，也是「五四」運動的第七十年。圍繞著四十年和七十年，一定會有不少紀念活動。但是，比之回顧過去，更多的人可能更關心今天，更關心未來，期待著兩個紀念日會帶來新的希望。

鑑於此，我誠懇地向您建議：在這兩個紀念日即將到來之際，在全國實行大赦，特別是釋放魏京生以及所有類似的政治犯。

我想無論對魏京生本人作如何評定，釋放他這樣已經服刑大約十年的人，是符合人道的，是會促進良好的社會氣氛的。

今年恰好又是法國大革命的二百週年。不論怎麼看，由它所標誌的自由、平等、博愛、人權已受到人類的普遍尊重。因此，我再次誠懇地希望您考慮我的建議，爲未來增添新的尊重。

謹頌

近祺

方勵之

一九八九年一月六日

一九八八年下半年開始，中國知識界就已經蠢蠢欲動，希望能夠推動國內政治氣氛的進一步寬鬆，然而，歷次政治運動的教訓使得大家普遍持謹慎的態度，同時，也找不到一個更具有號召力的訴求。在這種情況下，方勵之老師這封公開信的提出，既打破了大家的觀望態度，同時也提出了「大赦政治犯」這樣令人耳目一新的政治訴求，因此立刻在知識界引起廣泛的響應。

二月十三日，留學回國的陳軍、北京詩人北島和老木三人策劃的文化界二十三人聯名信公開發表，聯署人表示支持方勵之的呼籲，認爲大赦政治犯「將會創造一個有利於改革的和諧氣氛，同時也是符合當今世界日益尊重人權的普遍潮流」。簽名者都是赫赫有名的文化人，他們是北島、邵燕祥、牛漢、老木、吳祖光、李陀、冰心、張潔、宗璞、吳祖緗、湯一介、樂黛雲、黃子平、張岱年、陳平原、嚴文井、劉東、馮亦代、蕭乾、蘇曉康、金觀濤、李澤厚、龐樸、朱偉、王焱、包遵信、田壯壯、劉青峰、芒克、高皋、蘇紹智、王若水、陳軍。在公布此信的記者會上，陳軍宣布成立「一九八九大赦工作小組」，推動大赦的實行。這封信在社會上影響很大，也驚動了當局。當局一方面做聯署者的工作，讓他們不要接受境外記者採訪；另一方面加緊監管陳軍，由司法部發言人出面點名指責陳軍的行爲是「干涉司法」，最終把他驅逐出境。這是第一波呼應方勵之的聯名信。

第二波聯名信發表於二月二十六日。這是由許良英先生發起推動的，其特色是，四十二名聯署人中大部分是國內外知名的科學家，包括中科院的九名學部委員錢臨照、王淦昌、施雅風、葉篤正、胡世華、周明鎮、蔣麗金、胡濟民。這封信還具體提出了推動政治民主化、保障言論自由、防止文字獄、提高知識分子待遇等四項建議。

第三波聯名信由戴晴發起，參加者主要是一些中青年思想界活躍人士，如徐有漁、史鐵生、柳鳴九、查建英、嚴家其、林崗、汪暉、張暖忻、朱正琳、遠志明、陳奎德、鄭也夫、黎鳴、李銀河等四十三人。

校外的民主運動空氣越來越濃厚，也使得我受到鼓舞。

經過與同學討論後，我決定在《燕園風》的基礎上，籌辦一份跨系的全校性新刊物，我定名爲《新五四》。定這個名字，是因爲我認爲八〇年代的大學生，其理想主義的熱情和對國家的責任感，很大程度上，其思想譜系還是應當上溯至七十年前的「五四」運動。這不僅是因爲我們繼承的「五四」學生的愛國傳統，也是因爲「五四」運動以及「新文化」運動所提出的命題——民主與科學，也就是「德先生與賽先生」——仍舊還是今天中國面對的問題，而在我看來，我們今天所要做的，就是把七十年前的大學生要完成而未完成的事情在我們手裡完成。而在「五四」運動七十週年之際，在這場運動的發祥地北京大學，重新創辦一份名爲《新五四》的學生刊物，更加具有薪火相傳的象徵意義。

一九八九年一月下旬學校放寒假，我利用這一個月的時間開始緊鑼密鼓地張羅新刊物的事情。當時我第一個構想，是希望這本刊物能夠擁有兩群強大的顧問陣容，以壯聲勢：一群是著名的知識分子，請他們做編輯顧問；另一群是北大的青年教師，請他們做指導老師。而幾次民主沙龍的舉辦，使得我在北京知識界多少有了一些人脈可以去進行嘗試和努力。

一月二十九日我來到著名詩人和雜文家邵燕祥老師家，跟他談了我們辦刊物的構想。邵老師表示非常支持，他不僅願意做我們的顧問，而且答應給《新五四》創刊號寫一篇短文。更令人驚喜的是，他當場親筆寫了一封信，介紹我去找「五四」的文壇老人、劇作家夏衍，並建議我可以去找冰心和馮至兩位「五四」老人。

夏衍先生是文壇德高望重的領軍人物，在八〇年代的思想解放風潮中扮演重要角色，對我們這些毛頭小子來說更是高山仰止的人物。不過我當時正是「初生之犢不怕虎」的年紀，於是不揣冒昧，經過電話預約，二月二日到了夏衍先生的家，登門拜訪。

夏衍先生在一間典雅的書房中接待了我，他的親切和藹完全打消了我的緊張和拘謹。他對我們舉辦一系列活動以紀念五四運動七十週年的想法表示讚賞。大概是看到我，讓他想起來自己做學生工作的歲月，他對我回憶了自己七十年前在浙江杭州投身新文化運動的情景。一老一少，可以說是相談甚歡。

這番談話讓我收穫豐富，因爲夏衍先生不僅一口答應做《新五四》的顧問，並要爲創刊號題詞，而且聽說我希望也能請到冰心先生做顧問後，性格豪爽熱心的他當場就給了我冰心先生家的地址和電話，讓我立即聯絡。就這樣，在夏衍先生家裡我打電話給冰心先生，老太太聽說是夏衍的介紹，也沒有二話，答應了做顧問和題詞兩件事情。看到自己幫上了忙，夏衍先生滿意地笑了。而我的心裡，簡直是樂開了花。

冰心和夏衍，這兩位見證了「五四」時期中國風雲變幻並在「新文化運動」中成名的作家，過去對我來說，只是書本中的歷史人物；居然一天之內就請到他們同時爲我們的一份學生刊物做顧問和題詞，我離開夏府的時候，簡直有點騰雲駕霧，幾乎不敢相信剛才發生的事情。現在回顧起來，我很遺憾後來因爲很快就爆發了學生運動，而沒有時間和機會更多地親炙兩位文壇大師的教誨。他們對青年學生的熱情和鼓勵，對我一生都產生了很大影響。

這裡插一段題外話：「六四」後，在當局的刻意渲染下，外界對我的背景有很多的猜測。作爲一個一年級大學生，在學校辦一份學生刊物，居然能請到冰心、夏衍這樣的大家做顧問，也難怪有人會認爲我背後有人支持。可是我自己很清楚，我並沒有任何特殊背景，我只是憑著一腔熱情，直接去找這些大老級的人物，事情就辦成了。多年以後，我當了老師，自己也成了名人，我經常告訴有志從事社會運動的學生：「其實越是有名的人，越是德高望重的人，越不會有那麼大的架子，越喜歡支持和鼓勵年輕人，因為在年輕人身上，他們看到了自己的過去，也看到了自己的理想有可能繼續傳續。所以青年學生如果需要他們的背書和支持，就大膽去找他們，不要覺得這是不可能的事情。」

在青年教師的部分，一月三十一日，國政系的印紅標老師帶我去青年政治學院，分別拜訪了當時在青年理論界比較知名的王東成、王潤生、遠志明和謝選駿等人。這些青年教師也分別答應了做我們刊物的指導老師。我記得在遠志明老師家中，他還一再叮囑我，刊物出來以後，要有被打壓的思想準備。這些青年老師當時已經是新啓蒙運動的風雲人物，聽他們討論時局，對我來說是極大的收穫。我還清楚地記得遠志明曾經說，中國的體制已經進入僵局，恐怕只有巨大的外力才能打破。

就這樣，寒假大約一個月的時間，我騎著一輛腳踏車，幾乎每天都奔忙在邀請顧問和指導老師的路上。到了新學期開始的時候，顧問中已經包括了中央黨校教授孫長江、《科技日報》總編輯林自新、雜文家牧惠、出版家李盛平等等。其中，對我們支持最力的當屬吳祖光先生。

二月二日，我接到吳先生電話，讓我去他家一趟。到了以後，他送給我一幅親手寫下的小橫幅作為給《新五四》的題詞：「建設民主和科學的新中國任重而道遠，還要是徹底地、不妥協地反對封建主義。」落款是「紀念五四運動七十週年」。那一次吳先生興致很高，跟我談了很多社會上發生的事情。他說，最近趙紫陽邀請文藝界人士談話，要求他們多寫光明面。吳先生風趣地點評說：「難為死了，有什麼好的可歌頌呢？」他認為這樣的動作，是中共對自己失去信心的表現。

第二天我去了著名雜文家、《紅旗》雜誌編輯牧惠先生那裡。牧惠先生對我非常熱情，一再說他很希望能多與年輕人接觸，並要我有什麼活動一定要通知他，他一定參加。正好前一天在《人民日報》上，他發表了一篇雜文〈眞理面前人人平等〉，針對「文革」時期的極左紅人王力最近出來接受報導文學作家葉永烈採訪時，爲自己在「文革」期間的所作所爲辯護的事情，進行了辛辣抨擊。這次他也提到了這件事，表示非常氣憤，他說：「『文革』不許我們研究，卻讓王力這樣的人寫，這算什麼？」他還給我列舉了最近意識形態領域種種不正常的跡象：《光明日報》連載毛澤東的私人護士張玉鳳的回憶錄，前「中央文革小組」的副組長陳伯達也發表文章，再加上王力的接受採訪，牧惠先生認爲這表明「有一股潛流在湧動」，試圖爲「文革」翻案，「必須堅決打回去」。他還提到，張玉鳳的文章，最可惡的地方，就是使人誤以爲毛澤東與周恩來的關係一直挺好，實際上他說，毛、周之間早就有矛盾，毛早就想除掉周恩來。

牧惠先生年輕時作爲中共地下黨成員，也曾經組織過學潮，他對比了當時的學潮與最近幾次的學潮後說，他們年輕時參加的學生運動，與現在的不同之處，就在於那時候有中共領導，提出的口號切實而並不過頭，現在的學生提出的民主口號太抽象、太空洞。

跟這些思想解放運動的主要推動者接觸，我明顯感受到他們對於封建主義思潮的深惡痛絕。這正是八〇年代思想界的主流。他們對於民主自由的推崇，正是建立在對於以「文革」爲代表的封建主義回潮的反思之基礎上，因此特別強調「五四」傳統的意義。我後來很快就受到牧惠先生寫給《新五四》創刊號的稿子〈尙遺餘孽艱難甚〉，也是大力呼籲反對封建主義的。知識界的這種主流傾向，勢必對高校內的學生思想形態造成影響。這是一九八九年能夠發生大規模學生運動的思想基礎之一。

除了積極尋找顧問陣容之外，我也花了不少心思在尋找刊物的出版經費上。當時西方金融家索羅斯（George Soros）想進入中國改革開放這個領域發揮一些影響，遂通過中共中央經濟體制改革研究所所長陳一諮的牽線，在北京成立了中國改革與開放基金會，對各類有關改革的研究項目提供金援。我還曾經去基金會位於河北飯店的辦公室跟他們的負責人談過，希望他們能支持我們的刊物。不過基金會的人表示，他們不受理在校大學生的申請，也不資助刊物。這眞是詭異的規定。其實我想他們只是不願意支持體制外的活動而已。

尋覓資金不成，我繼續四處拜訪自由知識分子，尋求他們的支持。二月十二日我拜訪了《經濟學週報》的總編輯何家棟先生。凡是認識何先生的人都知道，他對年輕人一貫是非常的熱情和愛護。雖然我們是第一次見面，但是他這種特質馬上就表現出來，一點生疏也沒有，對我侃侃而談。他認爲中國共產黨應當與政府剝離，黨應當處於類似英國女王的地位，去做上帝，而讓政府做魔鬼。他開玩笑說：「那樣的話，如果物價飛升，人民有意見，趙紫陽就應該帶頭上街，喊『打倒李鵬』。」這樣的觀點我過去聞所未聞，眞是大開眼界，非常過癮。

何家棟先生對我們在北大從事的活動很支持，一口答應做我們的顧問，並具體建議我們多採取一些切實的行動，比如爭取學術自由，反對把言論向上級匯報的職業學生行爲，要求撤銷專門做思想工作的職位和人等等。這樣的建議，就算是放到今天的高校裡也是合宜的。他對於王震針對《河殤》發表的批評言論非常氣憤，表示應當在全國人大的會議上提交議案，要求罷免王震的國家副主席職務，因爲身爲國家元首，王震的行爲是越級處理本應由文化部主管的工作。最後他指出，中國的出路在於中產階級的強大，它與知識精英的聯合將導致中共的垮台。但這需要幾代人的漫長過程。

二月十三日，我收到冰心先生的題詞：「希望《新五四》能把我們七十年來一直追求而沒有完全得到的科學與民主的工作，擔負起來堅持下去。謝冰心，一九八九年二月四日。」之前，夏衍先生的題詞也拿到了。這些先生的墨寶十分珍貴，不僅是因爲他們本人的崇高地位，也是因爲眞實記錄了那一代五四老人對中國七十年來走過的彎路的清醒認識。非常可惜的是，我把這些題詞留在宿舍中，「六四」後當局對我的宿舍進行抄家，冰心等人的題詞想必落入了公安局的檔案之中。後來我曾經向他們提起過，但是沒有得到答案。我希望這些珍貴的史料還繼續躺在公安局的文件櫃裡，這樣，早晚有一天它們還能物歸原主。

二月十五日我跟同學去拜訪社科院馬列所研究員張顯揚先生。張先生是搞馬列主義研究的，結果卻成了馬列主義的離經叛道者，在一九八七年的「反對資產階級自由化」運動中被開除黨籍，想想也挺諷刺的。這次張先生對我們談了很多，我在日記中進行了詳細記載：「我們暢談了一個過小時，獲益匪淺。他的不少觀點使我茅塞頓開，頓悟到以前反對很多東西都只是出於感性的衝動，缺乏理性上周密的批判，因而顯得不穩。例如以前我們都熟知的理論：世界觀應當與方法論統一，我從來沒有懷疑和思考過。張先生指出，方法論只是中性的，它是工具；如果與世界觀統一，豈不是先驗地限好框子，再加以實證了嗎？張顯揚說，我們這個民族，要不就是談玄，雲山霧罩，漫無邊際，想像力異常豐富；要不就是經驗主義，盲目地幹。反正就是缺乏理性思維的能力。所以他勸我們多做一些理性思考的工作。談到開除出黨，他說他看得很淡，而且有一種輕鬆感。他一再強調知識分子要有獨立意識，不要去參政。他說他厭惡新權威主義，並指出其錯誤在於：他們假想客觀上需要一個專制權力集中領導，但忽視了主觀上人們有選擇的能力。他認爲馬克思主義根本不符合國情，現行政治體制必須廢除，『中國人還需要經過幾次教訓，諸如社會動亂等』；他還嘲諷李燕杰是紅色牧師，*更看不起曲嘯，**認爲他人格低下，『人家打鞭子打了他，他還說打得好，不打不足以顯出我的皮硬』。他給我們看了他新寫的一萬餘字的〈傳統馬克思主義批判〉，說這是他將寫的一本書的提綱，是他兩年來思考的結果，是對馬克思主義做全面的批判，準備發表在《新啓蒙》上。」

這一段時間，我見了很多知識界的領軍人物，也從他們那裡得到很多教益。作爲一個還算用功的學生，每一次回來我都認眞地做了筆記，記錄我聽到的新知識、新思路。這樣的記錄動輒上千字。當時我萬萬沒有想到的是，「六四」之後，我的所有日記被查抄，當局通過我的日記對一些我接觸過的知識分子對我的影響了解得一清二楚。當我在秦城監獄接受審問的時候，其實很多事自己也記不清了，每一次到最後他們看問不出什麼來，就拿出我的日記作爲佐證，我也只好承認，畢竟那眞的是我一字一句記錄下來的。

在「六四」之後的清理工作中，一些我接觸過的老師和先生受到當局的審查和懲罰，證據就是他們對我說過的那些話。張顯揚先生就是典型的例子。上述他對我講過的一些話，後來也寫入官方對他進行的批判中。當時社會上有傳言，說是我在監獄中全盤交待，揭發檢舉。其實這完全是日記惹的禍。這個教訓是非常慘痛的，以至於到現在我雖然還在寫日記，但是已經只是記些流水帳，而很少長篇大論地記錄別人的講話內容了。這也算是一種政治後遺症吧。

## 《新五四》創刊

經過將近三個月的準備，一九八九年四月五日，《新五四》創刊號正式發行。

創刊號最後的印刷費用，來自我們一批同學集資的八十元，以及學海社批給我們的一百五十元。內容包括我原來所在的政治系八七級同學在「政治發展理論」課上的課堂討論記錄，高超群和陳瑞軍作爲刊物特約評論員所作的〈時事述評〉和〈龍年經濟形勢的反思〉。

我撰寫了發刊詞，以編輯部的名義發表，題目是〈新五四宣言〉。我在文中說：「七十年前，中國漫長黑夜的天空中開始閃現出普羅米修斯的精靈。民主與科學，這一口號激蕩了千萬顆年輕的心。他們覺悟到，推動民族進入強國之林的責任在於自己——新青年。七十年後，精靈仍在翺翔，呼喚仍在激盪。要民主還是要專制？要科學還是要愚昧？要富強還是要落後？面對這個亙古的選擇，四十年來的坎坷風雨，迫使我們從麻木中清醒。思想的躁動，如晚冬的河水，不斷地撞擊日益薄弱的冰層。撞擊就是希望！希望會迎來黎明的曙光！《新五四》的創辦，就是我們的撞擊，我們的希望！」

---

* 李燕杰是當時紅遍中國的正統意識形態宣揚者，到處發表演講宣揚共產主義理想，曾親自在深圳的蛇口與當地的青年激辯，造成「蛇口風波」。

** 曲嘯是另一個官方的意識形態宣傳員，與李燕杰齊名。他的名言是：中共迫害知識分子，是媽媽錯打了孩子，是為了孩子好，孩子不應當記恨媽媽。

在發刊詞中，我總結了我們創辦這份刊物的想法和目的：「我們認爲，思想、言論的眞正自由是天賦人權，它神聖不可侵犯；而多元化聲音的存在是一個社會機體正常生長的必要養料。這將永遠是本刊的辦刊指導思想。我們認爲，使眞理傳播到人類的每一個角落，爲獨立批判的聲音，爲深切的思慮，爲正義的良心，爲向權威無畏的挑戰提供一個陣地，爲一場新的偉大的思想啓蒙運動的興起張揚吶喊的大旗，爲推動中國的民主化進程獻出勇氣和智慧，是每一個關心社會、關心民族前途與國家命運的人應盡的責任和義務，這將永遠是本刊的辦刊宗旨。我們認爲，感性的宣洩大潮固然可以攪動沉鬱的沼澤，但理性的智慧之光更可以成爲照亮沼澤上空黑暗的火炬。改革需要澎湃的激情，更需要睿智的思索。我們這個民族需要冷靜地思考一下自己的過去、現在和未來，思考一下我們將要做些什麼。這將永遠是本刊的辦刊風格。」

最後，我表示：「我們願團結所有支持改革、希望中國繁榮富強的朋友，去追求我們共同的理想。這個理想曾引導二百年前的法國人民摧毀了巴士底監獄；曾引導七十年前的中國青年衝擊封建專制的大門；也將引導今天的我們爲建設一個高度民主，高度發達的新國家而奮戰。它，就是懸在黑暗、愚昧、專制之上的達摩克利斯之劍——自由！中國向何處去？我們向何處去？歷史將爲我們的行動做出證明！」

今天回顧這篇發刊詞，可以充分感受到我們這一批大學生當年的理想主義和熱情，也有助於理解，到底是什麼樣的責任感推動我們走出校園去衝擊社會。坦率講，作爲一個二十歲的學生，當時能寫出這樣充滿激情的檄文，我是有一份自豪的。也許今天，我都不太會寫出這樣的文章了。這樣的文筆也許煽情、也許空泛，但是充滿熱情和社會責任感，這是典型的八〇年代的氣質，這是我對我們那一代人的自豪之處。

在創刊號上，還發表了我的一篇論文〈論反對派的言論自由〉以及時事評論〈社會主義的希望之星在東歐升起〉。前者中，我針對反對言論自由的三種論調——「執政黨或當局代表人民的利益，掌握著眞理；反對派意見的荒謬會導致嚴重的社會不良後果；以及，反對派的壯大會擾亂安定團結，破壞政治發展的正常秩序」，分別進行了反駁；在後者中，我介紹了東歐社會主義國家正在發生的一些政治變化，並認爲：「發生在東歐的事情至少可以給我們兩點啓發：第一，放棄一黨專政，實行民主政治是社會主義發展的大勢所趨；第二，波匈捷三國的形勢發展如此之好，與長期以來來自民間和黨內的反對派人士不斷積極努力是分不開的。」我則提出：「只有在中國不久的將來，一步步走入東歐現在發展的道路，一個高度民主、高度發達的國家才可能建設成功。」

從我在《新五四》創刊號的一系列言論可以看出，到了一九八九年上半年，我的「做一個中國的政治反對派」的志向已經確立，我對自己的定位已經清晰。正因爲如此，四月十五日學潮一爆發，我才能迅速地進入狀態。

## 成立「當代社會問題部」

時間到了一九八九年的初春，社會各界對於盡快走向民主化的呼聲已經到了洶湧澎湃的程度。二月四日下午，在友誼賓館的雅園餐廳舉行了「首都名人名家新春聯誼會」，方勵之夫婦獲得邀請。他們也要我去見見世面。

這次茶敘活動，科教、企業、文藝三界人士濟濟一堂，由因爲解說當時轟動一時的電視紀錄片《話說長江》而深受歡迎的中央電視台播音員陳鐸和沈力主持。場上的發言非常火爆。因爲這是難得的一次企業界和知識界聯合的活動，大家的話題都集中在兩個社會階層要如何合作的問題上。中國文化書院院長、北大哲學系教授湯一介先生首先發言，他說：「一個健康的社會，要有政治權力集團，也要有企業權力集團和知識權力集團，希望後兩者能有更多的聯繫並相互支持，以使中國得到更大發展。」接著發言的就是方勵之老師，他不改風趣幽默的風格，上來就自我介紹說：「有人唱歌出名，有人演戲出名，我是被批判出名。」大家自然是哄堂大笑，然後全場爆發熱烈掌聲。

方老師接著說：「我認爲名人名家更重要的一點，就是他不僅關切自己，更關切整個社會的情況。社會到了今天，怎麼樣去除掉一些不好的壞的現象，就要靠自己去做一些事情。」他說：「我想已經開始有了一種氣氛，就是，知識界應有一個形成自己的集團意識，要表明自己是舉足輕重的，我們要發表意見。中國知識界開始形成集團並形成對政府的壓力，這並不是要打倒誰，而是要壓著他們向好的方向去。」同時，他呼應湯先生的說法，也呼籲企業界應當同知識界聯手，共同形成壓力集團。除此之外，方老師在講話中還著重提到「人權」的概念，他說：「我最關注的就是人權問題，這是一個世界潮流。」

方老師這一席話其實很值得作爲回顧八〇年代知識分子思想歷程時的參考，原因是從中可以看出，到了一九八八年和一九八九年，中國自由主義知識分子在與當局的關係上已經到了一個轉折點。

在此之前，即使是反對派的知識分子也是「補天」派，希望在體制內實行改革，由中共引領實行改革；即使是方勵之也強調知識分子施加壓力，只是「壓著政府往好的方向去」。而到了一九九〇年以後，自由主義知識分子眞正跟政府分道揚鑣，他們的批判已經由「幫助政府」的基調轉移到「改變體制」了。這樣的變化，在一九八九年已經開始產生，而「六四」鎮壓起了臨門一腳的作用。從此，部分的中國知識分子眞正獨立了出來。

這次會上，比較引人注目的發言，還有許良英先生和陳軍。許先生上台做自我檢討，他說，自己信奉了幾十年馬列主義，現在知道是上當受騙了。而剛剛因爲發起呼應方勵之公開信的聯署運動而被當局點名批評的陳軍，則上台再次呼籲知識界和企業家們共同推動大赦政治犯的運動。這是我跟陳軍第一次見面。以後的二十多年中我們成了好朋友。

參加這樣的活動，我當然受到很大的激勵，但是同時也沒有忘記繼續爲《新五四》刊物壯大聲勢，抓緊機會邀請到同桌的湯一介先生，和北大圖書館館長莊守經先生作我們的顧問。

此外，二月二十日，我還收到另一位見證過「五四」時期的著名詩人馮至的來信，他表示支持我們的雜誌，並同意我們的刊物重新刊登他的一首舊詩〈那時〉。

這個階段，我推動北大校園民主的活動，除了《新五四》刊物這個重心以外，另一個主要的目標，就是成立一個獨立的學生社團。我連社團的名字都想好了，叫「當代社會問題研究社」。爲此，我曾經找北大黨委辦公室主任張炳九談話，請教他成立社團的可能性，他告訴我因爲我已經是一個敏感人物，成立學生社團一定不會被批准。看來我要另想辦法。於是我想到了學海社。

前面說過，學海社是北大的資深社團，現任社長劉道遠是我歷史系學長，也是校園民主的積極推動者。我找到他，如實跟他說了自己的想法：既然學校不可能讓我註冊成立社團，我不妨採取迂迴的做法，就是在一個已經成立的學生社團中「借窩生蛋」，掛靠在社團下面，但是獨立運作。已經成立的社團有權在內部設立不同的部門，這樣就可以迴避掉校方的審查。而學海社，就是最佳選擇。

劉道遠非常慷慨地同意了我的設計，讓我把新社團掛靠在學海社下，叫做「學海社當代社會問題研究部」，但是可以完全獨立自由地舉辦活動，還可以得到學海社的各方面支持。這個問題終於解決了。

二月二十二日，在「四教」召開了學海社當代社會問題部的成立大會，我主持會議，肖旭、陳瑞軍、武運學等主要成員發言。會上大家紛紛捐款作爲會務活動經費，同班的兩位女同學甘向紅、趙冬梅合捐了八十元，這在當時的學生來說，算是大手筆的捐款了。

這樣，我在北大的活動，就有了《新五四》刊物、民主沙龍、當代社會問題研究部這三個主要的平台了。

## 走出校園

一九八九年二月二十四日，我跟高超群、陳瑞軍、武運學一起去市委黨校，參加第二屆現代化理論研討會。參加這個會議是受許良英先生的委託，他本來應當與會，但是身體不適，所以囑咐我們代他前往並指定我代表他發言。

這裡有一個背景：一九八九年初開始，部分知識界人士提出了「新權威主義」作爲新的理論號召，其大意是要樹立新的權威，充分授權其引領改革。提出新權威主義的部分學者，是圍繞在趙紫陽班子周圍的所謂「智囊」，他們所謂的「新權威」，其實就是希望能使得趙紫陽有更大的權力，不要受到鄧小平和保守派元老的掣肘。這個理論一經提出，可以說是受到左右夾擊。黨內的保守派如王震等，當然認爲這是離經叛道的想法；同時在右翼，「新權威主義」也受到包括許良英先生在內的「理論務虛派」或者民主派學者的反對，他們認爲民主發展不能靠人治，新權威與舊權威一樣，也是人治的一種。如果無法有效限制權力，新權威也會變成新獨裁。

當時我受許良英先生的影響，也積極反對新權威主義。大概是清楚我的立場並相信我的觀點基本上符合他的思路，許先生才安排我代表他參加這次會議並發言。

這次會議由北京社會與科技發展研究所與《理論信息報》合辦，在北京市委黨校主樓的二十五會議室召開，當時在北京的一些中青年知名學者幾乎都在座，給了我一個很好的機會結識他們。後來熟識的張偉國（時任《世界經濟導報》駐京記者站主任）、馮媛（時任《中國婦女報》記者）等就是在這次會上認識的。

會議由黎鳴主持，發言的知識精英包括了張炳九、遠志明、陳子明、秦曉鷹、楊百揆、吳知論、李盛平、孫立平、劉在平、張明澍、顧昕、蕭國亮、王逸舟、吳稼祥、陳坡、曹思源等，此外與會的還有張顯揚、于浩成、張宗厚、高瑜等。這個陣營基本上囊括了當時北京知識界比較活躍和有影響力的知識分子。

上午的會議中，主要圍繞新權威主義進行討論。大部分學者持反對立場，認爲這種思潮其實是鼓吹集權專制。下午繼續討論，我上台發言。我在發言中點名叫陣，說我是來跟王軍濤辯論的。以後成爲我的好朋友和長期合作夥伴的王軍濤，當時也被認爲是新權威主義的代表人物之一，不過這次會議他因爲在深圳沒有參加。我針對王軍濤關於新權威主義的論述提出質疑，*並羅列了新權威主義的九個錯誤。會議結束以後，主持人黎鳴找到我，誇我的發言很好，還要走了稿子，這篇稿子後來發表在三月十日的《深圳商報》上。這算是我比較早的一篇公開發表的涉及理論論爭的文章。

這次會上，我還請到了張宗厚、秦曉鷹、曹思源、黎鳴做《新五四》的顧問，孫立平、鄭永年、陳坡做指導教師。

二月二十六日，是我二十歲生日。正式進入二字開頭的年齡，我內心非常感慨。班上十幾個同學在宿舍裡聚餐爲我過生日，可是我的思緒似乎無法聚焦在同學的祝福和現場的熱鬧歡樂上。儘管才二十歲，但是我已經踏上了一條注定不是那麼平穩的人生道路，而且我已經預感到，我面對的未來不是絕大多數人會選擇的。當天的日記中我寫道：「人生的路在我只有兩條，一個是『秀逸與群而孤寂』，一個是『庸碌一生而溫馨』。」「我的路已定好，是前者。」

我生日這一天，校園外面也不平靜。這一天正在北京訪問的美國總統布希（George H. W. Bush）在長城飯店設宴招待客人，方勵之夫婦也在邀請名單上，但是當方勵之、李淑嫻老師正要趕赴宴會的時候，卻被公安阻攔無法參加。次日下午方老師在家中召開記者會表達抗議，我和劉剛等都去幫忙接待。意外的是，官方的新華社和中新社的記者也來參加。

當天晚上，我去找遠志明聊天，他說今年恐怕過不去了，一定會亂。後來果然被他言中。遠志明還建議我們在學校裡可以先出一些地下報刊，宣傳反對派思想，而理念上可以人權爲重。這番建議，我認爲放在今天的大學中也是很中肯的。

隨著我的校外活動增多，開始有一些媒體找到我，進行採訪。尤其是「兩會」前後，不少港台媒體來到北京，高校中的政治氣氛是他們最感興趣的題目之一。

三月二十七日，台灣《自立晚報》記者徐璐和黃德北，在西四利遠餐廳邀請我和民主沙龍的幾名主要成員座談，內容主要涉及北大現在的民主空氣、知識分子的聯名信、中國近年政治發展走向的分析等等。之後，我還陸續還認識了台灣《聯合報》記者王震邦、香港《經濟日報》的羅綺萍、《英文虎報》的范卓雲、《成報》的潘潔、《南華早報》的黎佩兒、亞洲電視的謝志峰等。這些跑大陸政治新聞的港台記者，以後也都採訪了民主沙龍和八九民運，跟我有大量的接觸。久而久之他們與我的關係，已經從記者與被採訪者的關係，變成了朋友關係。尤其是經過「六四」之後，這樣的友誼更見牢固，一直維繫到今天。這種特殊歷史背景下形成的關係，在新聞史上，應當是值得記錄的一筆。

## 民主沙龍風雲再起

雖然各種社會活動增多，但是每週一次的民主沙龍我還是按部就班地在四十三樓四三〇室進行。二月二十二日的第八次民主沙龍，專門討論了新權威主義。此時，校方對我們的活動還保持寬容態

---

* 後來軍濤多次對我澄清，說他那時候的立場並不是支持新權威主義，認為外界的印象有誤。

度，代表官方的校刊還對民主沙龍的活動繼續進行報導，並引用我的話說，民主沙龍的宗旨，就是「民主、科學、理性、人權」八個字。

三月二日的第九次民主沙龍，我請來政治系青年教師、現在在新加坡大學擔任東亞研究所所長的鄭永年老師，他主講「商品經濟與民主政治」。三月八日第十次民主沙龍，我做了比較大膽的嘗試，第一次邀請了政治異議人士參加，他就是曾經參與西單民主牆運動而被捕判刑的任畹町。西單民主牆運動發生在十年前，時間並不久遠，但是當時的大學生對這場民主運動幾乎完全不了解，也很少有人提起，這表現出中國民主運動在傳承上有嚴重的斷裂現象。我請任畹町來，就是請他給大家補一堂了解過去民主運動的課。

老任一副職業革命家的樣子，風塵僕僕，手裡提著兩個公文包，這以後成了他的標準形象。當時我其實已經有點擔心自己未來的命運，也有想過是否會被捕的問題，所以那一次沙龍上抓緊時間，專門請教了老任關於坐牢的事情。這也算是一種經驗的傳承吧，畢竟坐牢是政治反對派人士的必修課程，我就當作是預習功課了。我還記得任畹町告訴我，坐牢最大的問題是單獨關押，因爲一個人長期不說話，會喪失語言能力。我必須承認，聽到這裡我有點嚇到了，不過很快也就忘記了。沒多久我就眞的被單獨關押了，當然就想起老任的這番提前告誡，覺得自己還是很有遠見的。

任畹町當時是被公安局嚴密掌握行蹤的人士，他來到北大參加民主沙龍的活動，必然引起當局的警覺。果然，這次活動不久，歷史系黨總支副書記王春梅和學校學工部的一位王姓老師就找我談話了。他們宣稱代表校方和系裡，要求我做什麼事都要向學校打個招呼，居然還說即使是請人來宿舍聊天也要打招呼，這個要求有些過分，當天的日記裡我寫道：「簡直是豈有此理，我也就送他們一個耳朵罷了。」這符合我一貫的立場：虛心接受，堅決不改。

前腳剛從系裡回來，後腳我母親的老同學、歷史系老師陸庭恩也讓我去他家。陸叔叔剛從非洲訪問回來，就急匆匆找我，顯然也是校方的要求。他主要是勸我做事要小心，要注意方式方法等。這一天下來的動作看在我眼裡有些好笑，校方顯然是對我軟硬交加，希望攔阻我的活動，我相信這絕不僅僅是校方的決定，他們一定是承受了來自北京市或者國家教委的指示。

儘管學校已經施壓，我決定我行我素。民主沙龍的影響，已經漸漸跨出北大。據同學說，其他一些高校，都在傳北大民主沙龍的事情，有些學校的學生也躍躍欲試。社會上一些有心推動民主運動的人士，也專門到北大來找我，要求參加民主沙龍的討論。安徽蚌埠的張林就是其中一個。他畢業於清華大學，是一個參加了歷次民間民主運動的「老運動員」。他此次來北京，是想勸說方勵之出面組織知識分子聯盟的，順便也開始參加民主沙龍的活動。三月下旬，北京召開「兩會」，大批香港記者前來採訪，其中不少專門來北大採訪了我和民主沙龍的活動。

這一切，使得學校又沉不住氣了。

三月底，北大團委書記張來武（現在已經是中國的科技部副部長）找我談話，轉達校方的意見，就是要求我不能擔任學海社當代社會問題部的部長職務，否則該社就必須解散。這一次我連「虛心接受」都無法做到了，覺得校方實在是太打壓我了，因此我當場決定反將學校一軍，我表示：如果校方一定要這麼做，我就宣布當代社會問題部脫離學海社獨立，然後公開要求學校承認合法性，三天之內不答覆我就自行以社團名義公開活動，看學校要如何取締！

這次談話後不久，張來武再次找我，這一次口氣緩和許多，沒有再提要我不能領導當代社會問題部的事情了，甚至還暗示說該部獨立出來成爲主權社團的可能性，並不是不存在的。其實這些老師本身也都是思想非常開明的，儘管礙於身分他們不能不履行上級指示，但是我知道他們內心裡對我的做法還是理解和支持的。

除了系黨總支、學校學工部、歷史系任教的我母親的老同學和校團委之外，北大學生會副主席、歷史系學生會主席盧永貞，歷史系八五級黨員學生、即將留系擔任團工作的王利軍也分別找過我談話，柔性施加壓力。爲了阻止我在北大的活動，學校方面可以說是海陸空三軍都出動了，但是並未對我產生什麼影響。三月三十日，系裡再次找我談話，這一次他們明確表示，以後系裡對我的行動「概不負責」。這種劃清界限的態度，其實也反映出系裡推卸責任，以求自保的心態。同時也證明，校方的一輪動作已經宣告失敗，他們，對我是徹底失望了。

在這樣的壓力下，我並未停止各項活動。三月二十二日，我繼續主辦第十二次民主沙龍，這一次請到的，是北大社會學系博士生蕭國亮，題目是「政治民主化與新權威主義」。值得一提的是，去年十一月開始的沙龍，因爲北京冬天氣候寒冷，所以都是在四十三樓我原來在政治學系宿舍中的一間活動室舉辦的。而現在已經是三月下旬，春暖花開，氣候宜人，所以從這一次開始，我們決定把民主沙龍的活動地點，重新搬回到勺園對面的塞萬提斯像下的草坪上，這就是去年劉剛開始舉辦「草地沙龍」的老地方。

三月二十九日的第十三次民主沙龍，比北大黨委更高的權力機關終於忍耐不住，出手了。導致了我們跟校方進行了一場短兵相接的鬥爭。

這一次的沙龍，我本來是邀請了中國經濟研究所所長、國際關係學院副教授姜洪。結果那一天下午活動要開始前兩個小時，我接到姜洪的電話，讓我到北大南門跟他見面。我趕到南門，姜洪告訴我，前一天北京市委打電話給國際關係學院的校黨委，讓他們務必阻攔姜洪參加北大民主沙龍的活動，該校黨委就找到姜洪本人。姜洪說，學校出面，好說歹說，他也不好意思跟校方翻臉，因此只好決定不參加；但是這邊也覺得對我們不好意思，所以親自跑來一趟說明情況，就不進北大了。我當然表示理解。但是此時，已經有一百多名學生在塞萬提斯像前的草地上集結了。我到現場說明了情況，臨時改爲宣讀一篇由境外媒體刊登的報導，是關於全國人大香港代表、《鏡報》老闆徐四民在「人大」會議上的發言內容，然後同學們自由發言討論。

這次沙龍的活動直接受到北京市委的干預而受到破壞，使我感覺到形勢越來越嚴峻。當時我想，如果不升高抗議的層次，以後每次沙龍的活動都可能受到這樣的干擾，慢慢地我們的沙龍就會被柔性取締。與其坐以待斃，不如奮起抗爭。我決定採取幾個步驟，首先，就是發起挽救民主沙龍的聯署活動。

經過與沙龍其他同學的討論，我起草了一封公開信，然後我們分頭到各個系聯絡比較活躍的同學簽名。短短四天，就徵集到了五十七名同學的簽名。如果繼續，簽名人數還會繼續增加，但是我覺得事不宜遲，四月二日就停止了徵集簽名。

四月三日上午，我和武運學一起來到辦公樓，向北大校方正式遞交了五十七名同學聯署的致校長丁石孫、校黨委書記王學珍暨校黨委、校學工部、校團委的公開信。這封信是我起草的，比較能夠代表我當時推進校園民主的主要想法，大致內容如下：

回想七十年前，蔡元培校長實施「民主治校」，思想自由，兼容並包，充分保障校內的學術與言論自由。彼時之北大，思想空前活躍，各種思潮，學派紛呈，無數以後在中國歷史上璀璨一時的精英就是在這樣的環境中得以成長，這種民主的校園氣氛至今仍令我們爲之驕傲和神往。但是我們也痛切地感到，七十年後的今天，北大民主的學術自由和言論自由沒有能夠得到很好的繼承，表現之一就是對學生社團管理、辦講座、組織演講、舉辦沙龍等自由方面，仍存在不少來自校規的缺乏明確法律依據的限制。

發揚社會主義民主，是黨和政府的重大政策之一。作爲大學生，我們有責任和義務推動民主政治的建設。同時我們認爲，要求民主不能空泛地在口頭上大聲疾呼，應該從實際做起，從身邊的事，從涉及個人切身利益的事情做起。具體地說，應該從努力改善校園民主環境做起。我們認爲，在北大這樣的高等學府內，應該有充分的言論和學術自由，由於種種原因造成的一些不合理的限制應予取消，北大應作爲政治民主化的一個特區，爲推動中國民主化做出貢獻。

爲此，我們的公開信提出具體要求：

（一）建議學校出面排除種種壓力，支持民主沙龍及類似活動的舉辦，並給予其邀請著名學者參加的自由。（二）上述的自由的確切定義，是自發組織者在沙龍舉辦前兩天把被邀請者名單提供給校方登記，校方應保證除了被剝奪政治權利者之外，一律准許被邀請。（三）建議學校開闢塞萬提斯像前的民主草坪作爲民主沙龍的固定活動地點，學校可派人每次參加活動，協助維持秩序，但不應一次爲藉口干擾活動的舉行。（四）學校應保證對自發參加者的合法行爲不施加壓力，被捕施行事後的追懲或在畢業問題上予以特殊安排。*

中午，我們把這封信的複本張貼到了三角地的櫥窗上。立刻，就有很多同學圍攏過來，大家議論紛紛，還有同學當場掏出筆，在上面簽名以示支持，其中就包括後來在八九民運中北大籌委會的骨幹丁小平、安寧等。這封信到第二天早上被校方撕掉，但是全校已經傳的沸沸揚揚。

爲了趁熱打鐵，我緊接著進行第二個動作，就是請求李淑嫻老師的支持。當時，李老師是北京大學選出的海淀區人大代表，我們準備請她參加下一次民主沙龍，聽取我們作爲選民的意見。我去了方勵之、李淑嫻老師的家，向他們講了我們的計畫，李老師毫不猶豫地表示一定會支持我們的校園民主權利。

四月五日第十四次民主沙龍，我們貼出海報，通知全校，李淑嫻老師要作爲人大代表，親臨民主沙龍聽取我們對活動受到打壓的申訴。爲了防止校保衛部撕掉我們的海報，我們選擇當天上午才貼出

* 周良霄、顧菊英編著，《忘卻的紀念——八九民運紀實》，頁五三〇。

去，而且還派人貼到幾個主要的學生宿舍門口。

當天下午，現場來了二百六十多人，是歷次沙龍人數最多的一次，而且有不少港台記者前來採訪。我們原本還是在草地上召開，結果李老師剛到不久，草地上的自動灑水設施突然開始噴水，而這根本就不是預定的灑水時間。校方這樣的小動作很明顯，而且實在滑稽，大家不禁都笑了起來。我臨時組織大家轉移到對面勺園旁邊的長廊上，大家列隊轉移，形成一次小小的遊行。

這次到了長廊上，可沒有灑水設施了，我們終於可以開始活動。李老師先發言，表達了對我們的支持，也說會跟校方反映我們的要求。可能是因爲太氣憤當局對我們的打壓吧，這次沙龍上我可謂是大鳴大放，炮火四射。我號召大家要敢於摸老虎屁股，不要怕，要繼續支持和參加民主沙龍的活動。其實，當時我已經注意到現場有一些顯然不是學生的人在那裡錄音和錄影。果然，「六四」鎮壓之後，我的這番「摸老虎屁股論」就成了各種內部材料中我的主要反動言論之一。

這次保衛民主沙龍的行動，我們直接挑戰校黨委，使得民主沙龍已經成爲全校矚目的活動。據別的老師告訴我，各系都已經開會，要求北大學生「不要受王丹影響」。七日上午，學校的學工部部長、也是我母親同班同學的郝平和副部長沈繼英把我找去辦公室談話，這一次罕見地沒有施壓，還表示會向上級反映我們的意見。看來，我們以攻爲守的策略還是有成效的。

四月十四日的第十五次民主沙龍，再次創下出席人數記錄，來了五百多人。我們請來的是吳祖光先生。爲了防止學校在門口阻攔吳先生，我親自去他家裡接他。我們從學校南門進入的時候，果然有人試圖攔阻，吳祖光先生不慌不忙地從兜裡拿出一張「全國政協委員」的證件，門衛當場傻眼，只好放行。吳先生主要是把他在全國政協會議上的發言重複了一遍。

民主沙龍從十幾個人，到現在動輒幾百人參加，按照這樣的趨勢發展下去，我是有信心把北大的民主沙龍辦成全校性每週進行一次的民主集會，我希望這個沙龍活動能作爲一個平台，凝聚北大的參政議政熱情，並且通過邀請校外人士的參加，把大學生的這種熱情與社會上關於政治改革的呼聲結合在一起，彼此呼應，共同壯大力量，以推進中國的民主化進程。

然而，我關於民主沙龍的構想沒能繼續下去。因爲，就在第十五次民主沙龍的第二天，一場突然發生的，規模遠遠超過我對民主沙龍構想的學潮，在毫無預警的情況下爆發了。我個人的一生中，中華人民共和國的歷史上，最爲波瀾壯闊、最爲驚心動魄的一段經歷開啓了。

這，就是影響了一個國家、一個時代，和無數個人命運的八九民運。

# 第四章　八九民運與六四事件

## 一、悼胡

### 胡耀邦逝世

一九八九年四月十五日這一天，我本來不在學校，而是有事返回新街口的家中。中午我聽到廣播中傳出哀樂，中央人民廣播電台的新聞發表訃告，原中共中央總書記胡耀邦因心臟病發去世。

聽到這個消息我非常震撼。胡耀邦在中共高層領導人中一貫以開明、思想解放和平易近人著稱，有自己的獨特風格和形象，而不是一副中共領導人慣有的「撲克臉」。他在八〇年代出主持平反冤假錯案的工作，深得民心。他一九八七年被迫下台，內心是承受了極大的委屈。雖然不再擔任總書記的職務，但是他還是政治局委員，作為中共內部改革派的代表人物，外界對他未來能夠發揮的作用還是有一定期待的。如今他猝然去世，我相信很多人像我一樣，有悲傷、惋惜、憤怒和茫然等種種錯綜複雜的情緒。而且一聽到這個消息，我已經隱隱約約感覺到，要出事情了。

下午我急匆匆趕回學校，此時的北大三角地已經出現了輓聯與橫幅；而到了傍晚，輓聯與橫幅大量湧現，迅速覆蓋了三角地的布告欄。據在場記者後來的報導，最早的橫幅出現在中午，簡單地寫著「胡耀邦同志永垂不朽」，上面綴滿了白花和松枝。下午，布告欄上有人貼出一張黑紙，上書「死錯人了」，另外一張寫著「該死的不死，不該死的死了，國家不幸，人民不幸，民族不幸」。*我印象中，流傳比較廣泛的還有三副輓聯，「風淒雨泣英雄長逝神州，億人同憂何人再耀吾邦」，「活亦為人民，逝亦為人民，活逝為人民；生也不自由，死也不自由，生死不自由」，「小平八四健在，耀邦七三先死，**問政壇沉浮，何無保命；民主七十未全，中華四十不興，***看天下興衰，北大亦哀」。這裡已經隱約透露出胡耀邦之死可能引導出對國家前途的再次關心。

晚上，三角地一帶開始聚集學生，大家三五成群地討論胡耀邦的功過與死亡的原因。有人說胡耀邦分明是被李鵬氣死的，有人說要看一看中共中央對胡耀邦的治喪活動採用什麼樣的規格。大批媒體已經感受到即將出事的氣氛，紛紛趕到北大，我在現場就曾經接受過《紐約時報》記者的採訪。

此時，別的同學來告訴我，北師大、人大、政法等校也出現了大字報。有一份對聯是：「耀邦已死，左派又榮，提醒國人，勿忘抗爭。」反映出學生對於胡耀邦之死是否會導致改革停頓的憂慮。

晚上，天安門廣場上，已經有人在人民英雄紀念碑前給胡耀邦獻了花圈。與歷次學潮一樣，天安門，很快就成了學生集結和展示力量的核心。

這裡順便要提到的是：我那本後來惹禍的日記，到四月十六日之後就停止了，因爲學潮驟起，我立即捲入，無暇繼續寫日記。此後日記中斷長達三年之久。接下來的回憶，就只能依靠自己的記憶、別人的回憶和史料的綜合，而缺乏日記這樣的第一手材料作爲配合了。

四月十六日這一天的日記，是我一九八九年最後一篇日記，同時也是我對於當時相關事態發展的眞實感受，作爲一份歷史記錄和見證，全文照抄如下：

胡耀邦昨天早晨七點五十三分去世，消息在十二點的新聞聯播中傳出，北大頓時有了反應。三個小時之內，輓聯、輓詩、祭文覆蓋了三角地一帶。至今天，已有大字報出現，鋒芒所指開始轉向。昨晚在三角地接受了《紐約時報》的採訪，如實談了我的感受。今天下午和××去天安門，有人大等高校送的花圈若干。

北大現在氣氛不錯，大有去年六月二日之勢。如果發展下去有可能與「五四」相聯，再次釀成一場學生運動。這兩天我所到之處，頗引人注目，不少人寄希望我引導方向，深入主題。我表示再看一

---

* 〈胡耀邦逝世出發的學潮〉，《明報月刊》（香港，一九八九年五月）。

** 胡耀邦逝世時享年七十三歲，而鄧小平一九八九年時是八十四歲。

*** 七十，指的是五四運動七十週年；四十，指的是建國四十週年。

看形勢發展，實則也願意以此爲契機，爲民主化進程再助一臂之力。一旦時機成熟，我打算挾「民主沙龍」之號召力，有所作爲。

胡耀邦之死對於知識分子和改革派力量來說不啻晴天霹靂。至於我個人，還一直盼望在鄧大人遠去之日，胡耀邦能再度出山，力挽狂瀾於既倒，大力推進民主化進程。然而，天不作美。胡耀邦之死（帶來的效應）充分體現了民心所向，人大也貼滿了輓聯等。他此刻在人民心中的地位可是說正如一九六八年布拉格之春中的杜布切克（Alexander Dubček）。如果這次當局對民心處理不當，很有可能再次爆發五四運動。

後來的事態發展，完全被我猜中。

「六四」之後，我的日記被查獲，日後在秦城監獄審訊我的時候，這一段日記，尤其是那一句「挾民主沙龍之力，有所作爲」，經常被審訊人員拿出來引用，力圖證明我是蓄意發動學潮。這非常荒唐，因爲，沒有胡耀邦的猝逝，學潮是不會在這個時機點爆發的。難道胡耀邦去世，也是我「蓄意」的嗎？而且恰恰是沒有蓄意，接下來的學潮一開始才顯得一團忙亂。這個我後面還會講到。

## 出面組織悼念活動

眼見校園內大家情緒沸騰，我決定有所行動。當時我已經知道前一天下午政法大學的幾百名師生不顧校長江平的勸阻，到天安門廣場給胡耀邦送了花圈，我覺得北大不能按兵不動，於是決定出面組織到廣場送花圈的行動。

十七日下午，我與幾位「民主沙龍」的成員在三角地拉開一張桌子，張貼海報，表示爲悼念胡耀邦的行動現場募捐。因爲正是中午吃飯時間，所以圍觀的人很多，大家也都踴躍捐錢。李淑嫻老師湊巧路過，也慷慨解囊。結果不到兩個小時的時間，我們就籌集到人民幣五百三十元，這在當時算是一筆不小的數目。我們當即安排同學用這些錢去租平板三輪車，買花圈和輓聯，同時徵集到四十多名同學，下午從北大出發。

我們先到了天安門附近胡耀邦的家中，胡的家人已經設置了靈堂並向外界開放，很多人擠在院中，氣氛莊嚴肅穆。記得當時胡耀邦的家人出面接待了我們，但是我已經忘記是哪一位了。我們留下一個花圈，集體鞠躬，然後就默默離開，帶著其餘的花圈趕到天安門廣場。

隊伍行進中，有號稱認識我父親的北大老師跟我一直攀談。很久以後，我從別的管道得知他其實是領有任務，來觀察和記錄學生運動的。可見，不管是校方還是國安方面，很早就開始在學潮中安插眼線了。

我們到達的時候，廣場上的人民英雄紀念碑前已經聚集了很多人，而紀念碑下也堆滿了白花、輓聯和花圈。此情此景，一下子就讓我想起我一九七六年，我七歲的時候，趕上「四五」天安門運動看到的場景。十三年過去了，兩幅畫面幾乎一模一樣，在中國的某些方面，時間，似乎靜止了一般。

我們排在人潮中間，向紀念碑獻上了署名「北大部分師生」的花圈和輓聯，然後返校回到學校，有同學告訴我，人民大學有人貼出大字報提議：輓聯和花圈向天安門廣場集中；成立北京學生治喪委員會；建立民主政治新秩序等等。這些建議令我心很振奮，因爲跟我想的完全一致。

現在，同學們的情緒已經醞釀成熟，就等待爆發的那一刻了。而那一刻，幾個小時之後就到來了。

## 北大第一次遊行與「七條」政治要求

十七日晚上大約十一點左右，我正在宿舍裡跟同學聊天，突然聽到隔壁男生宿舍傳出響亮的敲擊碗盆的聲音；很快地，就像傳染了一樣，各個宿舍樓紛紛響起敲擊碗盆的聲音。在北大過去幾年的學潮中已經形成風俗，集體敲飯盆，幾乎就是「動手」的信號。各個樓迅速響應，說明此時北大學生心中早已經蠢蠢欲動，大家都在等待任何可能的時機。而現在，這個時機到了。

我和全宿舍的同學一樣，用跑步的速度下樓衝到三角地，只見那裡已經是黑壓壓的人群，還不斷有同學從各個宿舍樓匯集過來。一開始大家也不知道要做什麼，沒頭蒼蠅一樣亂走，到處是「嗡嗡嗡」的議論聲，顯然，大家在等著有人出頭。

由於十幾次「民主沙龍」的關係，我那時在北大已經是小有名氣，至少很多同學能認出我來，所以我一到現場，很多認識我的同學就向我這邊簇擁過來，有人建議我帶領大家出校門遊行。在大家幫助下，我爬到布告欄的頂棚上簡單講話，大意是說「既然我們已經出來了，那就乾脆出去吧」，不過因爲沒有準備擴音器，能夠聽到的同學人數有限。

正在此時，離三角地人群最近的學生宿舍三十四樓的二樓，應當是生物系男生宿舍的窗口，有人懸掛出了一幅巨大的橫幅，垂下來有一層樓高，上書三個大字：「中國魂」。後來聽說，這是張炳九等幾名青年教師事先準備好的，本來是要用在北大將要舉辦的胡耀邦追悼會上的，但是有同學看到今天晚上這樣的情形，就自作主張把橫幅掛了出來。

有過組織遊行經驗的人都知道，這樣的橫幅是最好引領遊行隊伍前進的標誌。當下，一些同學接過橫幅並展開來，其他同學自發站到了橫幅後面；又有同學不知用哪裡找來了一些火把，排列在橫幅兩邊，我並不記得有誰下令「出發」，但是上千人的隊伍，就這樣浩浩蕩蕩地走出了北大南門。

對於以後學生運動事態發展具有至關重要意義的一次遊行，也是整個八九民運中第一次有大規模的遊行，堪稱整個全民民主運動的序幕的一次遊行，就這樣在沒有刻意準備，也沒有事先準備好領導方式的情況下開始了。這極富象徵意義，因爲其實整個八九民運在很大程度上，就是這樣自發展開的。

需要說明的是：至今我也不知道最早敲飯盆的人是誰、是爲什麼敲的。後來當局一再指控我們「陰謀策劃動亂」，這完全不是事實。其實，有過群眾運動經歷的人都知道，群眾運動就是這樣：很多情況下，群眾人數一多，不需要特別的組織，就會自發形成集體行動。所謂學生領袖也好，組織化運作也好，其實往往是事情發生以後，才慢慢出現和成形的。有時候，其實是運動引導了領袖，而不是領袖引導了運動。

凌晨，隊伍走出北大之後，沿著白石橋路向城裡進發。途經人民大學的時候，人大校方已經下令關閉學校大門。但是，人大的學生宿舍很多是窗戶面向馬路的，此時所有的窗口都擠滿了人大學生，向我們喝彩。北大隊伍停了下來，向他們高喊：「下來！下來！」不多久，一批人大學生就聚集到校門口，也不知道他們用了什麼辦法，很快就打開了校門，兩校學生會師，歡聲雷動。此時陸續也有清華等校的學生聞訊趕來加入，隊伍越拉越長，我大致目測了一下，估計有三千人左右。

遊行途中，我跟北大數學系的邵江，以及台灣《自立晚報》的記者黃德北走在一起。我跟邵江邊走邊討論這次遊行要如何組織。我們都認為，歷次學潮後來都沒有實際成果，這個教訓我們一定要吸取。今天學生到了廣場之後一定要拿出一些具體的要求，否則走到廣場再走回來，意義不大。我們就一邊走、一邊討論出來幾條意見，這就是後來著名的「七條」的雛形，這些意見基本上確定了學生運動後來提出的政治訴求框架。

凌晨三點左右，學生隊伍到了廣場，有身手矯健的同學攀爬上人民英雄紀念碑，把「中國魂」的大橫幅和一張胡耀邦的大幅照片懸掛起來。我們就在廣場上席地而坐。我組織大家針對剛才草擬的七條要求逐一討論，最後全體通過，具體內容如下：

（一）正確評價胡耀邦同志的是非功過，肯定胡耀邦提出「民主、自由、寬鬆、和諧」的觀點。

（二）徹底否定「清楚精神污染」、「反對資產階級自由化」等政治運動，為在運動中蒙受不白之冤的公民平反。

（三）修改憲法，取消「反革命罪」。

（四）允許民主辦報辦刊，新聞自由。

（五）增加教育經費，改善知識分子待遇。

（六）保證人民生活水平穩定提高。

（七）正確評價這次悼念活動，公布學生的要求。

初春的北京，凌晨的寒風仍舊刺骨，大家擁擠著坐在一起，熱烈的討論驅逐了寒意。當然也有體弱的同學禁不住寒冷，逐漸離去。到了清晨六點左右，大約還有兩、三百名同學堅持了下來。此時我們重新整理隊伍，決定移師到人民大會堂門前的廣場靜坐，要求全國人大常委會接受學生的「七條」要求。這時已經是四月十八日了。

十八日早晨大約七點左右，我用廣場上的公用電話打給李淑嫻老師，告訴她我們昨夜遊行，到今天改為靜坐，並且提出「七條」要求的大致情形。我希望她能到北大發動同學聲援我們。根據方勵之老師的回憶：「一九八九年四月十八日上午，李淑嫻應選民要求，在北大學生區貼出通告，通報北大部分學生根據中國憲法第四十一條準備向人大常委會遞交請願書。」*

「六四」以後，當局指控方勵之、李淑嫻夫婦通過我操控學生運動，所拿出的證據不過就是這個電話記錄。其實，方勵之、李淑嫻夫婦事先完全不知道有這次遊行，李老師只不過是應我的要求，履行一個人大代表的職責而已。她既沒有告訴我接下來要怎麼做，也沒有利用靜坐事件提出自己的主張，談何「操控」？

* 方勵之，〈我經歷的一九八九—一九九〇年中美互動〉，轉載自《華夏文摘》：http://fang-lizhi.hxwk.org/；《公共知識分子》（台北：公共知識分子出版社，二〇一二年五月），頁二十七。

上午九點左右，經過與人民大會堂值班的工作人員溝通，我和另一名學生代表，國政系的研究生郭海峰一起進入人民大會堂。接待我們的是全國人大信訪局的局長。我們向他提交了「七條」要求，他表示會轉交給上級領導，要求我們停止靜坐，回到學校。我和郭海峰都表示，在未能確認「七條」已經正式轉交之前，我們不會停止靜坐。雙方沒有談攏，我們就退回到學生中間。靜坐繼續進行。

此時已經是上午，天安門廣場的人潮開始多起來，我們隊伍的四周擠滿了圍觀的群眾。同時，也有一些大學生陸續從學校趕來，加入靜坐的隊伍。經過同學的討論，我和郭海峰第二次進入人民大會堂。這一次我們明確提出，要求全國人大常委級別以上的負責人出面接受學生的「七條」，作爲停止靜坐的前提。那位局長不置可否，只說會向上級反映我們的要求。

時間快到中午，圍觀的人越來越多。不少民眾自掏腰包買來麵包和汽水，送給靜坐學生。不斷地有老師、學生、民眾發表講話，給大家打氣。此時，前任北大研究生會主席、北大法律系的博士生李進進站了出來，主動表示願意承擔接下來學生代表的任務，進人民大會堂與政府談判。他說，我是憲法學的博士研究生，我願意代表大家去遞交請願書。但是有一個條件，就是如果人大代表接受了我們的請願書，那樣，我們今天的任務就完成了，我們就應當離開。他還呼籲大家要有正確的鬥爭方式，要有理有利有節。* 大家一致同意。

經過一夜的遊行、靜坐、討論和談判，此時的我已經是精疲力盡。看到李進進這樣的高年級同學出面組織，我也放心很多。於是中午的時候就返回北大。

## 所謂「衝擊新華門」事件

十八日上午回到宿舍，我倒頭就睡，醒來已經是傍晚了。聽別的同學告訴我，大批北京高校學生今天白天時，自發前往天安門廣場聲援靜坐學生，現在群眾已經轉移到了新華門前靜坐，事態已經擴大了。**

晚上，我找了幾個同學騎車去新華門，到了那裡已經是八點多。只見新華門前人山人海，學生與幾排站在門前的士兵形成對峙局面。我已經擠不進人群，只好在外圍轉了轉，問問情況。聽說有學生代表持「七條」意見進入中南海，大家在外面等待結果。有一名北師大的同學在前排指揮，是維吾爾族人，叫吾爾開希。我還看到一位同學胸前掛著一張紙條，上面寫著兩個字：「絕食」。這是我第一次看見「絕食」二字，心裡不免一動，但是也沒多想。

靜坐在新華門前的同學一直焦急地等待消息，有一次因爲聽說進去談判的同學到了約定好的時間

---

* 李進進，《從廣場到秦城——一個法律博士生的獄中探法》（香港：明鏡出版社，二〇一一），頁四十六。

** 下午一時，民族學院研究生九十多人列隊到天安門，張開橫幅要求「公開評價胡耀邦功過」、「公布胡耀邦辭職真相」。北京經濟學院的學生也參加了靜坐，聲勢大張。晚上七時，人大學生列隊衝出學校，九時許齊集天安門時，天安門廣場上學生人數多達二萬餘人。政府指派劉延東、陶西平、宋世雄接見學生，學生代表李進進、郭海峰遞交了「七條要求」。（周良霄、顧菊英編著，《忘卻的紀念——八九民運紀實》，頁三十九。）

還沒有出來，同學有些騷動，紛紛向前擁擠，讓守門的士兵傳達「放人」的要求；因為人太多，形成一波衝擊，但是被手挽手的士兵擋了回來，當時我也在人潮中，感覺腳都離開了地面。我待到凌晨二點多，一直沒有機會進到前排去，一時也看不到什麼結果，就決定返回北大了。

後來才知道，我走後大約兩個小時，四月十九日凌晨四點左右，北京市政府在現場播放〈通告〉，指責有「別有用心的人」在「散步謠言，蠱惑人心，張貼攻擊，謾罵黨和國家領導人的大字報」，「公然煽動少數人衝擊中南海，打傷維持秩序的警衛戰士，提出種種與悼念活動無關的無理要求」，並威脅說要「依法嚴懲」，要求學生離開；隨後出動大批軍警強行驅散學生。軍警沒有帶槍，但是手持皮帶，現場一片混亂，很多同學被皮帶抽打，被士兵用皮靴踢踹，連採訪的記者也未能倖免。香港記者羅綺萍就在現場，她後來告訴我，有士兵企圖用皮帶毆打她，她放聲尖叫：「非禮！」對方才住手。事後回到北大的同學在三角地展示了現場被毆打的同學的血衣，這是當局使用暴力的鐵證。

這就是後來《北京日報》報導中所稱的「衝擊新華門事件」。這篇報導刻意把學生在新華門前的擁擠，說成是「衝擊」，以渲染事態；還說有人帶頭高喊「打倒共產黨」的口號，試圖把學生的靜坐行為定調為「反革命行為」，這些都反映出北京市委，市政府早就有意把學生運動抹黑為社會動亂。二〇一二年「六四」二十三週年前夕，當年的北京市長陳希同在香港出版訪談錄，試圖把自己在「六四」鎮壓上的責任推卸給鄧小平，但是，製造所謂「衝擊新華門」這樣的謠言，擴大渲染事態發展，這些都是早在四月十九日就開始的行為，怎麼可能完全推卸到別人身上呢？

有關「有人高喊打倒共產黨」一事，我非常在意，因爲我們自從學運開始，就極爲注意不給政府抓到「過激言行」的把柄。所以我到處打聽這是怎麼一回事。後來有現場同學告訴我，是有一位北師大的女同學，在當局武力驅離的時候，有一名武警在推拉時，惡意觸及她的胸部，她惱羞成怒下口不擇言，破口而出了「打倒共產黨」一句話。就是這麼一位同學，在這樣的情境下脫口喊了一句話，就被當局拿來，當作了新華門前發生反革命動亂的證據。

新華門事件，當局不僅拒不接受學生提出的「七條」要求，還使用暴力，毆打請願學生。這樣的強硬做法不僅沒能壓制住學生，反而挑起了廣大同學的氣憤情緒。學潮的範圍開始從幾個重點院校擴大到全市。

## 北大籌委會成立

四月十九日是星期三，是固定召開民主沙龍的日子。我跟武運學、楊濤等同學討論，決定儘管已經發生學潮，但是第十九次民主沙龍還是要照常舉行。我們確定了一些細節：「第一，主題定爲『如何悼念胡耀邦』；第二，由武運學代替我主持。因爲我接連幾天勞累之下，喉嚨發炎，聲音嘶啞，幾乎無法講話；第三，爲了擴大號召力，地點改到三角地，時間改爲晚上八點。」

當天的海報貼出以後，到了晚上，三角地一帶已經有上千名同學等待沙龍開始，這是民主沙龍創辦以來人數的頂峰。我沒有上台說話，而是坐在前排。武運學主持沙龍，宣布圍繞「如何悼念胡耀邦」，大家自由發言討論。第一個上去發言的是丁小平。丁是北大力學系的研究生，同時在民族學院攻讀另一門碩士課程，他一上來就自我介紹，說他是中國第一個雙碩士的在讀生，大家自然帶有敬佩之意。他發言說，歷次學生運動都沒有取得實際成果，很重要的一個原因，就是從來沒有形成過一個有組織的領導力量。因此他建議這一次的民主沙龍，可專門來討論北大是否要領頭，成立一個公開的、有組織的學運領導機構。這個提議立即得到全場的熱烈掌聲作爲贊同。

事態如此，已經無法按照我們原來討論的規劃進行了，我們就放棄主持，讓大家自由發言。接下來發言的同學大都是表示贊同丁小平的提議，並自告奮勇要參加領導機構的。其中有前面提到過的、柴慶豐事件中因爲演講風格潑辣大出風頭的熊炎，有後來成爲廣場指揮部副總指揮的封從德，還有我歷史系同班同宿舍、而且就睡我上鋪的同學孟昭強。

這裡有一個小插曲：話說這位孟昭強同學，素來就是一個大大咧咧，說話沒有分寸的人，平時我們的活動都不怎麼找他參加。這次他站出來我頗爲詫異。可能爲了要證明自己的「革命淵源」吧，他老兄上來第一句話就說「我是睡王丹上面的」，其實他的意思，是睡我的上鋪。全場哄堂大笑，他才連忙改口更正。我坐在下面眞是氣急敗壞，哭笑不得。不過，這也算是給緊張的氣氛增添了一點輕鬆的成分。

坦率講，我那天本來並沒有想站出來。一來有身體因素。前面我說過，我嗓子幾乎失音；二來我那時對形勢發展還並不是很有把握，還想看看走向如何再決定自己能做什麼。但是，人一旦捲進歷史的大潮，往往只能順勢而爲，不能一廂情願。那時因爲我一年多以來在北大扮演的角色，已經不可能置身事外了，很多同學看到我在前排，紛紛喊「請王丹講幾句」，如果這時我保持沉默，我擔心會影響到同學的熱情。而且，畢竟已經有別的同學表態，我也受到很大的鼓舞，於是決心表態，加入學運的領導機構。後來我常常說，我們這些媒體上的風雲人物，其實也只不過就是歷史大浪潮捲起的浪花，因爲被捲到浪尖上才被眾人看見，而眞正主導潮流的還是海浪，並不是我們。海浪，就是人民和民心。

到了台上，我因爲嗓子失音，只好用我俯耳講給一個同學聽，然而他大聲轉述的方式，表示願意承擔責任，與同學們一起努力使得本次學生運動取得成果。

當天晚上的民主沙龍上，正式宣布成立北京大學學生自治會籌備委員會，由自願報名參加的七位同學擔任第一屆委員，負責籌備組織，準備選舉出新的北大學生自治會以取代北大學生會，並領導北大參加學生運動。這七名同學是：丁小平、楊濤、楊丹濤、熊炎、封從德、常勁和我。丁小平擔任召集人。

## 夜宿廣場，十萬學生送別胡耀邦

四月二十日上午，我去了方勵之老師家，主要是讓方老師和李老師了解昨天北大學生成立自治組織的情況和北大現在的狀況。此次去方家，其實並沒有特別目的，只是那一段時間每過幾天就會去他們家一次，已經成了習慣。方老師和李老師聽了我的說明，也沒有說什麼，只是希望我自己小心，注意安全。

其實學潮開始出現擴大的趨勢之後，經歷過數次中共發動的政治運動，對中共有深刻了解的方勵之和李淑嫻就已經有了思想準備，就是不要被當局說成是學生運動背後的黑手，這對他們自己，對學生運動都不利。所以他們不僅很少公開對學運發表看法，而且隨後就去了山西太原參加物理學方面的學術會議。學運最高潮的時候他們並不在北京。

就我跟他們的聯繫而言，這也是我在中國最後一次見到他們，因爲後來不要說他們，我自己也開始意識到不能再聯絡他們，以免給中共提供口實，所以也有意迴避跟他們的接觸。因此，可以說，除了最早的一次遊行，我通過電話向李老師請求幫助，以及四月二十日這次見面以外，整個運動期間我們從來沒有聯絡過。但是，不管方勵之夫婦和我自己雙方如何小心謹愼，以避免被中共栽贓，但最後方老師他們還是被扣上「操縱學生」、「運動黑手」的帽子，這才眞是在劫難逃呢。但這也說明了，對於中共來說，只要有政治需要，他們是不需要任何證據就可以隨便指定一個罪名給任何人的。只要中共打算整你，就算你自己再怎麼小心、怎麼注意、怎麼低調，都是沒有用的。

四月二十日下午，在二十八樓召開籌委會常委會議，參加的有郭海峰、封從德、楊濤、熊炎、楊丹濤、趙體國、常勁、謝健、蔡健、張伯笠和我。*當時政府已經宣布，將於四月二十二日在人民大會堂舉行胡耀邦追悼會，同時宣布二十二日凌晨起，天安門廣場進行管制，人和車輛一律不准進入。我們決定發起夜行軍，趕在二十二日凌晨之前進入廣場，在人民大會堂外參加胡耀邦追悼大會，並且聯絡其他高校的同學一起參加。決定以後，我們就開始發動同學製作橫幅、標語牌等，同時貼出通告說明集合的時間和地點。

此時的學生也並不孤單，知識界的聲援行動緊鑼密鼓地開展起來了。四月二十一日，北京知識界發表公開信，建議「黨和國家領導人認真聽取學生的願望和要求，直接與學生們平等對話。汲取一九七六年天安門事件的教訓，不能置之不理。置之不理，容易引起學生們的過激反應，不利於全國人民同心同德實現中華民族的現代化大業」。參加聯名的包括最著名的一批知識界人士包遵信、吳祖湘、許良英、嚴家其、李澤厚、于浩成、謝冕、宗璞、王瑤、北島、蘇曉康、謝選駿、遠志明、鄭義、劉東、周國平、戴晴、朱偉、王逸舟、樊綱等，其中有一些人物今天還在體制內。

二十一日傍晚大約七點多，北大的學生隊伍出發，按照事先與別的學校的約定，先到北師大與其他來自北京西郊的大學的隊伍會合。在北師大，與吾爾開希匆匆見了一面。此時北師大校園裡已經擠滿了各校的旗幟和人潮，大約六萬名大學生集合完畢後向天安門廣場進發。同時，東郊的一些大學，如對外經貿大學和美術學院等藝術院校，也集結完畢。雙方的隊伍大約在晚上十點多進入廣場，人數到達四萬多人，把面向人民大會堂的一半廣場都占滿了。這一夜，大家就圍攏成不同的圈子，聊天、打盹，等著黎明的到來。

二十二日上午十點，人民大會堂內冠蓋雲集，與廣場上的十萬大學生形成對峙。會場內，趙紫陽主持胡耀邦追悼會，鄧小平也來參加。當年就是鄧小平一句話，胡耀邦被迫辭職下台，爲此還傷心大哭，在會場外的我們看來，胡耀邦的心臟病就是心情抑鬱導致惡化的，所以都覺得鄧小平來參加追悼會，有點貓哭耗子假慈悲的意思。

---

* 張伯笠，〈「八九」十字架的背負著——郭海峰〉，《北京之春》（一九九六年十二月），頁十八。

為了能夠更好地參與追悼會，組織者跟天安門管理處的人聯絡，希望能夠有合適的方式讓學生能夠參與。管理處的人臨時在廣場上多安裝了一些播音喇叭，使得全體同學都能聽到會場內的實況轉播。當哀樂響起的時候，十萬學生起立，低頭默哀，廣場一片靜謐，大家在心裡為這位得到人民尊重的前任總書記送行。

追悼會結束以後，因為所有的黨和國家領導人都聚集在人民大會堂內，我們決定四萬大學生就地靜坐，要求會場內的領導人們接受學生的「七條」要求，出來與學生對話。三名學生代表——北大的郭海峰、張智勇，政法大學的周勇軍——手持請願書，登上人民大會堂正門的台階，等待裡面有人出來接下請願書。

這時戲劇化的一幕出現了：大概是因為等太久還沒有見到裡面有人出來，郭海峰等三人情緒激動，跪倒在台階上，雙手高舉請願書。廣場上一片嘩然，學生的情緒因此變得激動而悲壯。在人民大會堂裡面參加追悼會的知識界人士陳明遠、《新觀察》總編戈揚等看到外面的景象也非常激動，走出來與學生代表抱在一起大哭。即使是這樣，當局還是沒有派出任何人來與代表見面並接受請願書。

多年以後，經常會看到有人質疑學生代表當初的下跪動作，認為這說明當時的學生還有封建意識，還沒有真正具備民主思想。這種論調不是沒有道理，我其實也並不贊同這樣的下跪行為，這個動作顯然也不是討論出來的結果，而只是三名學生代表情緒激動下突發採取的動作。不過我也不認為他們應當被苛責。作為一個學生，能有多麼清醒深刻的民主理念呢？他們的下跪，是為了凸顯當局的冷血，也許沒有太多考慮到這個動作本身的爭議性，但是動機還是值得肯定的。何況我了解郭海峰，他本來就是一個感情很衝動的人。如果是現在發生學潮，我相信不會有學生採取這樣的動作了。畢竟已經又過了二十多年。我們那一代大學生，也是有時代局限性的。

不過我在這裡更想討論的，是另一個問題：是什麼使得學生從開始的請願變爲後來與政府的對立？我認爲，一個主要原因，就是當局對學生的請願採取了暴力的對待方式，激起了學生的情緒反彈。

四月二十二日那天，我一直在北大的隊伍中，正面面對人民大會堂和階梯下一排排的士兵。有好幾次，軍警們不知道爲什麼，突然起身列隊，突然向學生隊伍猛衝過來，氣勢逼人，迫使學生隊伍迅速向後倒退。我印象很深刻的是，有女生當場嚇得放聲大哭。我跟很多同學一樣，氣得眼睛都紅了。不見面就算了，有必要這樣嚇唬學生嗎？這就是那個號稱爲人民服務的政府嗎？

我相信很多同學都是在失望與憤怒的情緒交織中，開始產生與政府的對立情緒。回校園的路上大家異口同聲喊出了「通電全國，無限期罷課」和「爲民請命，萬死不辭」等口號，一點也不奇怪。

記得那時北大國政系的陳育國老師站在我身邊，他看到學生隊伍被衝散，就挺身而出組織學生恢復秩序。他告訴我說，運動開始以後，他從來沒有想過要站出來，只是作爲一個參與者在隊伍中間，但是看到政府面對學生這樣的冷漠，他深感憤怒，所以決定出面組織。

一九八九年四月十九日的新華門事件和二十二日胡耀邦追悼會上，當局出動武警力量面對學生嚴陣以待並多次使用暴力恐嚇，這對很多學生是很大的心理刺激。這些大學生被稱爲「天之驕子」，他們在地方上都是備受保護、備受寵愛的人，也自認爲是精英集團內部的人和未來的主人翁，對當局從來沒有覺得自己是外人。走上街頭對他們來說，一開始並不具備反叛意識，他們只是眞的以爲自己是國家的主人，所以有話就要說。但是眞的走上街頭，突然發現面對這樣的對待，委屈轉化爲憤怒，從此走上與政府決裂的道路。

去年，柴玲出版了自己的回憶錄。她的回憶錄中，談到了在學潮剛開始的時候自己的心路歷程，就是上述分析的典型例證。她說她四月二十二日在胡耀邦追悼會上目睹了軍警的兇惡：「我那天來到廣場的時候心裡只有一個簡單的想法：要給這個失勢的領袖進行悼念和給校友們送一些食物和水。但是我在幾個小時裡完成了蛻變。被警察追趕和看到無辜的人被毒打的經歷，揭開了我對在北大被公安警官羞辱和被售貨員欺負的尚未好全的傷疤。在我心裡，我下定決心再也不會繼續做那個兩年前在火車上哭著回家的少女了。我受傷害的自尊和新的憤怒讓我忘記了什麼是悲傷。從此以後，我絕不再跑了。……那天晚上，當一個政府將軍隊派到天安門廣場，迫使這群中國年輕的一代站起來的時候，中國現代歷史出現了新的篇章。」*是的，很多時候，人民與政府之間的關係，其實很簡單，就取決於政府面對人民時的態度。態度是很重要的，而中共最大的問題之一，就是始終沒有學會用平等的態度面對人民。他們面對人民，最習慣使用的態度，就是居高臨下，就是羞辱，甚至就是暴力。

回顧這一點，作爲當局和學生兩個方面的反思都很重要：對政府來說，他們習慣了用暴力維護統治，也嚐到了用暴力建立起來的恐懼帶給他們的甜頭。但是我認爲他們應當學一點歷史。歷史上，暴力政權最後還是會垮台，說明暴力不是永遠有效的，爲什麼呢？這就是因爲，暴力的使用，會使得像柴玲這樣的很多人，原本對政權並未敵視，但是因爲感到被羞辱而埋下了仇恨的種子。這樣的種子也許會埋在心裡很長的時間，但是早晚有一天，時機一到就會爆發出來。這就是暴力政權無法持久的原因。

而對學生來說，柴玲的心態很有代表性。大部分學生並非一開始就帶著與政府對立的情緒走上街頭的，他們不僅沒有想與政府對抗，更沒有任何與政府對抗的經驗，這一點很重要，正是由於這一點，所以他們是準備相當不足地走上街頭的。這與過去在國民黨統治時期，共產黨領導的學生運動是很大的差別，那些學運才眞正是「有組織、有預謀、有策劃」地進行的，而且是與作爲反對黨的中共的軍事行動，政治行動配合進行的，當然可以引起撼動政權的作用。而一九八九年學生倉促上陣，並未有實現周密的思想和實際的準備，這是導致最後雙方力量對決的時候，學生落敗的主要原因之一。但是這反過來也說明，當局認定學生運動是有組織、有策劃、有陰謀的行動，完全是「以小人之心，度君子之腹」。

從四月十五日胡耀邦逝世到四月二十二日胡耀邦追悼會，這是八九民運的第一個階段，我們可稱之爲「悼胡」階段。在這一階段，雖然有不少大字報已經觸及政治問題，我們也提出了「七條」要求，但是總體來講，學生運動仍然完全圍繞悼念胡耀邦進行。但是胡耀邦追悼會上政府表現出的冷漠，相當程度上激怒了學生。運動非但沒有能隨著悼念活動的結束而淡化，相反進入了一個新的階段，那就是「罷課」階段。

---

* 柴玲，《一心一意向自由——柴玲回憶》（香港：田園書屋，二〇一一），頁九十。

## 二、罷課

### 北大籌委會

四月二十二日胡耀邦追悼會結束之後，在撤出天安門廣場，返回學校的路上，各個學校的學生未經統一口徑，幾乎是異口同聲地喊出了「罷課，罷課，全國罷課！」的口號。再一次，運動本身引領了學生領袖。

回到學校後，北大籌委會發布通告，宣布即日起，北京大學全面罷課。此時，丁小平因為個人工作風格太過獨斷，不習慣集體合作，已經離開了籌委會；召集人由郭海峰擔任。

北大籌委會設在二十八樓生物系的男生宿舍。其中設立了理論信息部、外聯部、祕書處等不同分支機構。當時是北師大心理系研究生的柴玲很早就參加了進來，但是主要是以封從德妻子的身分，為籌委會做祕書的工作。她主要負責接待工作，辦公桌就在籌委會辦公室的門外。任何人要找我們都要向她說明原因，她再進來徵詢我們是否要出面。另一位祕書是一位叫湯曄的女生。記得那時空閒的時候，我們聊天，說到以後可能會坐牢，湯曄還表示到時候她會來送飯，半開玩笑的氣氛中有一點小小的悲壯。

當時我在籌委會中分工負責外聯的部分，主要是代表北大參與全市高校聯合會的籌辦。

全校罷課以後，籌委會主要關心的是學生自治組織的合法性問題。當時學校有正式的學生會，但是學生會幹部大多是校黨委和團委任命，不被大部分同學所信任。籌委會在學生中有威望，但是畢竟不是選舉產生。籌委會決定，號召全校大會，解決組織的合法性問題。

二十四日下午，北大籌委會在風雨操場舉行全校大會。各系學生圍繞系旗站隊，大操場站滿了學生，估計有上萬人。大會以掌聲通過的方式宣布，北大籌委會正式取代原學生會，領導今後北大的學生運動。我們幾個籌委會成員分別登台講話。我引述了許良英先生的話，說這次學運的意義已經超過了五四運動。我還說，聽說當局已經調動軍隊，我要告訴大家，民不畏死，奈何以死懼之！

此時丁小平不顧糾察隊員的阻攔，強行上台發言。另一名籌委會成員熊炎性格激烈，衝上去奪下擴音器，當眾宣布「丁小平是特務」，結果台下同學一片嘩然，最後會議在混亂中結束。

大家沮喪地回到辦公室不久，著名知識界人士、曾經在少年時就得到郭沫若賞識的陳明遠找到我們，給我們打氣。他說任何運動的組織工作都不會一帆風順，這次沒有做好，下次吸取經驗教訓就好了。爲了表示對我們的支持，他晚上在三角地發表演講。陳明遠很會演講，也很會帶動聽眾情緒，當他說「我知道聽眾中間一定有特務，我不怕，我想告訴你們，聞一多被特務暗殺的時候四十八歲，我今年四十七歲」（大意）的時候，所有聽眾都被打動而報以長時間的熱烈掌聲。陳明遠的講話確實引起了鼓舞士氣的作用，下午的那一點不愉快很快就被我們忘記了。

鑑於二十四日會議導致的籌委會內部爭議，我們決定重組籌委會，這一次改爲用競選的方式產生。四月二十五日，各系代表齊聚在一間教室，報名參加籌委會的十幾名同學，包括我在內，分別發表競選演說，介紹自己對於未來學生運動發展的看法，現場還有幾位青年教師作爲顧問，監督整個選舉過程。最後經過投票，選出了新的一屆籌委會，分別是封從德、王池英、孔慶東、*沈彤和我。

與此同時，北大校園內張貼出了海外留學生于大海、江河、吳牟人、房志遠、李少民、胡平、張欣、曹長青、劉曉波等九人，於二十二日從紐約發出的〈致全中國大學生的公開信〉，信中提出鞏固在這次活動中已經建立起來的組織聯繫，力求以一個堅強的整體來進行有效的活動；提出一些最基本的具體要求，務必使之得到相應的回覆；出版自己的通訊或其他出版物，加強與各種新聞媒介的密切聯繫；加強與社會各界的聯繫；保持與政府方面的對話；努力落實校園內的自由；隨時準備採取從張貼大字報到遊行、罷課等方式等一共七條建議。**這些建議都很中肯，對我們這些學生領袖來說，具有很強的啓發意義。以後各校很多的學運活動，都遵循了這樣的建議。關鍵時刻，海外的民運力量因爲沒有太多的顧忌，最早向我們提供了具體的幫助和建議。

## 〈「四二六」社論〉是整個「六四」事件的關鍵點

四月二十三日上午，中共中央總書記趙紫陽按照原計畫出訪朝鮮。前一天，趙曾經委託杜潤生召集部分黨內民主派開會，討論目前形勢，與會的有李銳、胡績偉、李昌、秦川、林自新等，大家都建議趙紫陽此時不宜離開北京，但是未被趙紫陽採納。

趙紫陽離開北京以後，陳希同、李錫銘向李鵬請示處理學潮的問題，李鵬就帶著他們去見了鄧小平。陳希同等人的匯報按照他們的一貫做法，歪曲和誇大事實，使得鄧小平感覺到問題嚴重，甚至觸及統治基礎，因此講了一番措辭嚴厲的話，而李鵬等人立即組織北京市委的寫作班子，在鄧的講話基礎上撰寫了後來臭名昭彰的《人民日報》的〈「四二六」社論〉。

我至今認爲這是當年事件中很重要的一個因素。以後的發展證明，由於趙紫陽不在北京，李鵬代理總書記職權，因此才有機會召集政治局會議，把學潮定調爲動亂，從而使得學生與政府的對立激化，才有了我們以後會談到的〈「四二六」社論〉和「四二七」大遊行。假若趙紫陽取消行程，坐鎮北京，李鵬是很難有機會鑽空子的，很多事情也許就可以改寫。

我想，趙紫陽應當是大意了，沒有預料到李鵬等會趁機作亂。重大歷史事件的關頭，往往就是一招錯、全盤輸。

此時學生方面，對於中共內部進行的部署一無所知，各校學運的核心人物正在積極參與全市聯合的學運領導機構的成立。這個機構最早是劉剛提議並策劃的，最早的一次會議北大沒有代表參加，但是由於北大的歷史地位，會議還是決定在常委中給北大留一個席位。四月二十二日凌晨，當學生夜宿廣場，準備參加胡耀邦追悼會的時候，各校的代表就臨時召開會議，討論成立北京市高校自治聯合會，那次會上，大家推選政法大學的周勇軍爲臨時的北京市高校學生自治聯合會（也可簡稱高自聯、

* 這個孔慶東就是後來擔任北大中文系教授、國內「左派」代表人物、曾經推崇薄熙來「重慶模式」的那個孔慶東。他擔任籌委會成員沒多久就自動退出了，因此不算是捲入這次學潮很深。

** 《中國民運原資料精選（第二輯）》（香港：十月評論出版社，一九八九），頁七十九。

北高聯）主席。

之所以選出周勇軍，是因爲他來自政法大學。在運動的前期，政法大學起了突出的帶頭作用。在這裡的骨幹力量是法大的一些青年教師，如當時全國最年輕的教研室主任、憲法專家陳小平，最近幾年連續撰寫了權威性的「六四」史料專著的吳仁華、現在北京著名的民營書店老闆劉蘇里等。最早的全市性的組織活動也是在法大召開的。

四月二十五日，高自聯在政法大學召開各校代表會議，商討未來行動步驟。很多日後的學運骨幹人物如中國社會科學院研究生院的王超華、北京電影學院的馬少方、民族學院的王正雲等，我都是在這個會上第一次認識。那次會議上由我和吾爾開希主持。

我還記得開希急匆匆趕來後坐下就說：我們的行動得到了很多「高知」的支持。我當時還是第一次聽到「高知」（高級知識分子）這個詞，很新鮮，所以印象深刻。

那天的會議開到一半，忽然有同學提著收音機走進會場，說剛才中央人民廣播電台預報說很快就會播出重大新聞。我們臨時中斷會議，大家屏息收聽廣播，而播出的，就是定於次日發表於《人民日報》上的臭名昭著的〈「四二六」社論〉。

這篇社論通篇是殺氣騰騰的口吻，用了許多已經很多年沒有聽到過的極「左」措辭，指責學生運動是「動亂」，把學生的愛國熱情定調爲「反對社會主義制度，反對共產黨領導」，還危言聳聽地說學生運動將把中國帶到社會動盪的深淵裡去。除此之外，該文還說什麼「如果對這場動亂姑息縱容，聽之任之，將會出現嚴重的混亂局面。……一個很有希望、很有前途的中國，將變爲一個動亂不安的沒有前途的中國」。顯然，這篇社論，代表中共高層定調，已經把學生運動當作敵我矛盾看待了。

在場的各校代表聽到這樣的社論，都十分震驚，社論播完之後，全場鴉雀無聲一分鐘之久，大家完全想不到政府會用這樣的態度和立場來看待學生的行動。一分鐘之後，全場就像開了鍋一樣沸騰了，大家紛紛表示極大的憤怒，一致表示必須進行反擊。結果這一次高自聯的代表會議當即做出決議，定於四月二十七日緊急舉行全市範圍的大遊行，表達我們對〈「四二六」社論〉的強烈抗議。

作為一個當事人，我至今對於〈「四二六」社論〉的發表仍感到莫名其妙。整個八〇年代，幾乎每年都有學潮發生，一般來講，在學生大規模上街之後，如果當局沒有採取更為強硬的措施，學生的行動自然會逐漸平緩。畢竟在八〇年代的北京下，學生與當局的關係，在當時還沒有到很對立的地步。所以到了四月二十二日數萬名學生占領天安門廣場，參加了胡耀邦追悼會之後，我按照以往的經驗猜測，這一次學潮基本已經結束，因此我當時已經在思考的，就是怎樣延續這次學潮的成果的問題了。

可是萬萬沒有想到，四月二十三日到二十五日，北京並沒有學潮繼續擴大的跡象，學生的情緒相當穩定。這時，當局非但不因勢利導，緩和局勢，卻反其道而行之，突然拋出〈「四二六」社論〉。而且，社論的措辭之嚴厲，立場之保守，是十年來沒有見過的，完全是「文革」語言，這是最令我吃驚的地方。整個社會，對〈「四二六」社論〉的反應，只有「驚訝」兩個字可以形容。

眾所周知，四月二十二日的學生的行動，秩序是十分良好的，也是與天安門廣場管理當局取得了協議的，這種情況下，突然給學生扣上「動亂」的帽子，說學生悼念胡耀邦是要把中國引上動盪的深淵，是要顛覆社會主義制度，這樣的含血噴人，導致的結果只能有一個，那就是把學生推到政府的對立面上去。

趙紫陽在他的回憶錄第二部分，開宗明義就提出：〈「四二六」社論〉激化了矛盾。*這一點外界早有認識。但是，是誰策劃了〈「四二六」社論〉？是誰背著趙紫陽搞這樣的政治動作？而他們的目的又是什麼呢？過去外界一般把矛頭都指向北京市委李錫銘、陳希同一幫人。但是趙紫陽的回憶錄告訴我們，在李錫銘、陳希同的背後，更高的黑手就是李鵬。

趙紫陽回憶說：「（四月二十三日）我離開北京的當天晚上，北京市委的李錫銘、陳希同就找萬里，要求召開中央常委會聽取他們的匯報。李鵬眞是快啊，第二天晚上就召開了常委會。」「四月二十五日鄧同李鵬等人的講話，本來是內部講話。但當天夜裡，李鵬就決定把鄧的講話向各級幹部廣泛傳達。四月二十六日又把這個講話改寫成《人民日報》社論發表。」值得注意的是，根據陳一諮提供的情況，四月二十四日李鵬主持的政治局會議，刻意沒有讓鮑彤參加。**鮑彤作爲總書記趙紫陽的祕書，同時也是政治局常委會的政治祕書，因此過去都是列席政治局以及政治局常委會的會議。而這一次李鵬不讓鮑彤參加，背著趙紫陽的用意就十分明顯了。這不是搞陰謀是什麼？

可見，〈「四二六」社論〉基調的始作俑者是北京市委一批人，但是眞正把這個基調上升到《人民日報》社論的高度，並通過慫恿鄧小平講話的方式以把這個基調定位對學生運動的政治定調之始作俑者和眞正的決策者，卻是李鵬。也只有作爲代理總書記職務的中共中央政治局常委李鵬，有權力作這樣的政治動作。李鵬強推〈「四二六」社論〉，就是爲了在政治上綁架鄧小平，讓他在立場上不能後退。

更值得注意的是，趙紫陽的回憶錄第一次披露出一個以前外界不知道的事，那就是鄧小平對〈「四二六」社論〉的發表是不滿的。儘管〈「四二六」社論〉依據的是鄧小平對李鵬、陳希同等人的談話要點，但是根據趙紫陽的回憶：「鄧對李鵬大範圍傳達他的講話是不滿意的，鄧的孩子對把鄧推到前台也不滿意。五月十七日，在鄧家決定戒嚴的那次會上，鄧對李鵬說：這次不要像上次那樣搞了，不要把我決定戒嚴的事捅出去。李鵬連連說：不會！不會！」***

顯然，政治經驗豐富的鄧小平，這次也被表面聽話、貌似忠實的李鵬擺了一道，真正是「啞巴吃黃連，有苦難言」，最後還是要承擔起全部的責任。難怪鄧家的孩子對李鵬一直很不諒解。這裡就可以繼續追問下去：以李鵬的膽識，怎麼可能居然不經鄧小平的同意，擅自擴大傳達鄧的講話呢？他難道不怕鄧事後追究他嗎？是什麼使得他有恃無恐，居然敢擺鄧小平一道呢？這些，都是在探究「六四」眞相的時候值得深思的問題，當然，答案的取得，首先就需要大量官方檔案的解密。而當局多年來對一九八九年的事情諱莫如深，想來也有擔心眞相被外界所知的原因。

八九年的時候在中南海工作的前中共中央辦公廳幹部吳稼祥若干年前就曾經寫過文章，指中共內

* 趙紫陽，《改革歷程》（香港：新世紀出版社，二〇〇九），頁二十七。
** 陳一諮，《中國：十年改革與八九民運》（台北：聯經出版社，一九九〇），頁一六三。
*** 趙紫陽，《改革歷程》，頁二七九—二三〇。

部的保守派推李鵬出面，用〈「四二六」社論〉作爲激化事態的手段，目的就是給趙紫陽製造麻煩，以便推翻他的總書記職務，最終目的是停止改革。換言之，當時的中共內部有一些人，顯然想利用這次學生運動達到他們的政治目的。至今，當局還在散布謠言，說什麼一九八九年的學生運動是被外國勢力利用了、是被知識精英利用了。但是，如果說當年的學生運動確實曾經被利用的話，其實是被黨內鬥爭利用了，是被黨內以李鵬爲代表的保守派利用了。

而他們的目的達到了。學生果然一下子就被激怒。四月二十七日，發生了建國以來最大規模的學生遊行之後，學生與政府就完全站到了對立的立場上。這時候偷笑的，應當就是李鵬和黨內的保守派了。他們通過〈「四二六」社論〉，既挑動了學生的情緒，又挾持鄧小平站到強硬立場，是成功的「一石二鳥」之計。

可以說，「六四」事件本來就是一場由李鵬等人發動的，有組織、有預謀的，而最後以血腥代價取得成功的政變，而〈「四二六」社論〉就是這場政變的信號彈。

## 「四二七」大遊行

四月二十六日上午九點，北京市高校學生自治聯合會在政法大學召開中外記者招待會，由周勇軍主持，我和馬少方、王超華等常委一起與媒體見面。這次記者會，一方面是正式宣布高自聯的成立；另一方面也是宣布高自聯將發起全市大遊行，以表達對〈「四二六」社論〉的強烈抗議。

第一屆高自聯，主席是政法大學的周勇軍，常委是：王丹（北大）、吾爾開希（北京師範大學）、張啓才（中央民族學院）、馬少方（代表八個藝術院校）、胡春林（人民大學）、張銘（清華大學）以及王超華（中國社會科學院研究生院）。

在此同時，政府派人到政法大學做周勇軍的工作，讓他下令取消次日的遊行。作爲黨員和學生會主席，周勇軍沒有抵抗住壓力，答應取消遊行。於是政府派車，帶著他到各個學院宣布取消遊行，也包括北大。但是這個決定是沒有經過高自聯常委們討論通過的，完全是周一個人的擅自決定。這一天的校園裡，因爲〈「四二六」社論〉的語氣非常嚴厲，因此氣氛顯得有些緊張。當時我們都覺得政府立場這麼強硬，明天學生上街，政府可能會出動軍隊鎮壓。所以準備參加隔天行動的同學都是抱著面對鎮壓的決心和勇氣。

周勇軍到北大通知的時候我不在籌委會辦公室，後來聽說要取消，我非常吃驚。我認爲，面對〈「四二六」社論〉，如果我們保持沉默，就助長了黨內保守派的氣焰，這次學生運動也從此就會逐漸平息，以後的學運都會被說成是動亂。我們決不能讓步，要給政府壓力。所以我決定抵制周勇軍的決定。

下午，在我的要求下，北大籌委會召開臨時會議，五名成員中，只有我和封從德認爲應當堅持遊行，孔慶東、沈彤、王池英認爲應當與高自聯保持一致，結果我們的意見被否決了。

關於這段歷史，馬少方的回憶文章中曾經有過詳細記載。他聽說取消遊行的決定後也決定反對，於是四處聯絡，找到了政法大學代表甄從育、人大代表胡春林和一名民族學院的代表。馬少方建議三條：一是口號不變，擁護中國共產黨的正確領導，擁護社會主義；二是加強學生糾察隊的力量，以保證遊行秩序；三是一旦和軍警發生衝突，立即退回校園。*

當天晚上，爲了爭取能夠繼續遊行，我聯絡了當初選舉產生北大籌委會的各系學生代表，共同在風雨操場旁邊的教室開會。我說明了常委會上我和封從德的意見被否決的情形，再次表達了我的看法，希望得到各系代表的支持。因爲按照籌委會的章程，籌委會要向各系學生代表會議負責，因此代表會議的決議，具有更高的權威。各系代表展開討論，大家意見不一，但是大部分代表是同意我的立場的。

這時馬少方和其他三名高自聯常委學校的代表來到北大找我，我暫停會議，出去見馬少方等人。我們當時一致認爲不能同意周勇軍的做法，當場一共有六個常委學校的代表，儘管來不及找到所有的常委學校召開臨時會議，但是現在已經構成表決的有效多數。所以我們當場決定，高自聯維持原先的號召，繼續進行明天大遊行的準備工作，大家分頭去各個學校傳達這個新的決定。

回到北大系代表會議的會場，我宣布了高自聯最新的決定，以及馬少方提出的三條主張。這樣大家的意見很快就統一起來，表決通過，北大維持原來的遊行決定。各系代表立刻開始了緊鑼密鼓的準備工作。

很快，北大繼續遊行的決定傳遍了全校，各個宿舍都很興奮，連夜準備標語、橫幅等。我去幾個宿舍樓巡視，看到有的宿舍門前貼上了室友們一起簽名的遺書，大意是：明天既然出去了，就沒有準備回來，希望後人記住我們是爲什麼犧牲的。這樣的遺書在不止一個宿舍的門口貼出，我看了非常感動。危險，人人都會害怕，但是在我們的一生中，總要有一些時候，是把害怕放在後面的。在當時的我們看來，中國走向民主化的意義，已經壓倒了我們內心的恐懼。

四月二十七日一大早，學生就開始在校門口集結，我和封從德在最前面組織隊伍。這時，沈彤和王池英找到我，對於昨天晚上用各系代表會議的形式否決籌委會的決議表示不滿，再次要求我停止組織遊行。我當然拒絕了，不過爲了緩和氣氛，我告訴沈彤，我會帶隊走在北大隊伍的最前面，如果當局眞的採取激烈的鎭壓行動，我會立刻帶領學生折返北大的，我不會讓同學們白白地去犧牲。他們見勸阻無效，只好也加入學生隊伍。

上午八點北大隊伍出發，出乎我意料之外的是，隊伍一出北大南門迎面是人山人海的市民，看見學生走出來，頓時爆發熱烈的掌聲，經久不息。

當局設置封鎖線攔阻學生，第一道是在友誼賓館，但是幾分鐘就被衝破。完全是市民代勞，學生只是靜靜等待，同時高唱警察題材的電視劇主題曲《金色盾牌》。隊伍沿著二環路前進。我手持大喇叭帶領喊口號，同學們士氣高昂，口號震天，在北京上空形成回音。成千上萬的市民則是高呼：「向學生致敬」。

下午走到長安街，當局在六部口安排重兵攔截，十幾層士兵手挽手嚴陣以待，雙方對峙一小時左右，清一色壯小伙子組成的市民大隊一遍遍喊著口號，用血肉之軀衝擊軍警，最終衝開一道口子，學

＊ 馬少方，〈紀念：歷史在鞭打現實〉，王丹主編，《六四參加者回憶錄》（香港：明鏡出版社，二〇〇四），頁一〇一—一〇五。

生歡呼之下大隊人馬迅速湧入，攔截防線土崩瓦解，人山人海的市民在兩邊觀戰，並齊聲吶喊助威。

走到新華門前，大隊人馬短暫停頓。我現場編了幾句口號，帶領大家向著這個中共的統治樞紐高喊：「七十年前，愛國學生，爲了國家，不怕犧牲；七十年後，北大北大，爲了民主，不怕不怕！」我們反覆高呼十幾遍，越喊聲音越大，大家的情緒到了最高潮。

下午四點左右，學生大隊逼近廣場，當局調動幾十輛卡車的士兵，估計有上千人排隊嚴守人民大會堂。學生並不戀戰，大隊繞天安門廣場一周遊行。因爲人數太多，從先頭部隊進入廣場到最後一批學生繞行完畢，一共花了將近兩個小時。學生的橫幅包括：「遊行我們挨打，落後國家挨打」、「人民不可蒙蔽」、「官倒不除，國無寧日；官倒不倒，人民不饒」、「爲民請命，絕非動亂」等。到此遊行結束。

這次大遊行，我畢生難忘。原來我以爲經過政府做工作，有些學校會缺席，結果事後發現，北京高校幾乎是傾巢出動，各校的旗幟下都是人頭攢動，這應當是建國以來北京大學生最大規模的一次遊行了。尤其是沿途市民的熱烈反應，讓我既感動，內心又有一種堅定的踏實感，因爲我親眼看到了，人民，是站在學生這邊的。這次遊行也使得學生運動走上了一個新台階，很多同學因此而增加了勇氣，因爲大家感覺到背後有了靠山，那就是千千萬萬的中國人。

「四二七」大遊行後的第二天，我在北大籌委會的辦公室，忽然走進來一位白髮蒼蒼的老者。他一進來，什麼話也沒說，就開始大聲痛哭，我們再三勸慰，他只是搖頭，完全無法停止。半晌，他終於平靜下來，才抽泣著跟我們說，他也是北大畢業的，解放以前在北大參加了地下黨，也組織過反對國民黨的學潮。這幾十年來，他眼看著當年他們的熱情換來的是法西斯專制，和一場場的政治運動，內心十分痛苦。昨天他看到學生的盛大遊行，才感覺到多年的壓抑得以抒發出來，他看到了當年的學生的影子，也看到了中國的希望，因此他決定今天一定要來看看大家，一定要痛痛快快地哭出來。他還說，他流的是傷心的淚，也是歡喜的淚。

這一番話，說得我們也眼眶紅紅的。這位老人，就是支持我們的千千萬萬中國人的代表。他的話，也說出了很多人的心聲。

多年以後，我最常被問到的一個問題就是，八九民運中，你印象最深刻的畫面是什麼？我都是回答「四二七大遊行」。記得那天下午我站在建國門立交橋上，放眼俯視十里長安街，只見寬闊的馬路上完全被人和旗幟的海洋所淹沒，一眼望不到盡頭。我那時激動得什麼也說不出來，眼淚一直流淌。我要知道，這是中華人民共和國歷史上，第一次人民自發的遊行，而且還是當局前一天禁止的遊行。我流淚，是因爲這次遊行表明：今天，中國人民眞的站起來了！

四二七大遊行，震撼了北京，震撼了全國，也震撼了當局。當局可能完全沒有想到會有這麼多的學生和市民上街，原先準備阻攔遊行的舉措完全失效。這之後，當局不再重複〈「四二六」社論〉的調門，改爲開始強調與學生對話了。這證明，我們當初堅持不顧政府恐嚇，也要出門遊行的主張是對的。中共是一個現實主義政黨，他的決策判斷的基礎就是實力的對比，只有人民勇敢一些，站出來展示出民意和民心的力量，當局才有可能退讓，才有可能妥協。這條定律在今天也還是適用的。

北大的學生隊伍深夜才回到學校，此時，很多老師都守候在校門口，看到學生回來，激動地抱住自己的學生不放。北大十六樓的窗口掛出一幅長條大字標語：「人民感謝你們，歷史永遠記住這一天！」*

## 三、對話

### 對話團的成立

前一天的大遊行取得了意料之外的勝利，我鬆了一口氣，第二天好好地睡了一覺。晚上，高自聯再次在政法大學開會，總結「四二七」大遊行的經驗教訓。這次會上決定，鑑於周勇軍在遊行問題上屈服當局壓力，撤銷他高自聯主席的職務，由北師大的吾爾開希擔任主席。同時，會議接受了劉剛的建議，高自聯主席決定由七個常委學校的代表輪流擔任，每週換屆。現在想來，如此頻繁地換主席，並非良好的制度，但是也由此可見，我們當時是希望盡量能夠以符合民主原則的方式建設領導機構，以至於過分在意程序上的設計。

「四二七」遊行之後，當局見識到了學生的力量，開始試圖進行破壞行動。

有一天早上我還在睡覺，被幾個同學叫醒。他們告訴我，他們看見一輛沒有牌照的汽車開進北大南門，靠近三角地的時候停下，車上下來了幾個穿淺色風衣的男子，在三角地的櫥窗上貼了一張大字報就匆匆而去。這幾位同學讓我趕緊去看一看。

到了三角地，我看到了這張大字報。大意是說：希望同學們提高警惕，這次學潮的背後是有背景的，王丹的背後就是方勵之，方勵之通過李淑嫻跟王丹密切聯絡，背後指導學運等等。我看了自然是一笑置之，但是對於那幾個男子的身分，頗爲好奇。

現在回想，顯然在學潮一開始，當局內部就有一股勢力，準備把學運誣陷爲「方勵之等資產階級自由化分子背後挑動」的了。早在四月下旬就已經有這樣的動作，這顯然是更早的時間前就做出的決策。想一下北京市委向鄧小平做的報告中就提到過「少數背後操縱的人」，而「六四」之後陳希同的報告中點了不少知識分子的名字，說他們的言論爲「動亂」創造了條件等等，就可以隱約看到這麼一條線索，一直在有條不紊地進行。

這還可以牽扯到另一樁公案：一直有人問，爲什麼事後當局把我列在二十一名學生領袖通緝令的第一名？我想，除了我早在一九八八年就開始從事校園民主，屬於有「前科」這個因素之外，還有一個可能性很大的因素，就是我跟北京知識界的關係（這一點我前面介紹過很多）。把我列爲首犯，更可以凸顯「資產階級自由化分子」與這次政治風波的關係。中共內部有一股勢力刻意要抓出知識分子作爲「黑手」，這是再明顯不過的事實。如果我們把這個事實聯繫到整個八〇年代期間，歷次政治運動所要打擊的對象也是知識分子來看，就更爲耐人尋味。不過，這已經是另外一個題目，我這裡就不

* 周良霄、顧菊英編著，《忘卻的紀念——八九民運紀實》，頁六十四。

展開討論了。

四月二十九日上午，中國國務院發言人袁木、國家教委副主任何東昌、北京市委祕書長袁立本等在團中央會議室與北京十六所高校的四十五名學生代表進行所謂的「對話」。參加的學生絕大多數是各校學生會及團委的學生幹部，只有極少數學生自治組織成員被邀請參加，其中包括吾爾開希，而開希後來也中途退場抗議。在我們看來這不是一次眞正的對話，因爲第一，作爲學生代表的大都是各校的學生會、研究生會成員，他們的合法性受到質疑；第二，袁木不僅趾高氣揚，一副教訓人的樣子，而且迴避學生提出的問題；第三，袁木只是發言人，這個級別的人來對話，很難相信能實質性解決問題。鑑於當局的對話完全無視於學生自治組織的代表性，當天下午高自聯即發出聲明，宣布不承認這樣的「對話」，同時呼籲當局直接與學生自治組織展開對話。

學運發展到這個階段，要求政府與學生對話已經成爲學生陣營提出的主要訴求。提出這個訴求，其實是很溫和的主張，因爲「與社會各階層展開對話」正是中共中央總書記趙紫陽在中共「十三大」上做的政治報告中，針對政治體制改革的具體內容提出的政策。學生當時的想法，就是說既然政府提出要跟社會各階層對話，那麼希望政府說到做到，首先跟學生對話。

四月三十日，趙紫陽從朝鮮返回北京。然而，局勢已非他所能完全控制了。他雖然表達了對〈「四二六」社論〉的不滿，但是已經無濟於事。問題的關鍵在於，中共的遊戲規則是，只要是黨正式發布的文件，除非重大政治調整，否則就不可能更改。李鵬就是抓住這一點，讓生米煮成熟飯。社論已經發表，就不可能改變。除非趙紫陽準備魚死網破。但是李鵬應當很清楚，這不是趙的風格。於是，回國的趙紫陽，已經沒有政治上的迴旋餘地了。*

與此同時，高自聯也在準備進一步要求政府與學運組織對話。在高自聯的委託下，北大籌委會理論組在常勁的領導下，草擬出了一份關於對話的具體要求。五月一日早上，王超華到我宿舍來，我們逐條審查了一遍這份對話請願的內容，準備交由高自聯常委會通過。隨後，高自聯與北大籌委會在北大的第二體育場聯合召開了新聞發布會，宣布：第一，呼籲全國總罷課；第二，要求政府立即與學生展開對話。會上，我代表高自聯宣讀了我們的〈告全國同胞書〉、〈告全國高校同學書〉和〈告香港人民書〉。

五月二日下午，我和王超華、北京航天航空大學的鄭緒光等四十餘所高校的學生代表，一起去人民大會堂的全國人大信訪局辦公室和國務院信訪局辦公室，遞交要求對話的請願書。我們是騎自行車去的，組成了一個浩浩蕩蕩的自行車隊。

這份以「北京市高校學生代表」的名義遞交的請願書，指名提交給中華人民共和國全國人民代表大會常務委員會、中華人民共和國國務院以及中國共產黨中央委員會，針對政府表達願意與學生對話，我們表示「衷心歡迎」，並針對對話的具體安排提出了十二條要求，包括：對話雙方應建立在完全平等，真誠地解決問題的基礎上；參加對話的學生應由大多數高校生公認推出，我們絕不同意由各

* 今天回顧六四，大家都比較注意學生這個方面。其實，如果有一天所有的檔案材料解禁，我相信，我們會看到六四的另一面。那就是：李鵬利用學生運動，開展黨內鬥爭。

高校學生會、研究生會指派學生代表；對話過程中必須允許中外記者現場採訪、報導，中央電視台、中央人民廣播電台應現場直播全部對話過程；對話雙方必須對對話結果出具聯合公告等等。同時，為了避免政府繼續拖延，我們下達最後通牒，希望五月三日中午十二點之前予以答覆，否則「保留在五月四日繼續遊行請願的權利」。

五月三日，二十多所高校的代表共同組成的對話代表團在政法大學成立，團長是政法大學的項小吉。五月五日，對話團內部成立三個小組：第一組負責討論此次學運，領導人是清華大學的耿涼鵬；第二組負責討論深化改革，領導人是政法大學的張志新；第三組專門討論憲法第三十五條中關於公民的三項基本權利——結社自由、言論自由和遊行示威的自由——的落實，領導人是項小吉。

五月六日下午對話團到中共中央辦公廳信訪局、全國人大常委會信訪局和國務院信訪局遞交了請願書。對話團的目的，就是為了未來可能的對話進行準備，團員中主要是各個學校的一些碩士生、博士生，對話團針對當時中國存在的政治、經濟、教育、文化等一系列社會問題積極進行討論。此時，外界對學運的關注焦點也集中到了政府是否答應與學生對話上來。

這裡必須說明一下：對於對話團的成立和運作，我當初並不是很清楚。這裡有一個原因，也是一個值得檢討的原因，那就是：由於過去歷次學生運動中，北大都起到了帶頭和骨幹的核心作用，也由於北大在全國高校中的龍頭地位，此次學潮一開始，儘管是政法大學最早帶頭上街，但是北大的學生，仍然還是有一種「北大情結」或者說「大校情結」。表現出來就是有些傲慢，對於凡是不是北大出面組織的活動都不感興趣。我本人也有這個問題。所以，雖然我知道有這個對話團的成立，但是始終沒有熱心參與，也不太關心他們在做什麼。北大籌委會也沒有派代表去參加對話團的工作。沈彤擔任副團長，應當是他以個人名義去參加的。

由於運動啓動得比較倉促，事先沒有經過整合，運動中逐漸形成的一些領導核心群體之間的溝通和互信是存在問題的。這一點在絕食之後表現得更爲明顯。我本人就存在缺乏與其他團隊溝通的集體合作精神的問題，這是我必須承擔的責任和應當反省的諸多地方之一。

## 「五四」大遊行

五月三日上午，國務院發言人袁木召開記者會，拒絕接受我們所提出的對話條件，還誣指學生背後有黑手。態度極爲強硬。爲此，當天下午，高自聯在北師大召開代表會議，四十七所高校代表參加，以四十一票贊成，五票反對，一票棄權，通過次日舉行全市大遊行的決定。主要的訴求，第一是紀念「五四」運動七十週年；第二是要求政府盡快與學生對話。同時，這次高自聯會議也討論了罷課問題，大部分代表認爲，「五四」大遊行是一個機會，可以藉機宣布復課，同時集中精力在對話的訴求上。

五月四日上午，高自聯組織的全市大遊行登場。這又是一次北京市高校幾乎傾巢出動的盛大遊行，同學們的熱情部分地來自於這一天是「五四」運動七十週年。這次遊行再次得到廣大市民的支持，沿途依然是滿滿的聲援人潮。比較特別的是，這次遊行中，第一次有大學生以外的社會群體參加進來，他們就是幾百人的新聞工作者隊伍。他們打出了「新聞要說眞話」、「不要逼我們說謊」的橫幅，得到學生和市民的熱烈掌聲。中午左右，各路學生隊伍匯集在天安門廣場上，高自聯代表宣讀了〈五四宣言〉，同時宣布北京市高校即日起復課。

因爲四月底，我就已經不再參與高自聯的工作，而是專心於北大籌委會的事務。因此這次遊行我一直走在北大的隊伍裡。也就是在這次遊行中，我對柴玲留下深刻的印象。記得隊伍繞北京「二環」一圈，走回學校的時候大家都是精疲力盡，腿像灌了鉛一樣。但是走在北大隊伍裡的柴玲卻活力十足，她沿路帶著大家不斷喊口號，活躍氣氛，使得北大的隊伍一直保持士氣。我清楚地記得，她個子比較矮小，有的時候爲了用力喊口號，整個人跳起來，那種衝勁完全符合後來我對她的認識。

回顧八九民運，經常會被問到「當年的學生是否受到西方思潮的影響」？中共的檢討，也多是認爲對外開放政策帶進了自由化思潮，學生就是受這些外來思潮的影響才逐漸反對一黨專制的。

我認爲，西方思潮的影響不能說沒有，但是當年學生主要的內心效仿對象還是五四運動，也就是說，八九民運的精神傳承還是來自於五四運動。而五四運動中「天下興亡，匹夫有責」的精神上傳自中國古代知識分子憂國憂民的傳統。因此，八九民運是一次民族性的內生民主運動，整個運動是建立在「愛國」這種民族主義的情感熱情上。這一次「五四」大遊行，那麼多的學生走上街頭，就是要表示我們是「五四」精神的傳承者。

## 北大繼續罷課

五四大遊行的時候，高自聯宣布復課。對此，很多學生是不滿的。北大一篇題爲〈復課？豈有此理！〉的大字報比較有代表性，至少與我的想法比較接近：

> 聽說市高聯宣布即日復課，我們有些異議。衡諸目前形勢：（一）學運至今，除了政府的態度有所緩和外，我們沒取得任何實質性的進展。（二）目前的學運已正在全國範圍內蓬勃展開，上海、西安、天津、長沙等地的同學們紛紛行動起來支援北京（尤其是北大），這是這次運動的一面先鋒大旗，絕不能無緣無故的倒下。（三）參加這幾次遊行的同學對首都群眾夾道歡迎的熱烈場面記憶猶新，我們的要求道出了廣大人民的群眾心聲，並且他們對學運寄予深切的期望……。
>
> 罷課、遊行、散發傳單和發表演講，是我們向廣大群眾進行宣傳，對政府施加壓力的手段，失去這些手段就失去了對政府的壓力。復課後產生的消極影響是致命的，全國支持我們的人民將大失所望，在他們的心中將產生「學生畢竟還是孩子，把學運當兒戲，想鬧就鬧，想收就收，看來永遠成不了氣候」的壞印象，以後要再想得到他們的支持也幾乎不可能。而復課後最得意的可能就是政府了。*

圍繞是否復課的問題，北大籌委會組織了民調，逐個宿舍發出調查表回收意見，結果是超過六成以上的同學主張繼續罷課，直到對話開始。同時，北師大自治會和政法大學自治會也宣布了類似的決

---

* 林思，〈北大大字報巡禮〉，《九十年代》（香港：一九八九年六月）。

定。因此，儘管高自聯五月四日宣布全市復課，但是北大、北師大、政法大學等骨幹院校仍然繼續罷課。

五月五日晚上，我和封從德在北大廣播站上宣布，我們即日起退出北大籌委會。這是我們共同商量之後的結果。我在講話中講了我退出的理由，我主要是認爲，學運發展到今天這個階段，領導機構需要補充新血，類似我和封從德這樣從第一屆籌委會就參加的「老人」應當退出，以便讓更多的「新人」能夠進來，發揮作用，同時也是對他們的鍛鍊，這有助於學運領導集體的壯大。因此，我向同學們說：「退出籌委會絕對不是退出學運，我一定會跟同學們在一起。」

此外，我也覺得，遊行、示威、集會等方式我們都做過了，現在只有對話這個訴求還在進行，而當局顯然是在拖延，並不打算眞的跟學運組織進行對話，接下來學運要向哪裡去，我內心是有一些迷惘的。留在籌委會，我也不知道我能做一些什麼。我需要安靜下來進行一些思考。此時，我也不是高自聯的常委，北大的代表席位由此時已經成爲北大籌委會核心人物的、我的同班同學楊濤接替。因此我完全恢復了獨立的個人身分。

*

## 自行車遊行

因爲上海的《世界經濟導報》被江澤民整肅的關係，新聞界在這次學潮中表現非常積極。五月九日下午兩點，兩百名記者到中華全國新聞工作者協會門口靜坐，並遞交了有一千零一十三名記者聯署的抗議信，要求與中央主管新聞宣傳工作的領導人對話。

我們聽到這個消息後，立刻在校園裡動員聲援，很快地幾百名同學就集結完畢，大家一起騎車趕往現場。這以後的幾次遊行都是騎車進行，可能是因爲「四二七」和「五四」兩次徒步遊行實在把大家累怕了。

我還記得我帶隊出發，沿路爲了不打擾交通，我們組成了糾察隊，保證學生的自行車大隊只占用兩個車道，這樣一來，隊伍就拉得很長。我要前後照顧，簡直是疲於奔命。到了現場，發現北師大的同學已經到了。兩校的同學加在一起有上千人，場面頓時壯觀起來。我們與記者們坐在一起，眞正是並肩作戰。這次行動，記者是主角，我們只是前來助威，因此沒有學生出面。而記者方面的代表，就是《中國青年報》的李大同，記者的活動結束以後，上千的學生意猶未盡，我們臨時決定，改程去《人民日報》門口抗議〈「四二六」社論〉。我們趕到那裡，把《人民日報》報社門口圍得水洩不通，大家一起高呼口號：「人民日報，胡說八道；中央電台，顚倒黑白；光明日報，一片漆黑！」這個口號後來在後續的遊行中廣爲流傳。

不過看看今天這三家媒體，還是依然故我，繼續胡說八道，繼續顚倒黑白，繼續一片漆黑。

這段時間，這樣的自行車遊行還有過幾次。但是，「四二七」大遊行之後，學生的激情明顯有下降的趨勢，大家不僅人困馬乏，而且有點不知道接下來要做什麼的感覺。當時的主流想法，是要把學

---

* 關於這些職務的更換，我現在已經無法清楚回憶出具體時間，例如，好像是在絕食之後有段時間，我又回到高自聯擔任常委，不過是何時我已經不記得了。

潮繼續下去，但是要找到新的方式，因為都擔心學生方面出現「一鼓作氣，再而衰，三而竭」的情況。很多人都在思考這個問題，包括我本人，以及吾爾開希等等。這樣，才有了我們後來的絕食建議。

## 發起絕食

其實，早在「五四」遊行剛結束不久，學運內部就已經有了絕食的討論。在北大作家班的宿舍，作家鄭義就跟我提到過這種可能性。他認為一旦學生絕食，救護車不斷進出廣場的景象，會立刻激發出全民的關注與熱情。更早的時候，我提到過，在四月十九日所謂「衝擊新華門」的時候，就有學生打出了「絕食抗議」的橫幅。

五月十一日中午，我跟吾爾開希，北師大的程眞、馬少方，中國農業大學的王文，以及北師大職工子弟楊朝暉等相約在人民大學門口附近的一家小餐館吃飯。席間，大家談起了學運下一步的發展方向。開希提到北師大宿舍裡有人貼出了絕食的建議，我們就圍繞絕食這個行動的可能性展開了討論。結果大家一致同意，以個人身分發起，五月十三日到天安門廣場進行絕食，把學生運動進一步推向高潮。之所以是以個人身分，是因為現在我和開希等都已經不是高自聯的常委。

決定五月十三日去廣場絕食，主要是因為那一天，前蘇聯共產黨總書記戈巴契夫（Mikhail Gorbachev）訪華，次日要與鄧小平等中共高級領導人會面，中蘇兩黨打破三十年來的僵局，正式恢復關係。這是國際關係上的一件大事，全世界的媒體都要來北京進行採訪。我們希望能夠引起世界媒體的關注，並通過絕食行動進一步向政府施加壓力。如前所述，當時我們已經很擔心學潮出現疲態，政府用「拖延」戰術令同學們的熱情慢慢下降，使學潮自行消解，導致這次學生運動再一次無疾而終。我們當初站出來的目的就是要推動中國政治改革的發生，這樣的無疾而終當然不是我們願意看到的。

討論過程中，我也提到過，我個人認為，一旦學生十三日晚上占據了廣場進行絕食，鑑於第二天按照慣例，要在天安門廣場舉行國賓歡迎儀式，當局一定不會容忍我們滯留在廣場上，一定會派人把我們驅逐出去。當時我想最有可能的情況，就是三個人抬一個，把我們抬出廣場，用公交車把我們送回學校。這樣一來，絕食可以改為在校內進行，給學運帶來新的動員能量。我當時完全沒有想到後來絕食學生上了廣場，當局內部意見分歧，並未第一時間就驅逐我們，結果我們竟然就真的占領了廣場。

討論決定後，我們就分頭回到自己的學校去發動。我到了北大籌委會，這時柴玲和王有才在籌委會發揮主要領導作用，我跟他們談了我們的絕食設想，得到他們大力支持。我當場起草了〈關於絕食的倡議〉，柴玲、王有才都簽名支持。這樣，北大的動員工作，就由北大籌委會來組織了。

五月十二日下午，我邀請當時中國知識界的領袖人物包遵信先生參加第二十次，也是最後一次民主沙龍。在講話中包先生高度肯定了「四二七」大遊行的歷史意義，稱它「超越了歷史上任何一次學生運動」，並首次提出「社會上的知識分子，應該跟學生結合起來」。在這以後，北京知識界的一些人士開始與學生密切接觸，真正參加到了學生運動之中。

晚上，我與柴玲聯手在北大廣播站進行演講，動員同學參加絕食。我跟柴玲演講的風格不同，我比較嘻笑怒罵，她比較感情豐沛。記得我說：「聽說鄧小平說他們共產黨有三十萬軍隊，我要告訴大家，我們有三百萬人民。」柴玲則表示：「當我們成長的時候，我們被教會去說『我們愛黨，愛人民』，現在我們希望看看我們的政府是否愛我們，以及我們的人民是否擁護我們。我們希望看看這個國家是否還值得我們的奮鬥、我們的犧牲和我們的風險。我希望用生命去面對死亡，以死的氣概爲了生而戰。」*一邊說一邊落淚。

實事求是的說，我們這次聯合演講，在北大爲絕食行動起了很大的動員作用。十二日白天在我們貼出的〈絕食倡議〉上簽字的只有三、四十人，到了演講結束，據同學回報，海報上簽字的人數已經突破三百人。

還要說明的是，儘管我現在與當時的高自聯核心人物王超華是好朋友，但是在絕食的問題上我們是針鋒相對的，因爲她是堅決反對絕食的一方。在她的力主下，高自聯公開聲明絕食不是高自聯的決定，爲此當時還是常委的馬少方當場拍了桌子。但是這完全不影響我對王超華的敬重，我一直認爲她是我們那一輩學生領袖中最令人敬重的一位。

最後，關於發起絕食的問題，我還要總結一下：當時我們這些發起人的主要考慮有三個：第一是其他手段（請願、靜坐、遊行、罷課、對話）都已經試過，但是當局非但置之不理，還指我們爲動亂；第二是因爲絕食是非暴力抗議方式，符合我們的「和平、理性、非暴力」的原則；第三是因爲絕食是最後的手段，是以摧殘自己的身體爲代價向政府呼籲，我們希望以此打動政府，喚起各階層人民的進一步關注。

後來有論者說，我們發起絕食，是因爲我和開希那時候已經被邊緣化，所以我們要奪回領導權云云，這完全是誅心之論。道理很簡單：絕食並非我和開希兩個人發起的，如果眞的是我們爲了個人私利，那麼其他那些發起人，包括積極支持絕食倡議的柴玲，難道也是爲了私利嗎？如果別的發起人都是爲公理正義，就只有我和開希是爲私利，那麼這樣嚴重的指控是需要證據的，例如我們在什麼場合說過類似的話，或者類似的文字資料。但是上述論者並沒有提供證據，只是憑藉猜想。有些人抱著成見寫歷史，編造別人的內心活動，這是極不專業、也極不負責的做法。

但是，如果問我，現在回過頭來看那次學運有什麼覺得值得反思的地方，我認爲我個人在支持絕食的時候，把絕食這件事情想得有點過於簡單了。如果再有一次類似的運動，到了類似的運動階段，我也許還會支持絕食這樣的行動，但是在事先的思想準備和行動準備上，一定會更加周全一些。

---

* 柴玲，《一心一意向自由——柴玲回憶》，頁一三六。

# 四、絕食

## 絕食開始

一九八九年五月十三日，絕食開始。

這一天中午，在北大的學生餐廳，中文系錢理群等一批北大青年教師宴請所有北大三百多名絕食同學，爲我們壯行，舉辦「最後的午餐」。餐廳的牆上掛著老師們寫的橫幅：「風蕭蕭兮易水寒，壯士一去兮盼歸還。」一個「盼」字的改動，代表了老師們對我們平安回來的期待。

下午兩點北大隊伍從南門出發。門口已經擠滿了送行的同學和市民，與以往歷次遊行的激昂情緒不同，這一次全場的氣氛顯得有些悲壯和凝重。這一天是陰天，烏雲密布的天空似乎也在爲中國擔憂。

此時有人把我拉到一邊，自稱是鄧小平女兒的朋友，表示希望學生不要跟「老頭子」（指鄧）鬧僵，並問我是否有意願見鄧的家人。我一口拒絕。當時我們的原則很明確，就是拒絕任何政治力量介入學運。不過現在想起來，這也是當初學生天真的地方。一場社會運動要能成功，必然要聯合各種可能的支持者，或者分化對方的陣營，而拒絕任何互動只會使得自己孤立。這是我們應當反省的地方之一。

下午三點多，北大隊伍來到師大門口，與師大會合，沿途路邊到處都是市民，看到我們走過，紛紛鼓掌，大喊「加油」。我和開希、少方、楊朝暉四人挽起胳膊，走在全部隊伍的最前方，程眞指揮各校校旗組成的方陣走在我們身後。再往後，就是長長的學生隊伍。一路上，我們沒有多做交談，也沒有什麼口號聲，畢竟，這不是遊行，而是去犧牲，大家的心情都很悲壯沉重。我看到路邊有幾位女工模樣的人，她們看到絕食隊伍走過來，激動地互相抱在一起，跺著腳放聲大哭。

下午五點左右，絕食隊伍進入廣場，這裡已經有成千上萬的人在等候，他們拉出一道人牆，讓隊伍走進來，廣場和長安街上一片肅穆。我們按學校分區安頓大家原地坐下，周圍是自願前來維持秩序的學生，大家手拉手拉成糾察圈，讓絕食的學生坐在中間。爲了維持秩序，也是爲了防止有心人混入絕食團地，從這時起，我們就建立了糾察制度，只有出示學生證的人才放行進入絕食營。

大家都坐好以後，我宣布絕食開始，宣讀了絕食宣言：「爲了抗議政府對北京學生罷課採取的麻木冷淡態度，爲了抗議政府拖延與北京高校對話代表團的對話，爲了抗議政府一直對這次學生民主愛國運動冠以「動亂」的帽子以及一系列歪曲報導，我們宣布絕食。我們的要求是：第一，要求政府迅速與北京高校對話代表團進行實質性的、具體的、平等的對話；第二，要求政府爲這次學生運動正名，並給予公正評價，肯定這是一場愛國的、民主的學生運動。」

然後，帶領全體絕食學生宣誓三遍：「爲了中國的民主化進程，爲了祖國的繁榮昌盛，我自願絕食。堅決服從絕食團的紀律，不達目的，誓不罷休！」響亮整齊的聲音在天安門廣場上空引起迴響，我看到很多同學都是一臉的嚴肅，眼睛裡包含淚水。我們都很清楚，這一次走著來到廣場，很可能就要躺著離開了。

宣誓後，我和王超華、馬少方三人代表絕食團和高自聯（此時木已成舟，超華和高自聯決定改變態度，全力支持絕食學生）在我母親工作的單位——中國革命博物館（今國家博物館）門前召開記者會，宣布學生絕食的訴求。我們的訴求其實非常簡單溫和：第一，否定〈「四二六」社論〉，肯定學生運動是愛國的；第二，開展對話。我們以〈絕食宣言〉向全國同胞宣布：「我們，將以死的氣概，為生為戰！」我們代表廣大同學發誓：「我們要用我們年輕的生命，晴朗共和國的天空！」

中國歷史上，也許是世界歷史上，最大規模的一次學生集體絕食抗議行動，就此拉開了帷幕。

聽到我在廣場開始絕食，我母親不放心，從這一天起也搬到她的辦公室打地舖住下，為的是能就近關切我的身體。我想，還有更多的父母家長、更多的國人，從這一天起，心就糾結在一起，日夜為我們的身體和國家的前途擔心。那時候我還沒有能預料到，幾天之後，擔心化為力量，促發了全國範圍的各界人士走上街頭，聲援絕食學生的宏偉歷史畫面。

## 斡旋

絕食隊伍在廣場安頓之後，人數迅速增加，遠遠超過我們的預料。各校學生也紛紛湧進廣場，團團圍住絕食隊伍以保護他們。深夜，程眞、少方、開希、柴玲和我等決定組成絕食團指揮部，負責廣場指揮工作。隨後，封從德從北大帶來很多後備物資，並升起了巨大的黑色「絕食」二字的旗幟。

傍晚，原四通集團公司的周舵到廣場上找到我，說中共中央統戰部長、書記處書記閻明復邀請學生代表到人民大會堂座談，商量如何解決廣場學生的絕食問題。我跟他到了人民大會堂的一個會議室，只見三方人馬圍著一張長條桌子已經坐滿，一方是閻明復、李鐵映、劉延東等高級官員；一方是程眞、馬少方、吾爾開希等學生代表；而另一方是王軍濤、陳小平、何懷宏等知識界人士。

閻明復首先表示，政府會認眞考慮接受學生的建議，黨內已經委託趙紫陽處理學潮事件，而他是受趙紫陽的委託來跟學生代表討論的。隨後王軍濤等以調解方身分發言，表示希望政府能夠對學生的要求進行負責任的答覆，否則他們也不可能影響到學生的決策。我聽軍濤講，這一批知識分子，是閻明復請來，希望能夠在政府和學生之間進行溝通和斡旋的。這次對話，以閻明復表示會盡快轉達學生的要求結束。我可以明顯感受到閻明復是站在同情學生的立場上的，但是很希望我們能給他時間來做上層的工作。

我回到廣場之後就睡覺了，這是絕食開始的第一夜。我們還沒有帳篷，大家就鋪開帶來的被褥，睡在地上。我躺下來，看著黝黯的天空，內心無比感慨。天安門廣場這塊土地，我無比熟悉，從小到大不知道來過多少次，在這裡放風箏、散步、穿行；而今天，我在這個從小長大的地方躺下，卻不是爲了休閒，而是爲了戰鬥，這是我以前萬萬沒有想到的。此刻的廣場，在我的眼裡，既熟悉又陌生。看著周圍橫七豎八躺倒的同學們，我默默地期待，我們的犧牲能夠爲國家換來進步，換來民主。

大約凌晨兩點，國家教委主任李鐵映、北京市市委書記李錫銘、市長陳希同、國務院副祕書長安成信等一堆官員來到廣場，向學生發表講話，希望大家停止絕食，回到學校去。但是對於學生提出的絕食條件又表示無法答覆。當然是白費了半天脣舌，無功而返。學生的態度也十分冷淡。我只是過去在外圍看了一眼，覺得睡覺更重要，就回去北大營隊了。

五月十四日，廣場上的學生越來越多。曾經積極參加民主沙龍活動的幾個女生，本來我是跟她們說好，爲了身體健康，要她們不要參加絕食的，但是此時也來到廣場，表示無論如何也要加入。我的幾個高中同學約好來廣場看望我，他們是一個營隊、一個營隊地摸索，才找到我的。其中一個同學當場就表示要留下來跟我一起絕食，被我力阻才作罷。我甚至非常驚訝地看到當時的北大學生會肖姓主席也在絕食隊伍中，他看到我有點尷尬，但還是大方地表示，這麼多同學都已經參加了絕食，他也不能落後。

下午，國家教委主任李鐵映、統戰部長閻明復等在統戰部再次與學生代表對話，但是其中沒有絕食學生的代表，而且表示無法直播。部分絕食學生包圍統戰部，抗議這樣的對話沒有代表性，在這樣的壓力下，正在對話現場的學生代表也表示退出對話。

當我步入會場的時候，看到程眞正在念〈絕食書〉。絕食書的作者，在柴玲和白夢之間有爭議，但這是一篇經典的學運文獻，文辭並茂，感人肺腑。我親眼看到，一位統戰部的幹部一邊聽、一邊趴在桌子上不斷抽泣，部長閻明復也不斷摘下眼鏡擦拭鏡片。

絕食書摘錄如下：

「在這陽光燦爛的五月裡，我們絕食了。在這最美好的青春時刻，我們卻不得不把一切生之美好絕然地留在身後了，但我們是多麼的不情願，多麼的不甘心啊！

然而，國家已經到了這樣的時刻：物價飛漲，官倒橫流，強權高懸，官僚腐敗，大批仁人志士流落海外，社會治安日趨混亂，在這民族存亡的生死關頭，同胞們，一切有良心的同胞們，請聽一聽我們的呼聲吧！

國家，是人民的國家；人民，是我們的人民；政府，是我們的政府。我們不喊，誰喊？我們不幹，誰幹？儘管我們的肩膀還很柔嫩，儘管死亡對於我們來說，還顯得很沉重，但是，我們去了，我們卻不得不去了，歷史這樣要求著我們！」

「民主是人生最崇高的生存感情，自由是人與生俱來的天賦人權，但這就需要我們用這些年輕的生命去換取，這難道是中華民族的自豪嗎？絕食乃我們不得以而爲之，也不得不爲之。我們以死的氣概，爲了生而戰！」

「我們不想死，我們想好好地活著，因爲我們正是人生最美好之年齡；我們不想死，我們想好好學習，祖國還是這樣的貧窮，我們不想留下祖國就這樣去死，死亡絕不是我們的追求。但是，如果一個人的死或一些人的死，能夠使更多的人活得更好，能夠使祖國繁榮昌盛，我們就沒有權利去偷生！」

「人將去矣，其言也善；馬將去矣，其鳴也哀。

別了，同仁，保重！死者和生者一樣的忠誠。

別了，愛人，保重！捨不下你，也不得不告別。

別了，父母，請原諒，孩子不能忠孝兩全。

別了，人民！請允許我們以這樣不得已的方式報忠。

我們用生命寫成的誓言，必將晴朗共和國的天空！」

我想，如果有一天，要爲「六四」的死難者樹立紀念碑的話，這篇絕食宣言，應當被刻在碑上作爲祭文。

晚上，王超華找到我，讓我一定到統戰部來一趟。我到了以後，看到當時中國最頂尖的一批知識分子都在現場，他們是李澤厚、嚴家其、劉再復、包遵信、蘇曉康、戴晴、溫元凱、李洪林、于浩成、蘇煒、李陀、麥天樞。戴晴一把抓住我，跟我說：他們這些知識分子接受政府委託，希望在學生與政府之間斡旋。她要我保證，只要政府最高領導人到廣場來，學生就撤退。我說我沒有辦法做這承諾，她非常失望。

＊

短暫交談之後，我和王超華陪同這些知識分子來到天安門廣場。曉康、老包等發表了跟戴晴不同立場的講話，他們都高度肯定學生的愛國行動，要求政府早日接受學生的訴求，他們表示：我們今天來，就是表示，我們要與學生站在一起！戴晴也發言建議，如果鄧小平或趙紫陽能到廣場上來看望大家，大家就撤出去。結果當她大聲問好不好的時候，學生中發出強烈不滿的噓聲。

這就是著名的「十二學者上廣場」的事件。事實是，他們想斡旋，但是當局堅決不退讓的立場，使得他們對政府徹底失望，從斡旋者變成了對抗者——這批學者隨後組成了「首都知識界聯合會」，完全和學生站在一邊了！

## 聲援

下午，北京知識界發起「知識分子大遊行」聲援學生，大約三萬多名北京知識分子參加，走在最前面的是北大和清華的教授大隊，主力是中國社科院各個所的學者，以及記者和作家群體。北大的隊伍中包括湯一介、樂黛雲等著名教授。

上千名北大教授，教師和職工從北大出發，遊行到天安門廣場，聲援和看望自己的學生，他們在長安街上高呼：「罷課罷教，聲援學生！」「團結起來，救救學生！」「行動起來，救救學生！」

在五月十七日出版的《新聞導報》第四期上，一位參加了這次聲援活動的北大老師回憶了現場的盛況：

> 在下午五點多，我們隊伍中的部分同志，大約幾百人，終於來到了北大的學生中間。這時，同學們爆發出一片歡呼聲，這聲音響徹天安門廣場。這聲音不僅僅是戰鬥的激情，更多的是師生之間深深的感情爆發，它顯示：在這一天，北京大學的老師和學生的心緊緊地連在一起了！老師和同學一樣，臉上流著熱淚，互相問候著，同學問候老教授一路累不累。老師們看到自己的學生，在如此艱難困苦

---

* 戴晴後來一直認為學生的激進態度使得她的斡旋工作未能成功，是很大的錯誤。在批評政府開槍的同時，戴晴對當年的學生領袖始終抱有成見。

的情況下，仍然堅持著，又激動、又慚愧，我對同學說：「對不起你們，我們來晚了，來得太晚了，讓你們付出了很大的代價。」同學們安慰我說：「不晚，不晚！正是時候，我們時刻都在盼望老師們來呀！」我注意到，北大同學的眼睛都在教師的隊伍裡搜尋著，我知道，他們在尋找自己的老師，尋找給自己上課的老師。在其他兄弟院校同學的臉上，我也看到了他們對北大老師的敬意，同時也顯露出他們對北大同學的羨慕，因爲他們此時此刻也在想他們的老師，爲什麼還沒有來。一位清華的同學請我簽名，他含著熱淚對我說：「現在如果能讓我上北京大學，就是死了也心甘。」我對他說：「清華的同學也不容易，我更佩服你們。」*

此外，五月十六日，由袁紅冰、陳坡、張炳九等老師發起，北大一批老師組成了「北京大學教師後援團」，在成立聲明中確定他們的具體工作是給學生提供諮詢、顧問，負責給去廣場看望學生的北大老師聯絡交通，與其他高校教師聯繫等，他們表示要「同我們可愛的學生站在一起」。** 可以說，在整個八九民運期間，北大老師對學生的支持是全心全意的。

後來在秦城，關押了幾十所學校的學生，只有北大校方還惦記著自己的學生，在一九九〇年元旦的時候專門派人到秦城監獄，給每個在押學生送來一件軍大衣禦寒。在當時肅殺的政治氣氛下，只有北京大學用這樣的方式公開表達了對在押學生的關懷。這使得我在溫暖之餘，爲自己的母校感到無比的驕傲。

同一天在外地，杭州有兩千多名學生遊行六個小時；武漢十二所大學的八千名學生在市政府門口靜坐；香港有六十多名專上學聯成員開始在新華社香港分社門口靜坐。五月十七日，廣州市二十四所高校三萬名大學生舉起「聲援北京，聲援絕食」的橫幅，高呼「民主萬歲，自由萬歲，愛國無罪」的口號，唱著《國際歌》走上街頭，並在省政府門口靜坐，部分學生開始絕食。十九日，廣州高校愛國聯合會宣布成立，提出宗旨：「以南國兒女的行動支持北京。」***

學運爆發之後，我就經常收到各地的支持者的來信。這些信件寄到北大歷史系，系裡的老師和同學都幫我接收。到了絕食開始之後，來信更是大量增加，已經開始要用箱子來裝了。有些信是直接寄到「北京大學」，什麼具體地址都沒有，但是那時候的北大郵局員工非常支持我們，直接把這樣的信件送到我的宿舍或者歷史系辦公室。我回學校的時候，盡量每封信都拆閱，但是不可能每封信都回覆。其中有一些我至今還保留著，現在翻閱，還能感受到當時各界對我們的大力支持。

五月三日，美國羅格斯大學（Rutgers University）的六十多名留學生聯合致信給我們，信中說：「我們羅格斯大學的六十多名學生在此對你們表示深深的敬意。你們的行動是對五四運動七十週年最好的紀念，我們完全支持你們的民主要求，你們的民主要求反映了廣大人民的心聲。」信中還告訴我們，北美各高校的中國留學生已經行動起來，目前籌集了二萬五千美元。

---

* 《中國民運原資料精選（第二輯）》，頁八十二—八十三。

** 《中國民運原資料精選（第一輯）》（香港：十月評論出版社，一九八九），頁九十。

*** 根據我手頭保存的《絕食快訊》原件。

一位署名「武力爭」的工人五月二十五日來信，每一頁稿紙上都寫了一個大大的「急」字作爲篇頭，信中他對於局勢表示十分擔憂，認爲當局一定會鎮壓，因此建議我們：「及早發動北京工人大罷工，可以首鋼爲重點，他們最怕工人鬧起來，工人一起來，他們的鎮壓就並不那麼靈了。」信中充滿對學生和知識分子的關愛，他還說：「希望學生指揮部能盡最大的努力保衛我們中華民族的精英，那些新聞界、教育界、社科院等，這是比什麼都重要的，千軍難換一將啊！」

我的一個高中同班女生同學每天在廣場上，但是沒有機會跟我說話，就寫信給我說：「我每天都在天安門廣場，站在最可能接近你的地方，注視著不知你是否在那裡的方向。我每天都在那裡，遙遠地爲你和所有絕食的同學助威。我知道我們的情況越來越嚴重，但我們和你一樣都不會畏懼。全民都已投入這場運動，我們不孤立。以我們的誠心與信心與頑強的鬥志，我們必將勝利。你看到長安街上那走不盡的隊伍嗎？那是你們的堅強後盾。我和我的同學每天都戰鬥在廣場上，與我意識中的你並肩作戰。我們將不退卻！」

我收到一封寫於五月二十四日的來信，是我山東老家菏澤地區幾位素不相識的農民寫來的，信中說：「王丹同學及全體大學生們：幾個星期以來的事情，特別是戒嚴之後我與我村及我們這個地方的農民，非常擔憂你們的處境。同學們，你們吃苦啦！幾天以來，首都的情況基本平靜，沒有聽到槍聲和殺聲，我們在這裡爲你們祝福。王丹同學，你們的行動，不僅代表了你們自己，也代表了我們廣大的農民們。我們很想跟你們在一起，去爭取這場愛國運動的最後勝利。王丹同學，這份信我本來是不打算寫的，因爲有首都人民在支援你們。但是，今天晚上，我們地委的某領導，在電視上又發表了電視講話，稱你們的行動是反動的行動，我們的心又收緊了。決定給你及你的同學們寫這封信。同學們，你們一定要小心，不要大意。軍隊的鎮壓隨時都有可能發生，千萬小心。王丹同學，因爲你們的時間非常寶貴，我們不多說了。請你們理解我們，農民的心與大學生是連在一起的。」

一位高中生寫信來，說：「我作爲一個中學生，雖然我不能來到天安門廣場，但我的心盤旋在天安門的上空。我恨我沒有翅膀，要是我能有翅膀，我一定飛到天安門，加入您們的行列。」

一位河北隆堯縣霍鄉的農民來信，希望我們能提供給他一些傳單和大字報，他要幫我們去張貼，他在信中說：「我文化水平不高，但我堅信共同的志向，會打破文化程度的差異，將我們的心靈凝聚到一起。倘若你們不嫌棄我的話，我甘願捨棄我溫暖的家庭，同你們一起戰鬥。」

江蘇南通醫學院一位四年級、即將畢業的同學來信，他說：「馬上要畢業了，但我現在最關心的不是我的分配問題，而是當前的學生運動。」南通市的學生在北京學潮爆發後舉行了幾次聲援遊行，但是他們對於北京的狀況只能通過「美國之音」來了解，因此委託這位同學來信，對我提出七點要求：第一，接到此信後，速寄此次學生運動的綱領性材料、文件，其中包括所有的宣言、傳單、告全國同胞書等，所有高自聯的報紙和聲明。第二，對六月一日以後的運動做出明確指示，並對我地的學生運動做出指導，使同學們相信我們有眞正的領導。第三，寫回信或者來信中簽上你的名字，使之成爲一種權威的文件，使同學們覺得有主心骨，否則會使學運產生滑坡情況。第四，就最近天安門廣場上的形勢進行實質性分析。現在的天安門廣場上的情況，我們是否有必要再次進京聲援？第五，分析六二〇（指人大會議召開的日子）是否有希望扭轉當前對學運的不利局勢？其扭轉的可能性有多大？

第六，能否安排「南下國內工作團」到南通來演講，以激起廣大同學的熱情？第七，在來信中能否說明你的電話號碼？我們在南通以長途直撥電話來聯繫，以便讓我們能獲得更多更快的信息。

浙江省開化地區一名教師來信，隨信寄來五元人民幣說：「我是中學老師，也是中共黨員。在學運前，我感到這個古老的民族是沒有希望了，但是現在我完全改變了當時的想法。不僅是我感到中國有希望，全國人民都感到有希望。」信的最後，他懇切地說：「多多保重身體，現在應該選擇的是生！」

我還收到南京軍區空軍部隊福州後勤部的一位軍人來信，裡面只有簡單的幾個字：「學生旗幟，民主先鋒——一個有良心的軍人。」

有的信通報了外地的學運情況，比如浙江蕭山電子設備廠的民眾來信說：「五月三日我在浙江大學，那裡的學生激情也很高，四日浙大還有其他的一些大學大約五千多人在杭州主要街道遊行，他們的口號是：『要民主，要自由，聲援北京！打倒官倒，打倒貪官，支持本立，支持導報！』他們還說：『我們談論學生運動時，無不為你們擔心，因為我們的政府是一向喜歡報復，會採取手段打擊你們的，我想如果像你們這樣有才華，有骨氣的人受到迫害的話，那中國還有什麼希望。』」

事態的發展，恐怕還是令他失望了。

## 再度對話

五月十五日之後，因為趙紫陽委託統戰部長閻明復與學生代表溝通，所以我幾乎每天往統戰部跑。統戰部知識分子局局長陶斯亮是前中共第四號人物陶鑄的女兒，立場上比較同情學生，我們主要是通過她表達我們的意見。五月十六日上午，我們已經聽到要軍管的傳言，我和程眞還專門去統戰部找她詢問是否有此事，當時她一再保證不會發生這種事。可見當時改革派還是比較樂觀的。

五月十六日下午，中共中央書記處書記、統戰部長閻明復派人到廣場，通知我去部裡。我到了之後看到開希也在。閻明復對我們說：「已經爭取到政府代表與學生代表的正式對話，而且是電視直播，不過希望學生能先撤出廣場。一旦撤除，立即安排對話。」還說中央電視台的直播團隊已經待命。他告訴我們，他決定去廣場勸同學們撤，問我們是否可以保證安全。我說如果閻部長願意去，我們不敢保證安全，但是會陪同前往。閻明復立即命令備車。

這時戲劇性的一幕出現了，我和開希上車，閻明復隨後正準備上車時，政治局委員、國家教委主任李鐵映不知道從哪裡跑出來，也要上車跟我們一起去廣場。閻明復帶著明顯不耐煩的神情說：「你去幹什麼？不要去了。」把他的手撥開。李鐵映就被晾在那裡，眼巴巴地看著我們的車開出了統戰部。我心想，書記處書記就是牛啊，連政治局委員都不放在眼裡。

此時的長安街上到處都是聲援隊伍，如果走長安街，一定會被堵住。爲了節省時間，閻明復下令汽車直接開進中南海，從天安門城樓附近的門開進廣場。中南海是中共樞紐所在，過去我進去過對外開放供參觀的區域，但是這一次穿行的完全是最核心的辦公區域，李鵬他們如果在，可能就會在路上遇到。想一想還蠻奇妙的。

到了廣場，我和開希護著閻明復在人山人海中好不容易擠到廣播站。閻對學生發表講話，大意是勸學生撤退，比較令人動容的是，他說如果學生不相信他，他願意跟同學們到北大去做人質。他講得頗爲激動，但場下一片鼓譟，一片抗議的聲音。他看自己的講話無效就回去了。我和開希留下來繼續講話。我呼籲同學們認眞思考閻明復的講話，愼重考慮是否接受他的建議。隨即，廣場指揮部進行了現在民意調查，結果壓倒性的多數反對接受閻的建議。這次斡旋也失敗了。

自從學生開始絕食以後，長安街上就不斷有聲援隊伍出現。到當天達到高峰，下午時更有百萬人民遊行，聲援學生，一些黨政機關如中央黨校、中宣部、國務院各部委等機關都有人上街。十里長安街上全被人潮塞爆。

北京起重機廠拉出上千人的隊伍，巨大橫幅上寫著：「學生挨餓，大哥心疼！」中國警官大學七百多名學生自發來到現場幫助維持秩序。北大等六所高校的教師宣誓，組成絕食團，加入絕食隊伍。幾百名演藝界人士也走上街頭，其中包括姜文。

中科院學部委員、北大七十八歲的老教授刑其敏前往天安門廣場並接受記者採訪，稱：「學生不是在動亂，他們是愛國的，他們是在救國！」

最讓我感動的是，北大附中的中學生們也在廣場上搭起了帳篷，他們打出的口號是：「你們倒下，還有我們！」

在廣州，兩萬多名學生走上街頭聲援北京同學；在上海，幾乎所有高校的同學都走出校園，南京路、淮海路、西藏路和外灘的人潮水洩不通，六十多名上海大學生在市政府前宣布開始絕食；在香港，短短三天收集到的六萬多名市民聯署聲援信，由司徒華、劉千石、陶君行等人遞交到新華社。

五月十八日，蘇共總書記戈巴契夫在北京釣魚台國賓館召開中外記者會，記者第一個問題就是：「你看見了很多學生在街上，你對此的態度怎麼樣？」戈氏回答：「我們現在知道，中國領導人與年輕人和其他社會階層正在進行對話，對此我們表示歡迎。我這裡只可以祝願，通過政治對話，找到適合於當今情況的解決辦法，從而促使中國人民順利走到這條現行道路，就是更充分地發揮社會主義的潛力。」在被問到如果同樣的事情發生在莫斯科的紅場，你是什麼態度時，他回答說：「我想如果在蘇聯也發生這類的問題時，我們當然要具體地加以考慮，尋找政治辦法來解決問題，在民主化、公開化的基礎上來解決這些問題。」*結果第二天，與他的期望相反，中共就採取了軍事手段解決的方式，開始戒嚴了。

五月十八日上午，我又被叫到統戰部，知識分子局局長陶斯亮告訴我，李鵬要跟學生代表對話。因爲事發突然，我們能聯絡到的有限，最後來的有開希、超華、程眞、熊炎、邵江等十幾人。出發前，我們十幾個人先討論見到李鵬時的對策，大家約好，爲了避免七嘴八舌，統一由我和開希對李鵬講話，其他人補充。

到了人民大會堂不久，李鵬、李鐵映、閻明復、陳希同等人進來，李鵬跟我握手。那張照片登載在第二天的各家報紙上，所以有據可查，李鵬用兩隻手拉住我，我只給了他一隻手。我必須承認，我

---

* 〈戈氏在記者會的答問〉，《文匯報》（香港，一九八九年五月二十八日）。

是故意的。

其實這根本不是眞正的「對話」，而基本上是李鵬在「訓話」。他先是假惺惺地表示出來晚了，請大家原諒；還套近乎，說他孩子的年齡跟在座各位差不多等等。這時他被吾爾開希不客氣地打斷，開希說：「廣場上同學的生命在危險中，我們就不要說家常話。」他才轉而針對現在的形勢講話。內容無外乎是現在社會秩序很亂，學生要維護國家安定團結的局面等等。他一個人講了一個多小時，而我們發言的時間少而又少，對話代表團不在，也無法提出具體的政策要求。所以散場的時候，主持對話會的閻明復都一再表示：「這不是對話。」

有三個插曲値得一提：一是我有特別注意觀察李鵬的神情，發現他無論是聽我們講話還是自己說話，都非常焦躁不安，手指一直像發電報一樣在沙發扶手上不停地敲，後來我想，他可能是內心很不耐煩跟我們見面的。

第二則是當時各校的黨委書記和校長也被拉來在座，包括北大黨委書記王學珍。當李鵬指責學生被人煽動導致社會動盪的時候，所有學校的當家人都噤若寒蟬，只有王學珍竟然插話說：「我們學校的學生我了解，他們的動機我認爲還是爲了國家。」我當時就被震動，心裡想：關鍵時刻，還是北大！連黨委書記都知道維護學生！

第三就是李鵬在講話時，曾點到我和開希的名字，他說：「我沒有把責任推給學生，推給王丹、吾爾開希的意思。」後來《人民日報》記者報導的時候，把名字刪掉了。這個插曲要提一下，是因爲後來我被關到秦城監獄接受審查時，就總是把這段話拿出來反擊說：「這可是你們的李鵬總理說不要把責任推給我的，你們怎麼可以不聽李鵬的話呢？」

不管怎樣，這次見面，那是徹底的不歡而散。第二天，李鵬就聲嘶力竭地宣布戒嚴了。所以我們才知道，什麼「對話」？其實早就準備動軍隊了。李鵬在人民大會堂見我們只是裝樣子而已。

# 五、戒嚴與反戒嚴

## 我經歷的戒嚴那天晚上

五月十九日，中共內部完成意見整合，在鄧小平的堅持下，趙紫陽被迫辭職，失去政治權力，整個局勢開始惡化。

晚上九點左右，廣場上的喇叭突然開始廣播，李鵬和楊尙昆相繼講話，宣布在北京市部分地區實行戒嚴；同時，陳希同頒布了〈第一、第二、第三號戒嚴令〉，禁止遊行、集會。刺骨的寒風中，楊、李二人殺氣騰騰的語調顯得十分陰森，一遍遍地在廣場上空迴盪。廣場上一下子沸騰了，怒罵聲壓倒了廣播聲，人人都感到震驚和氣憤，秩序也顯得有點混亂。指揮部宣布二十萬廣場上的大學生立即停止絕食，改爲就地靜坐，繼續堅守廣場。

我不清楚五月十九日到底是怎麼決定停止絕食的。根據柴玲的回憶，十九日上午在廣播車上，張伯笠主持了高校絕食代表會議經過討論，一百三十七票同意復食，十七票反對，三十三票棄權。而復食的決定，是因爲「不願意給政府一個進駐軍隊並實施戒嚴令的理由」。*

聽到廣播，我立即趕到不遠處的北京電影學院營地找到馬少方，我們一致認爲政府有可能今天晚上會動手驅逐廣場學生，完成戒嚴令，我們必須緊急組織學生做好應變準備。我們匆匆趕到作爲指揮部的廣播車，車上很亂，有人告訴我們剛才柴玲因爲情緒激動而昏倒，已經送去醫院，指揮部的幾名常委也都分散在各自學校，我只見到青年作家、《無主題變奏》的作者徐星。

爲了穩定大家的情緒，我和馬少方分別向廣場同學發表了講話，呼籲大家保持冷靜，準備應變。同時我也宣布，暫時離開指揮部，因爲我要回到北大的營隊，與自己學校的同學共存亡。講完話，我從車上下來。

這時候廣場上已經一片混亂，原來各校的位置完全變動，原本成組織的絕食隊伍也已經變成分散的人群，大家議論紛紛，有的主張停止絕食，有的主張擴大範圍爲二十萬人一起絕食。在人流中我一眼看到一面北大的旗子，如獲至寶地叫住了他們。據他們說，北大的隊伍已經分散，不知道大家在什麼地方。我當即決定重新集結北大的絕食隊伍，於是幾個人舉著旗子在廣場內來回穿梭，不斷地喊「請北大的同學集合」，這一招果然有效，不到一個小時就聚集起了一百多人。

我向大家宣布，我已經退出絕食指揮部，現在回到北大，北大絕食隊伍由我負責。然後有兩、三名同學站出來自告奮勇地幫助維持秩序。我們首先把隊伍拉到廣場西側，面朝人民大會堂坐成一個方陣。

當時我的想法是，如果政府今天晚上動手，部隊可能會先行包圍廣場，北大隊伍比較整齊，到時候可以帶頭從西側衝出一個口子，帶領其他各校學生順長安街撤回北大校園，然後集體在北大校內繼續抗議活動。

安排方陣的時候，我特意讓女生坐在最中間，男生坐在四周。隊伍坐好後，大家情緒稍微安定，我對大家說，今天晚上可能出事。如果軍隊過來，請大家一定不要慌亂，男生把胳膊挽起來，女生在中間，形成方陣向長安街的方向移動。作爲負責人，我會持北大的校旗走在最前面，不管出現什麼情況，大家都要緊跟著旗子以保證隊形不亂。在向外移動的時候要用走的、不要跑，面對軍警要維持「和平理性非暴力」的原則，做到打不還手，罵不還口，以免給當局鎮壓的藉口。說完這些注意事項之後，大家就繼續席地而坐，等待可能發生的事情。悲壯、亢奮、憤怒等等心情交織在一起，等待不可知的事情發生。

不久，因爲已經形成穩定的陣形，陸續有北大的學生找了過來，人數逐漸增加。這時有幾名我不認識的北京體育學院的同學找到我，說他們大概集中了四、五十名男同學，希望能跟北大的隊伍合併在一起，保護我們這裡體弱的同學。這一下隊伍更加壯大，已經有將近兩百人。

大約晚上十一點，十幾個人打著一面「北大教師後援團」的旗子走過來。原來這些北大的青年教師們自發組成「北大教師後援團」來聲援絕食學生，以前一直坐在天安門城樓的觀禮台上，現在感到情況緊急，老師們一致認爲危急情況下必須跟學生在一起，所以就一路找了過來。帶頭的是北大法律

---

* 柴玲，《一心一意向自由——柴玲回憶》，頁一六二。

系的袁紅冰老師。

袁老師找到我，提出一個要求，就是必須把這十幾名教師安排坐在學生隊伍的前面。老師們動情地說，爲人師表，就是要對學生負責，如果軍隊動手，他們要用自己的生命保證學生的安全，不然就是失職。我一開始堅決不答應，因爲學生更年輕更加身強力壯，理應是我們保護老師。但是袁老師他們十分堅持，還抬出老師的身分要學生服從，最後我只好同意。

但是其中有一位是女教師，我還是堅持讓她坐到女生之間去。我告訴她我們有規定，女生一律坐在中間，女老師也是一樣。她不肯走，非要跟老師坐在一起，我急了，叫來兩位體院的男生，下令把她抬走安置在女生團隊中。沒想到這位女老師厲聲喝止同學，不許我們抬她。她聲淚俱下地說，隊伍中就有她的學生，如果學生出了事，她將無顏去見學生的父母，所以寧死也要死在學生的前面，她說：「今天晚上，我不是什麼女老師，我就是你們的老師！」說完就一屁股坐在隊伍前面的教師行列中，說什麼也不肯站起來。面對她的堅持，我知道已經不能勉強，只好安排那兩個男生坐在她身邊，以便保護。看著她寒風中瘦小的身軀屹然不動地挺立在隊伍中，我的眼淚忍不住流了下來。

這邊剛安頓好，忽然有位男生把我拉到一邊，說有事相商。我不太記得他的名字，但是面孔我認識，過去曾在學校見過他，而且知道他一向以桀驁不馴出名，經常跟幾個人在圖書館外的草坪上彈吉他到深夜，被認爲是玩世不恭、憤世嫉俗的學生。我沒想到他也會在絕食隊伍裡。他對我說，今天晚上政府可能會把坦克開進廣場，如果先從西側進入，他就要第一個迎上去，用身體擋住坦克，雖然這有違剛才宣布的大家維持方陣一起移動的紀律，但是希望我不要阻攔。他說人總不免一死，他已經不在乎，這樣死去他會感到內心平靜。我沒有答應，告訴他說，今天這裡是我負責的，如果說要有人在隊伍的最前面，那也是我，輪不到你。他也沒有跟我爭論，說了一句「反正到時候你別攔著我」就走了。我雖然無情地拒絕了他，但是心裡有很大的溫暖，這個平時在我眼裡吊兒郎當的人，在這樣生死交關的時候表現出的竟是這樣的熱血激昂。

到了凌晨三點，又走過來六、七個膀大腰圓的小伙子，每個人頭上都紮了一條白布，上面用黑筆寫了一個「死」字。為首的那個人又高又胖，找到我說，他們是普通的市民，哥兒幾個聽了今天晚上的廣播才相約到廣場上來，專門來保護學生的。他說：「我們沒什麼文化，講不出什麼大道理，但是我們知道學生是為了國家好，政府要鎮壓你們，我們不答應！你們是讀書人，以後對國家有用，我們不能看著你們死。今天要是坦克來了，不碾過我們，就別想傷害到你們一根毫毛。」他還嘻嘻哈哈地說：「你看哥們這塊頭，要是墊在坦克下面，坦克還真就開不動了。」說完也不理我，幾個人自顧自就坐到了老師們的前面。

就這樣，北大的隊伍一夜之間形成了一圈繞一圈的方陣：最裡面是女同學，外面一圈是男同學，再外面是體院的男生們。在方陣的前面，坐了一排老師，在老師的前面，是那幾位市民。大家此刻都抱著必死的決心，等待著可能到來的鎮壓。

當然，那時候我們不知道，政府確實是派出了坦克和軍車要衝進天安門廣場，但是，在廣場的更大範圍的外圍，在長安街上，在北京市其他城區的大街上，早已經有成千上萬的北京市民，在聽到消息之後自發地走出了家門，走上了街頭。大批的軍車、坦克、裝甲車和步兵遠在距離天安門廣場十幾里外就被滿街的市民團團包圍，寸步難行。在我精心設計的保護圈之外，其實早就有了更大的保護圈，更多準備以生命保護學生的人！

那一夜，北京市民表現出了無比的勇氣。沒有任何人號召，沒有任何人組織，北京人不約而同地從胡同裡、從機關大院裡、從加班的單位裡、從餐廳和電影院裡，扶老攜幼，成群結隊地走了出來。在長安街以及周圍的街道上，他們激憤地交談，他們默默地坐下。他們決心用自己的血肉築成堡壘，保衛廣場上絕食了六天的學生，表達對政府的抗議。這一次，不僅僅是學生，也不僅僅是知識分子，這一次，是普通的中國人站了出來，上了街頭，包圍了廣場。

今天想到那一夜的北京，在廣場的這幾個小時，我仍然會熱血沸騰。這些我講到的人都是一些普通的民眾，但他們表現出的，是非凡的勇氣和愛。我永遠忘不了這一夜，因爲在這一夜，我看到，在學生行動的激勵下，在生死存亡的關頭，中華民族的精神得以昇華，中國人表現出了不遜於世界上任何一個民族的偉大情操。那一夜我們所有人一起，用我們的行動，告訴全世界，中國人也是人，也願意挺起胸膛，面對槍口，用生命去追求一個美好的未來。我們不是用「有飯吃」就可以糊弄的民眾，我們不是習慣被壓迫的順民，我們也要過有尊嚴的生活。

曾經親眼見到這一幕，我此生不悔！我也爲我們這個國家有我們這樣的人民感到驕傲。也許日後的歲月裡，不論是中國還是中國人，都有太多令人失望的地方。但是我絕對不會絕望，絕對不會放棄。因爲我曾經親眼見證過，中國人曾經這樣勇敢而驕傲地追求自由！我們沒有理由說，這樣的一天不會再次來到！我始終期待著。

## 北京全城反對戒嚴

從二十日當局宣布戒嚴開始，學生運動已經成爲全民民主運動。全國各地，大中小城市的社會各界人士紛紛用遊行的方式表達對戒嚴令的不滿，要求當局撤退軍隊，解除戒嚴。北京的長安街上從這一天開始，更幾乎每天都是上百萬的人潮。

針對軍隊進城和攔堵軍車的行動，我們專門就如何面對戒嚴部隊發出傳單，提出三點注意事項：第一，解放軍官兵並不是我們眞正的對立面。解放軍是人民的子弟兵，目前他們是在不明眞相的情況下被騙到這裡來的，要理解和尊重解放軍官兵們。第二，要盡量幫助解放軍官兵們解決飲食方面的困難。第三，在攔堵過程中，要絕對避免與解放軍官兵發生衝突，同時也要警惕便衣或其他別有用心的人毆打解放軍戰士，製造事端。*

五月二十一日，一些世界知名的華人科學家從紐約發出聯署電報給鄧小平，要求他「鄭重考慮，立即從各市區中心撤離軍隊，避免流血；立即召開全國人民代表大會常務委員會，和立即召開中國共產黨中央委員會」。聯署人包括了諾貝爾獎得主楊振寧和李政道、加大柏克萊分校教授陳省身和田長霖、哥倫比亞大學教授吳健雄、香港科技大學校長吳家煒、霍普金斯大學歷史學家任之恭和物理學家

* 《中國民運原資料精選（第一輯）》，頁三十八。

錢致榕、普林斯頓大學教授項武忠、馬里蘭大學教授孔憲法鐸等等。*

即使是體制內部的人，現在也公開表達不滿。二十一日，在憲法學者曹思源的推動下，全國人大五十七名常委聯名發出呼籲，要求委員長萬里提前回國，舉行人大緊急會議。萬里後來的確提前回國，但是他沒有直接回北京，而是去了上海，說是休養，實際上等於是放棄了對他的政治盟友趙紫陽的支持。

其實當時我們已經準備好：一旦萬里提前返回北京，我們將組織百萬人沿長安街歡迎，然後敦請萬里召開全國人大常委會緊急會議，重新審議戒嚴令。依照當時的氣氛，不難想像，一旦眞的召開緊急會議，必定會否決戒嚴令，當局也可以找到藉口下台階，而學生和市民將取得勝利並撤出廣場，而李鵬則勢必引咎辭職。

如果萬里眞的做了這樣的決定，八九年的民主運動很有可能以和平的方式收場，中國的民主化進程有可能就此啓動。然而，在這個歷史關鍵時刻，萬里並沒有挺身而出，而是選擇以迴避的方式，沒有直接回北京，而是轉去了上海，以此表示對鄧小平的效忠。當然，我在這裡沒有譴責萬里的意思，在中共的高級領導人當中，萬里已經算是比較開明和具有民主素養的一位。我只是遺憾，遺憾中國錯過了這樣一個黃金的機會。當然，作爲一名歷史研究者，我也知道，遺憾，本來就是歷史的主要內容。

形勢發展到這時，各方面人士都在積極尋找化解學生與政府的對立，讓學生能有尊嚴撤除廣場的方式。當時，到廣場上來找我、想要提供意見和建議給我的人應接不暇。比較有代表性的，就是四通集團總裁萬潤南。他在五月二十二日下午，以個人名義召集七十五所院校的學生代表開會，力勸學生撤出廣場，但是學生代表紛紛反對，於是他想到了我。

二〇一二年他在自己的博客上回憶了當時的經歷：

我問到會的一位學生，誰在同學中比較有威望？有人告訴我：王丹。我說，派人去把王丹找來。當晚十點左右，我從國際飯店彩虹廳趕到北京飯店的咖啡廳，單獨會見了王丹。他處在一種極度疲勞的半昏睡狀態，彷彿是被人架到我跟前的。對我的講話，他反應很慢。我告訴他迫在眉睫的流血鎮壓，他說：「不會的。」我問他：「你認爲會是怎樣的？」他說：「最多是用棍棒把我們揍一頓，幾個人合力把我們一個個抬出去。」我估計這是有人根據一九七六年天安門運動的經驗給他的誤導。**

萬潤南估計得完全正確，我當時確實認爲當局再殘暴，也不過就是像一九七六年的「四五」運動被鎮壓時那樣，派糾察隊用木棍把我們驅離廣場。也許以後會有人說我們那時候太幼稚，把共產黨想

*《中國民運原資料精選（第二輯）》，頁七十七。

** 萬潤南，〈我的一九八九（十五）——流產的「凱旋在子夜」〉，http://blog.boxun.com/hero/201205/WANRUNNAN/15_1.shtml（二〇一二年七月十一日）。

得太仁慈。不過，經歷過八〇年代的人，應當都知道，那樣的時代背景下成長的我們，當然不可能會相信中共會向老百姓開槍。要知道，那時候的中共，不要說胡耀邦和趙紫陽先後擔任總書記，就連鄧小平本人，也被看作是開明派。這樣的面孔，讓我們怎麼可能聯想到殺人兇手呢？多年以後，我有一次到醫院去看望經歷過「五四」時期的文壇耆老、九十多歲的樓適夷先生，樓先生拉著我的手說：「不要太自責。不要說你們，就連我們這些經歷過一輩子戰亂和政治運動的人，那時候都不相信當局眞的會開槍啊。」如果說飽經滄桑的樓先生都沒料到，那麼又怎麼能責怪我們對中共的殘暴本質的誤判呢？

除了萬潤南之外，當時找過我的還有高瑜。她代表全國人大常委胡績偉，專程到廣場上找到我，希望我引導學生撤離，還當場爲我起草了撤離的計畫和宣言。時任安徽省教委副主任的溫元凱也曾經跟我進行過溝通。但是，此時廣場的形勢已經不是我可以左右的了，何況，戒嚴令剛開始，我自己對於是否應當撤出廣場，也沒有把握。

## 首都各界愛國維憲聯席會議

學生運動變爲全民民主運動之後，其他社會階層，尤其是知識分子階層，開始公開站到了運動的第一線。早在學生運動剛開始的時候，我就很希望知識界的人士能夠引起領導作用，因爲我深知學生的鬥爭經驗不夠豐富，希望知識界人士不要只是參謀，而是要扮演實際的領導角色。我的這種立場，曾經多次對王軍濤、陳子明、鄭義等表達過。但是他們有很多顧慮，主要是不希望被指爲黑手，從而使得學生運動被說成是「背後操縱」，也就是要保持學運的純潔性。然而，戒嚴令一下，他們似乎也認識到了，局勢發展已經不容得他們置身事外。

早在五月十八日左右開始，陳子明、王軍濤等人就在薊門飯店包下了幾個房間和會議室，召集一些知識界人士和學生代表討論情勢，這是後來的「首都愛國維憲聯席會議」的雛形。二十日政府公布戒嚴令，軍濤等人立即到廣場上找到我和其他一些學生代表開會，商量成立聯席會議的事情。

五月二十二日，部分知識界人士和學生代表，包括王軍濤、包遵信、鄭義、劉曉波、甘陽、劉蘇里、陳小平、遠志明、我、柴玲、吾爾開希、邵江等在中國社會科學院政治學所會議室開始，正式決定成立「首都各界愛國維憲聯席會議」，由當時的各個自治組織共同派代表出席組成，每天定期開會，主要功能是分析情勢，溝通策略，爲廣場學生提供建議等。王軍濤提名，大家通過，由包遵信和我作爲共同召集人，主持每天的會議。也就是從這一天起，我逐漸淡出廣場指揮部，而全力投入聯席會議的工作。

五月二十三日凌晨，廣場上八十九所學校的代表召開會議，決定了一些事情：第一，高自聯退出對絕食行動的指揮，返回學校組織聲援和後勤，廣場行動組成新的廣場指揮部負責。第二，決議不撤出廣場。第三，組成新的廣場指揮部。總指揮：柴玲；副總指揮：封從德；委員：王丹、王超華、李錄、張伯笠、郭海峰。糾察總隊隊長楊朝暉。

下午，發生了魯德成等三人蛋洗毛澤東像，被學生扭送公安局的事情。事情發生的時候我本人不在現場。現在想來，當初學生之所以扭送他們，主要還是擔心被政府抓住把柄，再加上我不認識魯德成三人，當時甚至有人懷疑他們是便衣，故意製造事端的。而現在看來，學生的行動確實過於幼稚和錯誤，導致魯德成等三人後來被判刑十八年，受了很多苦。我們非常對不起他們。

對此我本人雖然沒有直接責任，但是每次想到，都心懷愧疚。我想我們也不必過分譴責當時扭送的學生，畢竟當時的學生沒有太多的學運經驗，過分而無必要地擔心政府抓把柄，才鑄成大錯，可是他們的本意還是希望學運成功的，這一點不應被抹殺。流亡以後我遇到魯德成，也代表當年的同學向他道歉，他深明大義，明確表示不怨恨當年的學生。這一點令我非常感動。

五月二十四日，天安門廣場總指揮部舉行成立大會，會議由我主持，柴玲宣誓就任總指揮，並帶領大家宣誓要保衛天安門廣場。會上，我代表首都各界愛國維憲聯席會議發表聲明，題目是〈光明與黑暗的最後決戰——關於時局的聲明〉。

在這篇聲明中我們指出：「以惡抗惡的時代結束了，以善抗惡的時代開始了，以和平方式爭取民主和人權的鬥爭必然勝利。這是一次人民的革命。從這個意義上說，無論這次運動以什麼方式結束，歷史給予中國人民的都將是最輝煌的勝利。……我們並非沒有失敗的可能，但是，同胞們，我們已經沒有退路了。」

我們向全國人民呼籲：「中國的民主運動正處在生死存亡的緊急關頭。如果人民勝利了，中國將開始走向民主的健康發展道路，一切專制主義者，一切企圖阻止歷史進步的人就再也無力阻止人民的民主要求了。」「同胞們，祖國在危急中，共和國在危急中，每一個有良心，有正義感的工人、農民、市民、軍人、幹部、學生、知識分子、愛國僑胞，團結起來，挽救危亡。」

同樣是在這一天傳出消息，軍方七名上將張愛萍、蕭克、葉飛、楊得志、宋時輪、陳再道、李聚奎致信給戒嚴指揮部和中央軍委，要求軍隊不能進城，不能向人民開槍。後來我們聽說，這封信，是一些元帥級別的軍隊高級將領的子女們策動出來的。可見，即使是在所謂的「太子黨」裡，對於如何解決學潮問題也產生很大的分歧。

到了二十五日，廣場周圍繼續有百萬人遊行聲援。這幾天，北京很多的單位都有人有組織地來到天安門廣場，比較引人矚目地是首鋼的工人。在廣場西側，成立了首都工人自治聯合會。同時，更多的人走上街頭繼續圍堵軍車。現在在台灣政治大學教書的中央研究院院士張廣達先生，那時候就身掛橫幅，與幾十名白髮蒼蒼的北大老教授一起，組成「北大教授聲援團」，到北京郊區去擋在坦克前面，並發表演講，懇切地希望軍人能夠後撤。爲此他一直到今天還流亡在外，無法返國。

然而此時，廣場上已經開始呈現人困馬乏的現象，這讓我有點擔憂。下午，我回到北大，在廣播站上發表呼籲，建議「組成四支隊伍，每支兩百人，輪流去廣場值班，每班兩天」，不過沒有爲指揮部採納。但是，我已經感到，是需要考慮學生是否撤出廣場問題的時候了。

## 撤出廣場的努力失敗了

戒嚴之後的幾天，可以說是暴雨前的寧靜。大家對可能發生的事情做了最壞的思想準備，但是並不知道到底會發生什麼。大家只是等待，依靠的已經完全是信仰、對民主自由的信仰。

五月二十五日晚上，台灣歌手侯德健與北京的搖滾樂團「五月天」*一起在天安門廣場舉行了一場搖滾音樂會，樂團吉他手、九〇年代著名的搖滾歌手何勇說：「我們感到非常滿足，我們終於能夠給這次民主運動作一些事情。」**

也是在這一天，天津市外經貿委副主任張煒在全市幹部大會上宣布辭職，抗議戒嚴令。這是歷史要記下的一筆。因爲今天的人們也許不太知道張煒了，但是假如他當時不辭職，而是擁護鎮壓，今天的十八大常委很可能會有他。他是李瑞環最欣賞的年輕官員，三十出頭已經是天津市開發區主任，鄧小平參觀天津，就是由他陪同。早在王軍濤、胡平競選北大人大代表的時候，他就是北大學生會主席，可見很早就是中共刻意栽培的第三梯隊，那時候的李克強還只是一名普通的北大學生。「六四」前夕，天津已經內定他破格爲下屆常務副市長。

張煒辭職時已經是司局級幹部。爲了良心，他毅然放棄了可以確定會飛黃騰達的前途。我在這裡講述他的事情，就是要證明，在中國人這個群體中間，還是有這樣錚錚鐵骨的人。

五月二十七日，是攸關廣場命運的關鍵一天。

上午，在社科院召開的聯席會上，包括高自聯和首都知識界聯合會在內的一些組織代表都提出了廣場秩序混亂的問題。在王軍濤的建議下，與會的各個組織代表們討論了撤出廣場的可能性，會議最後決定，向天安門廣場的學生建議撤出。當時柴玲作爲廣場總指揮也在座，也同意了撤出的決定。

決定作出後大家很興奮，今天成爲中國新左派知識分子代表人物的甘陽，當時是知識界聯合會的代表。我們繼續開會的同時，他當即到另一個房間起草文件，不到一個小時就拿來了聲明草稿，我印象很深刻，覺得他眞的是「倚馬可待之才」。

下午四點左右，作爲愛國維憲法聯席會議的召集人，我代表聯席會的十個成員組織：首都各界愛國維憲聯席會議、高自聯、外省赴京學生聯合會（外高聯）、廣場指揮部、知識界聯合會、北京工人自治聯合會、北京工人糾察隊、北京市民敢死隊等，在廣場指揮部的廣播站，向廣場學生發表十點聲明，正式建議廣場學生在五月三十日結束靜坐，同時舉行最大規模的全市大遊行，學生廣場學生隨遊行隊伍一起撤出廣場，回到學校。我們建議，廣場保衛戰暫告一個段落之後，我們將轉而以校園民主，全國巡迴演講等方式繼續民主運動。

我沒有想到的是，在我講話之後，柴玲發言，表示聯席會議的聲明只是建議，廣場上的全體同學才是最後的決定者。隨後進行了三百多所在場高校代表的表決，大部分代表否決了我們提出撤離廣場的建議。這一次撤出的努力就此失敗。

最近柴玲出版的回憶錄，也用了相當大的篇幅談到了這一次關鍵性的決定，她說她本來同意了我們的建議，但是回到廣場之後，遭到李錄的強烈反對，並使得她也改變了想法。具體詳情可以參考她的回憶錄。

總之，這是最接近成功組織學生撤出廣場的一次努力。我非常遺憾沒能實現。當然，我們今天也

---

* 與今天台灣的流行樂團「五月天」重名。

** 《絕食快訊》第一五四期（一九八九年五月三十日）。

不會知道，如果我們撤出廣場，事態的發展最後會變成怎樣。但是，歷史，本來有機會曾經是另一個樣子的，而我們沒有把握住，這一點還是十分令人遺憾的。

儘管動員廣場學生撤出來的努力沒有成功，但我還是利用自己的影響力，成功地勸說北大籌委會把北大的學生帶回校園。三十日下午，我在北大廣播站宣布：即日起北大在廣場靜坐的同學將全部撤回，今後要轉入校內的民主建設，如組織合法化，辦好民主沙龍，組織新的社團，到群眾中去宣傳，推動組織獨立工會，知識分子聯合會等。*

另一方面，知識界也沒有放棄努力。六月二日這一天，時任北師大講師的劉曉波，定居大陸的台灣歌手侯德健，北京四通集團公司綜合計畫部部長周舵和北師大《師大周刊》主編高新四人，在廣場發表〈絕食宣言〉，宣布開始新一波絕食行動。在這篇劉曉波起草的宣言中，其實已經隱約可以看到二〇〇九年、當劉曉波被判刑十一年的時候，在法庭上發表題爲〈我沒有敵人〉的最後陳述之思想脈絡。宣言中表示：「我們呼籲中國人從現在開始逐漸廢棄和消除敵人意識與仇恨心理，徹底放棄階級鬥爭式的政治文化，因爲仇恨只能產生暴力和專制。」**

其實，這個行動是事先經過首都各界愛國維憲聯席會議討論通過的。當時聯席會已經動員了其他知識分子，準備繼劉曉波等人之後，分批展開接力絕食。這樣做的目的，第一是考慮到既然學生無法撤出廣場，就要想辦法維持廣場上同學的熱情，讓天安門廣場上的行動始終有熱點，來繼續維持全國民眾的關注；第二是考慮到劉曉波等都是當時在學生中廣受歡迎的知識分子，一旦他們加入絕食隊伍，將在學生中獲得極大發言權，這樣或許可以逐漸有機會慢慢引導同學理性思考繼續留在廣場上的必要性。

坦率說，第二個目的更爲重要；而現在回顧起來，如果能給我們更多的時間，讓更多有影響力的知識分子逐漸掌握廣場上的發言權，勸說同學撤出廣場的努力是很有可能成功的。如果學生可以主動撤出廣場，以後的發展必定會有所不同。事實上，我們這樣的預期是有證據的。六月三日深夜在天安門廣場，當戒嚴部隊把人民英雄紀念碑周圍的學生團團包圍時、當有學生衝動地準備武裝反抗時，就正是劉曉波、侯德健等人挺身而出，制止了激進行爲，並代表學生與戒嚴部隊談判，才確保那部分的學生清晨撤出廣場的。可見我們讓更多的知識界人士進入廣場，影響學生的策略，是有成功的機會的。

然而，我們至今也不知道爲什麼當局選擇六月三日晚上動手。但是有一點很清楚，那就是這樣的動手使得我們和平撤出廣場的努力根本來不及實行。我認爲不能排除這樣的可能，就是當局已經掌握了聯席會發動知識分子接力絕食的動機，但是黨內的保守派不希望學生運動和平落幕，於是策劃開槍，迫使事態向著大屠殺的方向發展。當然，歷史眞相如何，還需要更多的證據。

順便要說一下的是，一九九八年我流放到美國的第一場記者會上，說自己是「三分功，七分過」

* 周良霄、顧菊英編著，《忘卻的紀念——八九民運紀實》，頁二八九。

** 劉曉波等，〈六二絕食宣言〉，季季主編，《鮮血流在花開的季節》（台北：時報文化，一九八九），頁一一四—一一五。

當時引起外界很多討論。很多人認爲我是評價這場學生運動。其實我說的，是對自己在這場學運中起到的作用的評價。這裡的「過」，我覺得主要就是：我認爲，我沒有盡全力促成學生的撤離。

當柴玲、李錄反對撤出的時候，如果我夠堅決、夠強硬，以我當時在學生中的號召力，其實是有機會迫使聯席會議的決定能夠貫徹的。可是當時我已淡出廣場指揮機構，如果強行處理，勢必導致學生領袖之間的公開對立，這是我不願看到的，因此我退讓了，轉而接受繼續堅守廣場的決定。

這一點我非常後悔，一直認爲是我個人犯下的極大過錯。我也許可以做到的，但我沒有盡全力去做，這就是我所說的「過」的部分。最後導致運動的失敗，和同學的傷亡，我因此有不可推卸的責任。我第二次坐牢、我至今不放棄，在我看來，都是爲了彌補自己的過錯，爲了承擔這個責任。

## 六、六四屠殺：中國歷史上最黑暗的一天

一九八九年六月三日深夜開始，中國共產黨政府下令戒嚴部隊不惜一切代價占領天安門廣場。中國人民解放軍悍然動用坦克、裝甲車和各類殺傷性武器，向手無寸鐵，只能撿拾石塊以自衛的學生和市民猛烈開火，長安街上死傷慘重。這就是震驚中外，使得中共政府成爲人類公敵的「六四」大屠殺。

一個政府，用常規戰爭的方式，出動幾十萬野戰軍，在自己的首都街頭，如此殘暴地屠殺自己的國民，這在人類歷史上都是從來未有的。而中共，創造了國家犯罪的歷史記錄。

一九八九年六月四日，這一天，成了中國歷史上最黑暗的一天。

六月三日下午我離開天安門廣場，回到北大繼續主持首都各界愛國維憲聯席會議的例會，當時我們正在爲籌組全國學聯的事情與各校代表積極協商。六月三日深夜，我的一位同學從天安門廣場附近打電話來，泣不成聲地告訴我：當局眞的開槍殺人了，他的手上，現在就沾染著身旁死者的腦漿。

我聽到以後幾乎無法呼吸，心臟好像停止了跳動，只覺得腦袋裡「嗡」的一聲，一下子失去了所有的思考能力，似乎無法運作了。後來我幾乎是下意識地來到北大廣播站，召集同學準備騎車去廣場支援，但是有同學回報說，現在整個長安街已經完全被戒嚴部隊封鎖，根本進不去了。然後，陸續有同學從長安街附近撤退回來，每個人都是瘋了一樣，兩眼血紅，各自講述自己對屠殺的見證。

關於大屠殺，我自己沒有在現場，而且各種見證和回憶已經汗牛充棟，我就不一一轉述了。說實話，對於那樣的殘酷，我至今都還是有點不敢想起、不願回顧。我相信，絕大多數的中國人，在那幾天，都有一種心已經死了的感覺。

我們知道政府會報復，也許有人甚至猜到政府會開槍，但是絕對不會有人會預料到，鎮壓是用這樣殘暴的方式進行。這樣的屠殺，已經超出了常人想像的界限。中國人不是沒有經歷過死亡，不是沒有經歷過集體被屠殺的歷史，但是，那些殺人者幾乎都是外族入侵者，或者外國人，要不然就是發生在戰爭的環境下。而今天，對中國人下這樣的毒手的，居然是自己人，是自己的政府！而且這樣的屠殺，是在和平建設的時期！那種震驚、悲哀和絕望，像一片巨大的烏雲，籠罩在了全中國的上空。我們的心中都有一個疑問：我們，還是活在人間嗎？

二〇一二年六月，我在自己的臉書上討論當年經歷的時候，有一位香港網友的留言，非常有代表性：

我是當時唯一一個從演藝學院出來的學生，在五月中到香港新華社露宿和靜坐聲援北京學生的人，當時校內，除了兩位來自美國的老師明白我之外，其他所有人都笑我。六四的凌晨，從新華社門外的電視直播看到軍隊向平民開槍後，我便轉身穿過如潮水湧到的人羣離去，淚一直不停的流，但我沒有哭。作爲曾經相信過「國家」兩個字的女性，我見證了自己的路向。數不清的人們不斷擦過我身湧向新華社，我只一個人，滿面的淚，一直走回立在海旁的學院，洗澡，回一個多星期沒回過的家。從那天開始，我成了香港人。*

也許隨著時間的流逝，人們的情緒會慢慢平復，但是，這道傷痕，是如此深入地刻進了全體中國人的內心，也刻進了中國人的歷史。中國共產黨所有曾經做過對國家和人民有益的事情，都被這一場大屠殺抹殺殆盡。因爲「六四」，中共在人類的歷史上，注定與邪惡、殘暴、魔鬼這樣的形象不可分割地連在一起。鄧小平這一代領導人，對中國、對人民、對全世界，包括對共產黨自己，都犯下了最嚴重的罪行。所有的改革開放，所有的生活水平提高，所有的奧運和世博會，都無法掩飾，也無法抵消這一罪行。

我相信，歷史一定會審判殺人者的，而且，這一天不會太遙遠了。

## 七、我的反思與回顧

「六四」之後，始終有人要求我們作為當年的見證者和當事人自己也要進行反思。這裡不排除當局刻意營造的氣氛，因為他們試圖洗刷自己的罪行，最好的辦法，就是把開槍的責任推到學生身上，所以他們一定會想盡一切辦法，混淆視聽，製造思想混亂，把外界的討論引導到追究學生運動的方向上。

不過，也有人是出於眞誠的態度，希望知道當年到底發生了什麼事情。還有人天眞地認為，一個衝突的當事雙方，一定各有責任。對於這樣的期待，我很願意給予回應。

事實上，我們的反思一直都在進行中，至今仍然沒有停止。

一九九四年「六四」五週年的時候，我針對「六四」第一次進行了全面的反思。這篇反思實際上寫於一九九三年一月，當時我還在第二監獄服刑。距這次反思，現在過去十八年了，但是其中很多觀點我還是覺得可以拿出來討論。在反思中我首先表達了五年之後我如何看待當年的舉動。

當時我是這麼寫的：我對於這次民主運動沒有成功的原因進行了分析，一言以蔽之，就是「客觀

* 王丹網站http://www.facebook.com/pages/王丹网站-Wang-Dans-Page/105759983026（二〇一二年七月十三日）。

條件不成熟」。

我認爲：「任何一次政治運動要想取得成功，至少必須具備三方面的條件：思想基礎、群眾基礎和組織基礎。而在這三個方面，八九民運的準備都是不充足的。」

首先說思想基礎。整個運動的過程中，理論旗幟上大書著的始終是「反腐敗」、「反官倒」、「新聞自由」這些民主的基本操作方式；只有在六月初的劉曉波等四人絕食中，才提到了深層次的問題：民主運動的非暴力原則和知識分子的參與使命。參加運動的絕大多數人，並未從歷史的角度去認識這次運動的深遠意義，而只是把它當作十年來又一次針對某一具體社會問題的不滿爆發，這就削弱了運動在理論上的號召力，沒有能切實地激發出廣大知識分子的歷史使命感。對於廣大的參加運動的基層人民來說，由於缺乏民主的理論和實踐上的訓練，在關鍵時刻也出現了迷茫、混亂、非程序化和非理性化的做法。這些都或直接或間接地影響到了民運的力量。

八九民運的群眾基礎顯得過分單一化。運動的主力始終是青年知識分子和青年學生。在中國，還沒有一個有自主意識、有組織的中產階級，這樣的一個階級本來是應當成爲學生的後盾的。工人的支持也僅限於零星的、自發的聲援，遠未形成有組織的行動。而廣大農民則根本未受到觸動。這樣，本來應當是工農兵學商政六大階層團結協作的全民民主運動，實際上只有知識群體、學生和市民孤軍奮戰，這不可避免地導致面對鎮壓時力量懸殊的局面。

學生自治組織缺乏一個領導機構的選舉監督機制。當學潮走向高潮，絕食之後形成爲全民民主運動之時，領導運動的力量應當相應地轉爲社會各種力量的綜合體，尤其應當發揮自由知識分子的作用。但是在五月下半個月時形成了廣場動態決定整個運動發展的局面，而廣場的動態則完全取決於「廣指」和廣場上的學生。知識界總認爲，目前進行的主要還是學生運動，爲了保持學運的純潔性，應該主要由學生自主進行，他們只可以扮演參謀、諮詢的角色。首都各界愛國維憲聯席會議就是在這種指導思想下開展工作的，其成效不大也就可想而知了。另一方面，學生又下意識地認爲知識界對學運有利用的傾向，因而有一種本能的疏離感。這樣，本該雙方通力協作，共同領導運動的時刻，卻形成了各自爲戰的局面。領導力量不統一，嚴重地削弱了民運陣營的力量。

除了這些主要原因之外，我還分析了一些次要原因：

（一）領導決策的失誤，包括三項決策的失誤：第一，在整個運動過程中，從學生到知識界都沒有重視發動各階層人民的工作。北大等校派出過南下北上宣傳團，但活動範圍只限於高校。全國各地高校學生廣泛地發動過上街遊行、募捐、演講活動，但只限於街頭，而且很不夠深入。在運動中心的北京，各校始終沒有組成一個類似「五四」時的北大平民教育演講團之類的組織，深入工廠、農村、機關進行有針對性的宣傳，這反映出運動的組織者缺乏長遠的戰略眼光，注意力焦點集中在自己本身的行動成效上，沒有從運動的長遠意義上決定當前運動的做法和形式。

第二，在整個運動過程中，尤其是在學運發展成民運之後，我們沒有努力形成全國統一行動的聲勢。如果能花一定的精力和時間促成全國學聯的成立，勢必進一步擴大運動的聲勢，全國高校統一行動，可以壯大運動力量，還能增強與政府談判的基礎。

第三，也是最大的決策失誤，就是我們沒有採取靈活的鬥爭策略，一味地堅持固守廣場，結果拖疲了運動隊伍，給當局的鎮壓製造了可乘之機。我至今仍然認爲，當初發動絕食是沒有錯誤的，錯誤就錯在沒有在適當的時機撤出廣場。我們出於熱情對運動的成果期望太高，反而導致沒有取得任何實質性成果。這正應驗了中國一句成語：欲速則不達。

（二）運動脫出常規，即滑軌現象的出現。其表現爲廣場指揮部和高自聯無法眞正對廣場行使指揮權，可以說當時左右著廣場上幾萬名學生的是一種氣氛。更爲嚴重的滑軌現象表現在：到了五月下旬，絕大部分學生和投身民運的人士，包括大部分領袖人物，都有一種茫然的精神狀態，不知道下一步該如何做。缺乏明確的行動方向。到了此時，已經不是我們在左右事態發展，而是事態發展在左右著我們。當時我們提出「軍隊撤退」、「李鵬下台」、「解除戒嚴」、「召開人大緊急會議」等四大目標，但對於如何具體實施，一旦實施不成該如何辦，一旦局勢惡化如何處理，都沒有準備，而只是沉浸在一種盲目樂觀的情緒中，過一天算一天。這樣整個運動就已經不是有秩序地在一個軌道上運行，而成了漫無目的，似乎無人駕駛的運行狀態。這種滑軌現象最終產生了一個極爲嚴重的後果，就是到了六月三日、四日當局動手鎮壓之時，學生毫無抵抗之力。

（三）當局出動軍隊並下令開槍。對這一局面出現的可能性我們考慮不足，總認爲當局不至於如此不顧後果，並寄希望於上層鬥爭能夠阻止軍隊動手。

也許十八年過去了，對於當年的反思，現在也有需要反思的地方，但是作爲歷史，我想我還是應當如實地記錄下來。

一九九四年四月二十六日，爲了紀念「六四」五週年，我在美國《國際先驅論壇報》發表了〈永遠不要忘記〉一文，繼續進行反思。

在文中我表示：「在整個『六四』事件的發展過程中，中共當局對學生採取的對策，尤其是在六月三日、四日進行的那場震驚世界的鎮壓，是再怎麼譴責也不過分的。這種行爲是如此的野蠻醜陋，以至於我不想花太多筆墨來再一次表示我的憤慨。作爲那場偉大運動的參加者之一，我倒是更願意把目光投向自身，來看看學生當時的主要失誤是什麼。」

針對失誤的部分，我提出了定位的失誤以及連鎖效果，這個結論我至今仍然堅持：「作爲學生，我們始終沒有認爲自己在從事一場政治運動，而只是簡單地認爲自己投入的僅僅是學生運動。學生運動的目的，就是表達出自己的政治訴求，代表人民提出問題和答案，要求政府接受。因此在整個運動中，即使是激進的同學也從來沒有考慮過採取一般政治鬥爭的通用策略，比如聯繫上層權力鬥爭，發動下層民眾，與投入運動的其他政治力量結成同盟等來達到自己的目標。當時有一個原則性的口號正是這種心態的表現：保持學生運動的純潔性。因此我們根本沒有採取任何有效的政治手段來對抗政府。

更重要的是，如果當初我們把自己的行爲視爲政治運動的話，就會在心理上接受進行適度妥協的方案。因爲我們知道政治鬥爭本身就是妥協的藝術。但事實情況是，學生認爲自己沒有政治利益的訴求，只不過是以知識分子的使命感表達自己的政治願望，卻被當局認爲是『反黨反社會主義』的『動亂』，非但不予理解和接受，反而遭到排擠和打壓，這使很多學生在心理上不能接受任何退後，哪怕僅僅是退一小步的方案。雙方陷入僵持，學生遂固守廣場。而從今天的角度看，如果當初學生能夠主動撤出廣場，採用更富有政治意義的鬥爭方式，學生很可能不會付出這麼大的代價。」

但同時我也指出：「有人認爲這種政治冷漠主要的責任在於八九民運，進而指責八九民運給中國現代化進程帶來了不良影響。這種看法是膚淺的。我們必須看到，導致政治冷漠的原因不在八九民運，而在於六四鎮壓；責任擔當者不是學生，而是政府；人民疏遠的也不是政治，而是政府。」

以上可以看到，我當年進行了大量的反思。現在有一種說法，認爲學生也要進行反思，好像我們未曾進行過反思一樣，這是不正確的。不過現在我對於反思有了新的看法：第一，我們的反思很多，很充分，對比一下，中共完全沒有；這種對比下，還譴責我們不反思，是非常不公正的、不講理的。第二，在事實沒有翻案的情況下，我們單方面的反思反倒有可能令後人對事實產生混淆的認識。所以現在我對反思持愼重態度，原因不是不反思，而是希望反思的結果是歷史的公正。

## 在政治環境脈絡下的三點剖析

今天談到「六四」問題，我希望外界首先能夠認識到以下三點：

（一）現在的反思都比較著重在當年的學運在民主政治方面的訴求，而忽略了一個事實，那就是：那場運動能夠喚起全國的熱情，更是因爲那是一次要求反腐敗的運動。事實上，學生和知識界提出民主問題，也正是因爲大家認爲腐敗問題只有靠民主機制才能解決。

「六四」之後到今天，我們可以看到腐敗問題越來越嚴重，已經成了中國社會發展的巨大障礙。我認爲，正是因爲一九八九年人民反腐敗的要求被鎮壓下去，所以才有了現在這種體制性的腐敗。這不僅是因爲中共抗拒政治改革，使得遏制腐敗的機制無法建立，反腐敗的運動從此就限定在執政者內部，任何來自外部的，涉及制度變革的反腐敗建議和活動都被視爲對於黨領導的挑戰。也是因爲學生反腐敗的運動被血腥鎮壓的事實，使得社會上來自民間反對腐敗的壓力，也因爲對政治暴力的恐懼而大爲減輕。九〇年代以後，民眾對政治的冷漠，和對政治參與的迴避態度，就是這種恐懼的表現。

也就是說，當年對「六四」的鎮壓，不僅是獨裁者的勝利，也是腐敗集團的勝利，自此以後，腐敗者的康莊大道就鋪開了。那場鎮壓，本質上是統治集團用武力爲腐敗保駕護航。

（二）有人說，學生在一九八九年提出的推進改革的目標，在鄧小平南巡之後的改革中基本得到了實現，證明共產黨是汲取了「六四」的教訓的。但我認爲，一九九二年鄧小平的南巡講話所造就今天的局面，並非學生當年的訴求。

雖然表面上看起來，八九年提出關於堅持和深化改革的要求，在鄧小平的「九二」南巡的講話中得到部分體現，但是由於人民和眞正的改革派被鎮壓了下去，所謂的解放思想和市場經濟，實際上已經被權貴資本主義的實質取代，這樣的改革並不是在強大的人民力量參與和監督下進行的，而後者，正是當初我們的主要訴求之一。

「九二」南巡以後開始的市場經濟，只是通過放開資源共享的管道建立統治集團內部的凝聚，而代價卻是由人民來承擔，那就是今天的社會不公。從九二年以來，我們已經不是處在改革的時代，因爲執政者已經沒有建設一個美好中國的願望，也沒有這樣的能力了。改革，變成了公開劫掠人民財富的動員令。

可以說，自一九九二年以後，改革已經死亡。取而代之的，是一個權勢集團與利益集團共同瓜分全民財產的過程；而這一過程，又是建立在社會嚴重的不公和地方差距、貧富差距的基礎上。這其實正是我們在一九八九年最擔心的事。當時就有人指出，缺乏民主機制的市場經濟最後就會變成利益瓜分的過程。今天中國不幸還是走到了這條道路上，既是中共鎮壓六四的結果，也是當局沒有吸取「六四」教訓之明證。

（三）有人說，是「六四」打斷了中共本來已經在計劃中的改革，包括政治改革的進程，使得中國的改革倒退了十幾年。「六四」的學生群體是好心辦了壞事。我認爲這只是一種沒有根據的猜測。事實上正好恰恰相反，不是八九民運打斷了改革的進程，而是六四鎮壓打斷了這個進程。

從總體上講，對比後來東歐和台灣的民主運動，八九民運根本沒有提出任何過激的要求。當時三千學生絕食，用生命作爲代價提出來的條件只有兩個，一是要求修改〈「四二六」社論〉，不要把學生運動說成是動亂，這算是過激要求嗎？趙紫陽已經在黨內提出重新發一個社論，肯定學生的愛國熱情的解決方式，只是沒有被鄧小平採納而已，可見這不是什麼令中共做不到的事情。二是希望能跟當局進行公開對話，討論改革問題，這難道也算過激嗎？要知道，中共十三大提出的政治改革內容，就是與社會各界進行協商對話。

事實上，學生方面已經十分溫和理性了。如果有所謂眞正的改革派，如果他們有能力推進政治改革，八九民運無疑是爲他們提供了最好的和最大的機會與支持。充其量，是他們沒有把握住這個機會，怎麼反過來責怪學生呢？如果當時當局採納了學生的要求，開始與社會對話，共同推進實質性的改革，在中共控制下的政治改革自然可以啓動，那將是一個理性溫和的改革，怎麼會出現後來中共假設的大動亂呢？是中共的拒絕接受，而不是學生提出要求，導致了改革的停頓，很多人都是顛倒了責任歸屬。

## 關於「六四」意義的再說明

還有幾個問題，也是需要做出說明的：

**（一）一九八九年民主運動的發生背景。**

我認爲，有四個因素導致了一九八九年民主運動的發生：

第一，中國的經濟改革從一九七八年左右開始，到了八〇年代末期已經十年。儘管經濟改革取得了很大成績，當時改革存在的問題也開始呈現出來。這個問題就是，因爲中共啓動改革的基本路徑就是所謂「讓一部分人先富起來」，它的優點就是可以擺脫舊體制的束縛，快速激發社會潛藏的自主生產力；而缺點就是人爲地拉開了社會不同階層的差距，並導致嚴重的社會不公現象。這種負面因素今天看得就更清楚了。在當時，其表現形式就是爲人民所詬病的「官倒」現象，也就是腐敗現象。這些負面因素使得人民的不滿開始積聚，社會動盪的群體心理基礎已經具備。

第二，自從一九八六年開始的物價闖關失敗，並導致高通貨膨脹之後，黨內關於改革的意見就出現明顯的分歧。李鵬擔任總理，提出「治理整頓」的政策調整，使得這種分歧公開化。當時以趙紫陽爲代表的改革派，在鄧小平的支持下，主張在深化改革中解決改革出現的問題，力主繼續推進改革；

而以李鵬為代表的保守派，在陳雲的支持下，主張暫時停止改革的深化，而進行治理整頓，實際上就是修正趙紫陽的改革路線，削弱他的權威。這種保守勢力的回潮，使得廣大知識分子和大學生非常擔心，例如嚴家其和溫元凱在一九八九年初的對話中就提出「改革不能停滯」的命題，並在社會上引起很大反響。因此，當時社會上有一種擔憂，這種擔憂成了很多人參加民主運動的動因之一。

第三，從粉碎「四人幫」開始，從黨內到社會上都有強烈的反思，認為「文革」災難的根源在於中國一黨專政的政治制度，要求解放思想，推進民主化，進行政治改革的呼聲一直沒有中斷過，幾乎成為整個八〇年代的最強音。但是與此同時，要求民主的願望也歷經挫折，從提出「四項基本原則」到發動「清除精神汙染」運動，再到「反對資產階級自由化」，黨內的保守派反覆阻撓人民對於政治改革的期盼，這使得民間積蓄十年要求民主的願望已經到了噴發的邊緣，社會對於政治改革的期待已經到了臨界點，這是一九八九年民主運動迅速得到社會各界支持的最主要原因。

第四，如果說，以上的三個原因都是歷史發展的必然軌跡的話，那麼，第四個原因就純粹是歷史的偶然因素了，那就是胡耀邦的突然去世。儘管社會都有預感到一九八九年會出事情，但是事情出在四月，則完全是因為胡耀邦的去世導致的。胡耀邦在知識分子心目中一直形象良好，他一九八七年含冤下台，主要原因是沒有積極執行壓制學生運動的政策，這也使得在校的大學生對他也心存同情。因此，他的逝世就具有強烈的象徵意義，象徵人民對黨內改革派的期待，以及對保守派的不滿。這些期待和不滿就借助胡耀邦逝世，悼念胡耀邦的機會表達出來，於是，一九八九年民主運動就發生了。

總之，改革自身存在的問題導致人民不滿，黨內保守派的動作引發精英階層的擔憂，人民對民主的長久嚮往，以及胡耀邦的逝世，成了發生這場運動的主要原因。

### （二）一九八九年民主運動的意義

第一個意義：一九八九年民主運動，是一場行動上的啓蒙。我們知道，一九八〇年代的中國，是一個理想主義的年代。當年的很多知識分子爲了推動中國向民主化的方向發展，發起了啓蒙運動，致力於在社會上傳播關於民主的理念。這樣的啓蒙，主要還是書面上的，通過寫文章，發表演講，接受採訪以及翻譯國外社會科學書籍等方式進行。這場啓蒙運動（如果針對五四運動，也可以稱爲「新啓蒙運動」）在一九八〇年代末期到達高峰。

而一九八九年的民主運動，就可以看作是整個啓蒙運動的最高潮。這個最高潮的特點，就是以實際行動表達對民主的追求，以及用實際行動履行一個現代化社會的公民職責。一九八九年的民主運動之中，在學生的帶動以及各階層人民的支持下，民主的理念得到極大範圍的傳播並且成爲全民共同訴求。正是因爲如此，儘管當局最後血腥鎮壓了一九八九年民主運動，但是在之後的統治時期，也要開始打出民主與人權的旗號。在一九八〇年代的官方論述中，民主還是西方資產階級的專利，是受到質疑的概念；到了一九九〇年代，類似「人權」這樣的詞彙已經寫進了憲法。中共這種被迫的改變，是與一九八九年民主運動展現出的強大民意壓力有直接關係的。

第二個意義：就是爲未來中國的公民社會發展，以及下一波民主化浪潮準備了人才。

一九八九年之前，不同政見者在中國還是很難見到的稱號，很多人雖然對一黨專政的體制不滿，當時還是無法明確地給自己一個定位。一九八九年民主運動使得很多致力於推動民主化的人，開始明確了自己政治反對派的立場，並且把繼承八九精神作為自己的個人理念。而持不同政見者的出現在一九九〇年代已經屢見不鮮了。一直到最近幾年風起雲湧的維權運動，很多維權人士都是原來一九八九年民主運動的參與者。

可以說，一九八九年的民主運動培養出了一個新現代公民的政治力量。在未來中國民主化的道路上，公民社會的形成是極爲重要的基礎性工作，而建設這個公民社會的骨幹力量，就是受到一九八九年民主運動精神感召的一代人。我們現在稱之爲「八九一代」。

第三個意義：就是在政治文化、政治心理的層面上爲中國的民主化奠定了基礎。從傳統上看，中國走向民主化的障礙之一，就是我們的政治文化，過於強調依靠「清明政治」，也就是說，個人過分依賴國家，不是把自己當成國家的主人，而且把一切希望寄託在本來應當是爲個人服務的國家身上，它導致的直接惡果就是，個人與國家之間沒有距離，則使得國家的權力太容易侵害到個人，同時，個人與國家之間過於緊密，公民社會的發展也沒有空間可言了。一九八九年的學生走上街頭，某種意義上說，也是傳統政治文化的延續，希望通過類似公車上書的方式，要求國家進行改革。

然而，當局對一九八九年民主運動的血腥鎮壓徹底改變了個人與國家之間的關係，大家極爲震驚地發現，即使是一九八〇年代看上去比較開明的政府，當它感覺受到威脅的時候，爲了維持自己的統治，還是會不管一切。對當局喪失信心，導致了一九九〇年代的政治冷漠，並且一直延續到今天。這種現象從某種程度上講，也是政治文明更加成熟的表現。至少，國家已經很難爲了意識形態進行政治動員了，而個人與國家之間的距離也開始慢慢拉大。這就爲未來中國的民主轉型奠定了基礎。因此我認為，一九八九年的民主運動是中國公民社會開始形成的真正起點。

當然，為了以上的三個意義，中國人民也付出了沉重的代價。中共當局對民主運動的血腥鎮壓，不僅導致民族歷史上又形成一個深深的傷口，而且極大地壓抑了民主反抗極權的勇氣。一九八九年之後，政治改革的呼聲幾乎完全被壓抑，使得中國走上民主化道路的進度大大落後於其他發展中國家。這些都是一九八九年民主運動被鎮壓導致的負面影響，也是我們不應當忘記的。

## （三）假如八九民運成功。

談到「六四」，我最常遇到的一個問題就是：假如八九民運成功，會是怎樣？儘管歷史已經發生，不能假設；但是這樣的問題從來沒有中斷過，所以我還是想談談自己的看法。

要回答這個問題，首先就要定義什麼是八九民運的「成功」。外界對八九民運最大的誤解之一，就是「如果你們上台，就會比共產黨更好嗎」這類的質疑。這個冠冕堂皇的質疑其實完全是一個假問題，因為八九年的學生從來沒有提出取代共產黨，我們自己上台的主張，而且不管八九民運最後如何發展，也根本不可能出現所謂學生領袖成為國家領導人這樣的事情。有些人拿這些莫須有的推測作為現實中的質疑理由，然後站在道德的制高點上評判歷史，這是極大的荒謬。

成功，指的是達到目的。八九民運的政治主張最早是在一九八九年四月十八日由包括我在內的學生代表在人民大會堂會見中共中央和國務院信訪局領導時，提出的所謂「請願七條」，包括正確評價胡耀邦同志的是非功過，徹底否定「清除精神污染」、「反對資產階級自由化運動」，為在運動中蒙受不白之冤的公民平反；公布國家領導人的年薪收入及一切形式的收入；允許民主辦報刊，新聞自由，限期解除報禁；增加教育經費等等。在運動發展過程中，陸續有更多的政治主張出現，但是大致的範圍也與上述「七條」有類似之處。但是我認為，如果要確認什麼是八九民運的成功，還是應當以五月十三日學生絕食提出的兩個條件作為權衡標準，因為絕食導致學生運動轉化為全民民主運動，之後全國的聲援力量都集中在要求政府接受學生的絕食要求上，因此，假如八九民運成功，那麼就意味著，政府最終接受了絕食學生的兩個要求。

這兩個要求是：一是要求政府迅速與北京高校對話代表團進行實質性的、具體的、真正平等的對話；二是要求政府為這次學生運動正名，並給予公正評價，肯定這是一場愛國民主的學生運動。

因此，討論「假如八九民運成功」這個問題，就是要討論，如果政府開始與學生對話，並肯定了學生運動的愛國性質，對於中國未來的發展會有什麼樣的影響。我認為，最大的影響會是以下三個：

第一，如果八九民運成功，以趙紫陽為代表的黨內改革派力量勢必得到鞏固。眾所周知，趙紫陽是中共高層領導中最傾向於市場經濟改革的，也是最具有開放意識的領導人。如果趙紫陽進一步擁有決策權力，在經濟改革上，他應當會引導中國進行更加深刻的市場化改革。這個趨勢，從一九八八年開始推動《破產法》就可以看出端倪。換句話說，如果八九民運成功，中國不僅不會陷入混亂，相反的，會使得經濟改革的步伐更加堅決。

第二，如果八九民運成功，早在一九八八年就開始啓動的政治體制改革自然會在民意的強烈支持下順利推進，這尤其包括新聞自由的部分。也就是說，經濟改革的推進，就會在一個有良好輿論監督的環境下進行。今天即使是中共，也承認只有加大輿論監督的力度，才能有效遏制彌漫全國的腐敗現象；那麼，如果言論自由早在一九八九年就開始拓展，腐敗就不會像今天這樣使得中國的機制病入膏肓。

第三，如果八九民運成功，就開啓了政府與社會對話的先例。事實上，中共十三大的政治報告，在鮑彤的主導下，已經確立了以社會協商對話作爲改革的重點方向，而學生提出對話，正是呼應這樣的政治體制改革主張。今天的中國，政府與人民同心同德的景象已經一去不復返，人民對政府的信任蕩然無存，這是很多社會矛盾最後都採取激烈方式呈現的主要原因。在改革進入到政府與社會進行利益博弈的階段，社會穩定的根本保障就是政府與社會能夠有對話的管道，雙方才能齊心合力確保轉型的平穩進行。台灣經驗就是最好的借鑑。因此，如果八九民運成功，可以想像的是，改革的社會環境會更加穩定。

當然，假如八九民運成功，對中國的政治經濟社會諸多方面的發展，會有更多更加深刻的影響，但那是需要時間來慢慢展示的。至少，以上三點是我們在短期內可以預測的趨勢。簡單講就是，假如八九民運成功，中國會更快地進入市場經濟發展的軌道，而那樣的經濟發展會是在一個政治民主的框架下進行，而民主化的推進會相應減少今天出現的嚴重社會不公等問題。這樣的社會發展，也會是在政府與社會不斷對話的過程中進行的，這將有助於一個公民社會的成長壯大。那樣的一個中國，難道不是我們更樂於見到的嗎？

## 尚需澄清的幾個問題

最後，關於「六四」，還有幾個問題我認爲需要澄清。當然，「六四」過去二十年了，有的是因爲無法了解相關信息，有的是因爲政府有意混淆是非，現在對於當年的歷史，有各種各樣的曲解和誤傳。我只能選擇其中的部分來說明。

**第一個問題**：當時的政府眞的沒有辦法解決學潮問題，而只能動用武力嗎？事實當然不是這樣的。

事實上，中共內部以趙紫陽總書記爲代表，一再提出解決學潮問題的具體做法。例如，五月八日，趙紫陽在政治局常委會上提出，由政治局公布六點意見，《人民日報》和新華社同時向全國公布，以緩和民眾的不滿和事態的發展，這六點是：（一）盡快公布審查四大公司（中國國際信託投資公司、康華公司、光大實業公司和中國農業投資公司）的結果。（二）取消副部長以上領導幹部的特殊供應，公布副部長級別以上領導幹部的經歷和財產。（三）在全國人大常委會設立社會監督委員會，專門受理副部長以上領導幹部及其子女的違法亂紀的案件。（四）盡快制定新聞法，擴大新聞自由。（五）司法獨立審判，不能再搞聯合辦案。（六）一切問題的解決都要在民主與法制的軌道上進行。*不難想像，這六條中已經包括了學生提出的一些要求，這樣的政府宣告一定會緩和學生的情緒，也有助於社會各界說服學生從廣場上撤下來。如果按照趙紫陽提出的辦法，不僅可以解決學生與政府之間的對立，也可以爲未來的政治體制改革開啓道路，但是趙紫陽的建議當時就被李鵬否定了。

顯然，不是沒有和平解決的辦法，而是這樣的辦法被保守派否決，才導致最後只能走到動用武力的地步。

**第二個問題**：雙方發生衝突，雙方都應當承擔責任。這種說法聽起來好像客觀公正，好像站在中間人的立場上，但是不分是非的所謂公正，就是最大的不公正。

其實要想分辨當初人民與政府之間行爲的是非曲直，是非常簡單的事情，根本不需要說那麼多。我們只要看看雙方的態度就可以了。作爲鎮壓的一方，中共當局二十年來都宣稱當初的決定是正確的。問題是，中共當局做了這樣一個正確的決定，保證了中國沒有進入動亂，這樣的「豐功偉績」你卻從來看不到中共宣揚。是中共自己謙虛嗎？當然不是！一個把「偉大光榮正確」的宣揚詞彙寫在中南海門口作爲大標語的政黨，顯然不是一個謙虛的、不宣揚自己政績的政黨。

可是這個政黨，對於自己一九八九年的那個「正確的決策」，二十年來不到被逼迫不得已的情況下絕口不提，不僅自己不提，也不許別人提。不要說不許批評這件事情，就是表演政府鎮壓有理也不行。各位想想，如果當局眞的覺得自己做的是正確的，可能這樣迴避嗎？只有心虛的人，才會迴避。相反地，倒是「六四」受害者的方面，儘管已經被鎮壓，被剝奪言論自由，甚至儘管已經被當局抹黑壓制，但是二十年來從來沒有放棄發出抗議的聲音。對比雙方的態度，是非曲直就一目了然了，根本不需要說那麼多別的。如果有誰面對當局這樣的態度，在當局自己都不敢提起的前提下，還替當局辯

＊陳一諮，《中國：十年改革與八九民運》，頁一五八。

護，那麼顯然，他的判斷就不是建立在事實的基礎上了。

**第三個問題**：有人說，那麼多市民堵在街頭，導致戒嚴部隊不能到達指定的任務地點，部隊為了完成清場任務，最後只有用武力的方式，不然學生永遠在廣場上不撤下來怎麼可以？

首先我們必須要說，學生會不會永遠堅持在廣場上，這根本就是一個假設性問題；換句話說，如果政府接受學生前述那兩個極為溫和的條件，學生早就撤下來了，為什麼為了自己的面子，寧願用暴力殺人也不肯接受學生合情合理的要求呢？

其次，即使我們站在當局的角度，是不是必須用開槍的方式才能解決呢？當然不是。一九七六年的四五運動，也是有大批群眾集結在廣場上，在當時的情況下，即使是毛澤東和「四人幫」，都沒有採取調動軍隊開槍的方式，最後也還是驅散了廣場上的民眾。

回到一九八九年的具體情況來看：從事後媒體發表的錄影畫面我們可以清晰地看到，在戒嚴部隊執行清場任務的時候，大批的士兵並不是從長安街上包圍過來的，而是從人民大會堂衝出來的。事實是，早在六月四日之前，人民大會堂、勞動人民文化宮以及中山公園裡面，就已經駐紮了大批的戒嚴部隊，因為這三個地點，都有寬闊的地下通道直通北京郊外的西山。否則，在各個路口都被市民堵住的情況下，那些從人民大會堂裡面衝出來的士兵是從哪裡來的呢？

問題的關鍵就在這裡了：我們知道，第一，戒嚴的主要目的就是驅散天安門廣場上的示威民眾，就是所謂「清場」。第二，「六四」屠殺發生的主要地點，不是天安門廣場，而是長安街上。那麼我們的問題就是：明明已經有部隊不需要通過長安街就可以控制天安門廣場了，為什麼還要在長安街上用機槍坦克進行武力鎮壓？如果武力是必要的，那麼像方政這樣的受害者，被坦克從背後碾過去，又如何解釋呢？他們明明是已經撤出廣場，走在回學校的路上了，還被坦克追上來碾過，這難道也是必要的嗎？

到了六月四日的凌晨，也就是當局要清場的時候，整個天安門廣場上留下來的學生不到一萬人了，而戒嚴部隊有幾十萬人之眾，即使幾十個人抬一個人也可以完成清場任務，有什麼理由一定要用開槍的方式呢？顯然，開槍絕對不是迫不得已的，而是當局有意做出的選擇。至於當局為什麼選擇開槍的方式，而不用和平的手段，這就是另外一個話題了。

**第四個問題**：至今還有人懷疑「六四」到底有沒有死人。對此我是可以理解的。因爲剛才我已經提到，這樣的殘暴屠殺超出了人類想像的界限，難以置信是很正常的。但是我要指出，這樣的屠殺確確實實，證據確鑿地發生過，太多的目擊者證言，太多的照片和錄影帶可以證實了，爭論「有沒有死人」毫無意義。

**第五個問題**：到底死了多少人，我們現在沒有確定的數字。六月六日左右，我看到香港報紙上登出中國紅十字總會有關人員的談話，說他們到各個醫院去清點死者，大約是兩千多人死亡，傷者無數。很快，紅十字總會就出來否認，相關人員被撤換。但是，我比較相信這個數字。以當時的現場情形做粗略的猜測，兩千多人的死亡是相對來說比較可信的。當然，這只是我個人的猜測，眞正的數字，恐怕要到「六四」翻案以後才能公布了。

今天，回顧八九民運，作爲當年的學生，我要說，二十三年來，我始終爲參與了這一偉大的歷史運動而感到自豪。我曾在各種最困難的情境中為運動及其參與者和受害者辯護，為存續和光大運動的精神而努力，為總結運動留下的經驗教訓而檢討，為完成運動未竟的事業而奮鬥。我將繼續這樣的工作和努力。

我認為，今天中國所有日益嚴重並且無法解決的問題，都起源於「六四」鎮壓扼殺了和平變革和全面發展的希望和前景。這些問題包括：腐敗、失業、環境惡化、道德淪喪、貧富分化、民生缺乏保障、社會秩序混亂、地方政權黑社會化、警察濫用暴力等等。

今天的中國，證明了當年學生行動的正義性，那就是：中國不應當僅僅有經濟改革和發展，也要有政治改革和發展，以使發展的成果為全體中國人民分享，而不是只為少數權貴集團壟斷，以使經濟發展服務於創造一個偉大的公正社會，而不是一個同胞間因貧富鴻溝而相互仇恨和內鬥的社會，以使每個中國人不僅生活水準獲得改善，而且能享受文明社會公民普遍享有的政治權利和人道尊嚴。

二十三年後的今天，我重新敘述當年的歷史，既是為了紀念死難者，也是為了譴責殺人者，更是為了激勵倖存者。從踏上天安門廣場的第一天起，我就知道，追求民主，本來就是一條漫長的路。因此，雖然環境嚴峻，雖然民主的道路崎嶇坎坷，但是面對亡者，我願意在此莊嚴宣誓：「天越黑，我越會嚮往光明；路越長，我越會奮勇前行。」

# 第五章 第二次坐牢

## 一、重獲自由

### 假釋

一九八九年「六四」屠殺之後，我先是在王軍濤的安排下，轉移出北京，先後躲到京郊、哈爾濱、上海和南京。六月十三日，中國政府向全國發布二十一個學生領袖的通緝令，我名列第一。在這種情況下，我覺得逃亡無望，遂於七月一日隻身返回北京，次日就被捕，然後被送到秦城監獄，在那裡度過了漫長的牢獄生活。

對於上述這段歷史，我一九九七年在台灣由新新聞出版社出版的《王丹獄中回憶錄》，用整本書的篇幅進行了詳細的回憶，而限於本書篇幅的關係，我這裡就不重覆了。對那段歷史有興趣的讀者，可以去找我那本《王丹獄中回憶錄》看看。

一九九一年我被正式判刑四年之後，就轉到北京市第二監獄關押服刑。一九九三年二月十七日被假釋，重獲自由。

稍事休息之後，二月二十五日我發表了公開信，對外界的關心和對於自己未來的想法做了說明，名爲〈致關心我的國內外朋友的公開信〉，全文如下：

值此重獲自由之際，首先向三年零七個多月以來一直關心我和我的家人的朋友們表示感激，並向「六四」以來一直在不懈地爲中國大陸的民主化事業做各種勤苦工作的同事們表示敬意。同時，也殷切希望各界人士繼續對那些身陷囹圄的「良心囚犯」表示關注。

近四年來的時間也許比較長，但時間並不重要，重要的是信念，失去自由是一件痛苦的事，但這使我更加感到自由是多麼的可貴，是多麼值得我們用所有的熱情和能力去追求，基於這一認識，我在剛一入獄的當天，就明確表示，我的政治信念過去不會改變，現在沒有改變，將來也不會改變。在某種程度上講，這四年的獄中生活更增加了我爲中國的民主化事業奮鬥終生的決心。我願以此作爲我出獄之後送給朋友們的一份禮物。

出獄之後，我將把精力主要放在四件事情上：第一，對八九民運的前前後後和大陸民主化運動作系統全面的反思和展望；第二，讀一些書，以求能在理論修養和個人素質上有所提高；第三，通過實際工作增長知識，廣泛接觸，深入瞭解中國社會；第四，爲大陸的民主運動作我力所能及的工作，以推動民主政治得以在中國成爲現實。在中國大陸，我將努力堅持做一個法律範圍內的公開反對派。

我深深地瞭解，我個人的力量是微不足道的，我的能力也很不夠，而且擺在我面前的將是一條充滿艱辛和危險的道路。但我絕不後悔我自己的選擇，而且願意爲此獻出自己的一切。我的所作所爲將循三個標準：對得起人民，對得起歷史，對得起自己的良心。在我向中共當局提出的上訴書中，我曾表示過：歷史必將證明一切。我想，在那一天到來之時，只要我能得到這樣一個評價：他已經盡了他的最大的力量，這就足以使我感到欣慰了。我想我們都還有一個共同的眞摯願望：希望中國早日成爲民主、文明、富強的社會。這不僅是中國的事，也是全人類進步的一個重要的組成部分。爲了這個願望，我們付出過鮮血、生命和自由的代價，任何代價都不會沒有收穫的，我對中國的未來充滿信心，我相信我們共同的事業必將勝利！

重獲自由之後，很多新老朋友絡繹不絕地來我新街口的家中探望我，或者給我寫信，提供了很多意見和建議。遠在台灣的徐璐託人帶給我一個短波收音機和一封信，信中很中肯地建議我「對於自己目前不了解的情況，盡量少發表意見；不斷地充實自己，給自己擬定一些短期與長期的讀書計畫」。

出獄沒幾天，原來在秦城監獄的主審、北京市公安局一處的張士超和幾個公安局的人就來請我吃飯，*一來表示以後有什麼事情可以直接跟他們聯絡，二來也暗示我可以考慮出國唸書。對第一點我表示歡迎，我知道自由以後的麻煩事還會很多的，我需要有窗口可以直接跟公安局溝通。但是對於第二點，我當場就表示不會接受建議。

這一次放棄出國機會，是因爲我無法在很多同學還在關押，「六四」的陰影還如此沉重，我們一九八九年的理想還如此遙遠的情況下，就這樣離開中國。我認爲，我留下來，還是有機會做一些事情的。事實證明，後來也確實是打開了一些局面。

從我回到家的第一天起，在我新街口的家的四周，就二十四小時有便衣警察監視。只要我出門，立刻就有開車、騎摩托車和步行的三隊人馬，一共大約七、八個人，在不遠不近的距離跟蹤盯梢。這樣的日子一直持續到一九九五年五月我第二次入獄，一天也沒有鬆懈過。可以說，我是出了一個小監獄，但是進入了一個大監獄。我得到的，其實只是有限的自由。

也是在獲得自由之後不久，我接待了一批特別的客人，那就是台灣的歌手張雨生等人。八九民運爆發之前，當我還在北大唸書的時候，曾經寫過一首詩〈沒有煙抽的日子〉。學運爆發之後，曾經有香港記者要去了這篇詩稿，發表在了香港的報紙上。我後來聽說，台灣的超級人氣歌手張雨生，本身也是熱血青年，對於中國發生的「六四」悲劇感懷在心，就找來了這首詩，譜曲並演唱，成了當時流行樂壇的熱門歌曲，後來的張惠妹、王傑等著名歌手都曾經做過不同的詮釋。因爲這首歌太深入人心，至今我有時候還是會收到禮物，打開一看，居然是香煙。其實我出獄後不久就戒菸了。

一九九三年二月，飛碟唱片吳楚楚和張雨生到北京辦事，通過在北京的台灣記者聯繫上了我，專門請我在王府井的貴賓樓吃飯，除了張雨生之外，在座的還有鄭智化和伊能靜。吳先生當場交給我三年多積累下的歌詞版稅，大約是四千美元左右，這對於剛出獄，生活無著的我來說，眞正是雪中送炭。當時跟雨生他們聊了些什麼，我現在已經記不起來了，但是剛出獄不久，最早見到的客人居然是台灣演藝界的人士，這也算是跟台灣的緣分使然。

那年的三月，北京召開人大、政協「兩會」。當時因爲我的家裡成天記者不斷，我也公開發表言論，當局擔心影響不好，希望我離開北京。他們知道直接要求我離開，本身可能就構成新聞，所以採取了迂迴的方式。

有一天，我母親回來說，她工作單位中國革命博物館的領導找她談話，表示說，王丹是本館職工的子弟，所以館裡當然有義務表達關心；他剛出獄，身體不好，如果能到南方去走走，作爲休養，對他的身體有好處。如果他願意去，所有的費用，館裡都可以報銷等等。聽母親一講，我就知道這哪裡是革命博物館的意思，這分明是公安局透過博物館來處理我的事，希望我離開，這筆費用也不可能是館裡出，當然是公安局「維穩經費」的一部分。

經過跟家人商量，我們也認爲硬是留在北京，勢必跟公安局發生衝突，沒有必要；同時我本人也希望到南方走走，看看老朋友。尤其是我北大的同班同學，也名列二十一人通緝令的楊濤，以及民主沙龍時期的老戰友邵江都在廣州，我很想去看望他們。所以我們就接受了博物館方面的建議，在「兩

---

* 張士超是此人自我介紹的名字，我其實懷疑這是否是他的真實姓名。

會」召開之前，由我姐夫陪同離開北京，來到了廣州。這眞正是一次「公款旅遊」。

在廣州見到楊濤、邵江等，當然非常開心。他們帶我參觀了深圳。當然，一路上，我也讓他們參觀了隨時尾隨在我們身後的公安便衣們。

「兩會」結束前幾天，我和我姐夫到白雲機場準備返回北京，結果登機前被公安扣押。在附近的派出所，公安廳的人告訴我說，「兩會」還沒有結束，所以不能讓我回北京，結果我就被帶回廣州，安置到公安廳下屬的一個隱祕的招待所裡。這是一幢貌似民居的兩層小樓，樓下是公安看押，樓上是我和我姐夫住。爲了安撫我的情緒，他們特別派了一位廚師來給我們做飯，並再三表示，只要「兩會」一結束，就立即安排我們登機返京。看來，我跟「兩會」是不能共存在北京的。

出獄不久就遇到這樣的事，已經預示著接下來的日子就要在跟公安鬥智鬥勇的生活中度過了。我非常無奈，但是也別無選擇。

## 樹欲靜而風不止

中國有句古話，叫「樹欲靜而風不止」，意思是說，環境會使得一個人的意志無法實現。這句話用來形容我被釋放之後的境遇再合適不過了。

一九九三年到一九九五年在北京期間，我曾經試圖過一般人的正常生活。爲此我做過多種努力。我甚至也希望重拾文學的舊夢，用「星子」這個筆名嘗試投稿。我現在還保留著一九九五年寧夏北方文學藝術研究所創作部的聘請通知，說是經由《北方文學》責任編輯的推薦，聘我爲骨幹創作員並列入長期培養之列。該刊採用了我的〈心情三章〉一文。當然他們不知道我是誰。

我也試圖重新接受高等教育。我去找過北大校黨委，希望能夠允許我回校繼續唸書，但是接待我的北大黨委辦公室的一個中年婦女，態度十分蠻橫，表示完全沒有可能。既然不允許我回北大，我就自學。一九九五年四月我報名參加了高等教育自學考試法律專業的複習，按照進度，我應當可以順利進入法律專業的，但是五月中旬我二次被捕，在中國讀書的路徹底中斷。

我當然也曾經嘗試尋找工作。一九九三年二月出獄，三月時畢誼民就找我去他擔任總經理的北京天壇膠粘帶有限公司，擔任公關部經理。小畢是軍濤和子明的老友，找我去當然是受託繼續幫助我。這份工作，實質性內容不多，但是公司發出的是有效的工作證。這個證件很重要，因爲這樣我就不是無業遊民了，也可以去北京圖書館辦閱覽證了。能重新回到北京圖書館，像當年在北大一樣每週來這裡的閱覽室讀書，對我來說是很大的欣慰。

九〇年代初期，是鄧小平「南巡」講話之後的全民經商熱時期，我也不能免俗，也曾經嘗試做生意，一九九四年一月我曾經跟王仞、馬彬、殷洪勝等朋友成立丹仞商貿公司，我出資五千元，這在當時算是一筆不小的金額了。第一筆生意是推銷新年禮品，我們利用自己的人脈淨賺了一萬多元人民幣。出師大捷，我們未免得意忘形，結果出門坐計程車上高談闊論，下車的時候一大包現金就丟在出租車上了。在那個年代，當然就找不回來了。對我來說，金錢損失還是小事，但是象徵意義十分巨大，我知道自己根本就沒有做生意的命。

丹仞公司成立後，我雖然沒有去過辦公室，但是北京市公安局的人卻成天坐在辦公室門口，比我還更像公司的主人，這還怎麼可能做生意？所以公司很快也就關門大吉了。好在我那時候的收入相當不錯，都是稿費。當時香港的稿費拿來在國內消費是綽綽有餘的，所以我不用擔心沒有飯吃。

我曾經憤憤地對公安局的人說，看來你們是逼上梁山，我只有做反對派一件事可做了。這雖然是憤怒的話，但也確實是事實。

國外的關心從我出獄第一天起就源源不絕。世界聞名的體育用品公司銳跑（Reebok）設立了一個人權獎基金會，其評審理事包括美國前總統卡特（James E. Carter, Jr）、美國望族甘迺迪家的凱莉·甘迺迪·庫默（Kerry Kennedy Cuomo）、天安門學運領袖李錄、搖滾歌手史汀（Sting）等。我和吾爾開希、柴玲、李錄是一九八九年該獎項的共同得主。此後，我就一直收到他們的來信，每一次都邀請我去美國參加頒獎典禮，但是我不敢離開中國。日後去了美國，才開始跟他們的密切合作。

一九九四年初，劉蘇里剛開始創辦萬聖書園，我們還曾經討論過是否在書店打工，後來還是覺得保住書店比較重要。當時按照對我二十四小時跟蹤，連我去游泳也跟著。這種生活狀態剛一開始的時候，還覺得挺刺激的，但是時間久了，不僅沒有任何個人隱私，而且連個人正常生活也受到很大限制和干擾，比如有些在體制內工作的朋友我就不方便去看望了。這樣下來，我漸漸開始對這種跟蹤感到憤怒和厭煩。

有一次我被跟到很煩，決定也來上演一番小時候常在匪特電影中看到的中共地下黨員甩掉跟蹤特務的電影。我跟我表弟假裝到住家附近散步，跟蹤的特務們不疑有他，在遠處散漫地跟著。新街口一帶的胡同一條接著一條，錯綜複雜，不熟悉的人很難找到地址。可是我是在這裡出生長大的，每一條街巷我都熟悉到不行。於是我們轉過一條巷子口後，立即拔腳飛奔。後面的便衣們見勢不妙，立即發力緊追，但是我已經帶著表弟拐進巷子口的一個公共廁所，他們渾然不覺，就在我眼皮底下一溜煙地跑過去了。我們出來公廁，從巷子的另一個出口出來，叫了一輛出租車逃之夭夭。我從反光鏡中還能看到那幾名特務一臉茫然地站在路邊東張西望。

這樣的生活也許刺激，但是完全談不上安定。跟我來往比較多的反倒是一些西方記者，給我幫助最多的就是德國《明鏡周刊》（*Der Spiegel*）的記者周勁恆以及他的台灣妻子周素嬉，他們給了我一份臨時工作，內容就是看一些材料，這在當時是冒很大風險的。後來周勁恆一家還是被中共驅逐出境了。

當時中國的政治氣氛還是非常壓抑，但是因爲距離一九八九年還沒有太遠，人民心中對於「六四」的記憶還很清晰。我每天接觸各類人，可以明顯地感受到大家嘴上不說，但是心中都沒有忘記「六四」。

這裡有一件小事，但是值得記下來：一九九三年八月下旬的一天晚上，我從朋友那裡乘一輛出租車回家，對我實行二十四小時跟蹤監視的北京市公安局人員，仍像過去一樣分別乘沒有車牌的轎車和摩托車緊隨其後，毫不掩飾。出租車司機從反光鏡中注意到那些人，十分奇怪，連連詢問，我不得已只好告訴他，我是因爲「六四」而坐過牢的人。他一聽連忙問我是誰？我說我是王丹。他一連聲地「哎呦」地叫，說他「眞是太幸運了」，並抽出一張紙讓我簽名。我很感動地說：「看來北京的老百姓還沒有忘記『六四』。」他嘆口氣說：「當然不會忘記啊，北京人都是同情你們的，只是沒有辦法……。」我們一起陷入了沉默。到了家門口，應該付二十五元車資，他無論如何不要，我們反覆推拉了幾分鐘，他堅決不肯讓步，連我提出付一半這樣的妥協也不接受，我只好目送他駕車遠去，滿心的感動。

一九九三年六月，我接受好友、前民政部幹部朱紅的邀請，擔任他設立在北海的環太平洋經濟技術發展研究所的副所長，這是北海市科委正式批文批准成立的，是獨立核算，自負盈虧的私營企業，報備的業務範圍是：主營食品、建材、工藝美術及其產品生產銷售與經濟技術信息服務，兼營室內外裝潢設計。註冊資金三十萬元。當然申請人不是我。因此前後一年就去了北海三次。當時我們想做一些經濟方面的課題研究，曾經討論過類似「內地與沿海的經濟關係」之類的課題。

一九九三年至一九九四年有一段時間，我無論如何不能忍受北京的政治氣候和自然氣候的乾燥，於是幾乎每隔兩個月就去一次南方。在南方，感覺自由多了。廣西的北海、廣東的深圳、海南的海口……，我穿行在幾個沿海的城市中。

那時的南方在經濟大潮中一片燈紅酒綠，我和一夥從八九年的天安門廣場上倖存下來的弟兄在南方重新集結。政治上不能大開大闔，我們就決定先融入社會。我雖然不會賺錢，但是知道那時候的錢很好賺。在北海，一張開發用的土地紅線圖從一樓走到二樓的功夫就可以轉手賣給別人，空手套白狼的故事遍地都是。我有些朋友就這樣賺了很多的錢，於是，我們像一群嘯聚在山林的綠林好漢每夜結夥出動，在南方濕潤的夜裡喝酒聊天。

我的酒量就是在那個時候練出來的。那時我們有錢有閒，也有滿腹的心事和滿腔的悲涼，於是夜夜縱酒，酒後指點江山。酒成了麻痺我們神經，讓我們可以相互取暖的媒介，在酒精的作用下，我們大口呼吸南方的空氣，大哭大笑或者徹夜沉默，或者在海邊高歌到天明。一群被打散的士兵，在失意的時候就是如此。

在這樣的環境下，我經常告訴自己，不能失去個人的生活。當別人不讓你過正常人的生活時，你要自己想辦法能夠過正常人的生活。當時我選擇的辦法，就是到各地去旅遊。

一九九四年十一月，我跟大學同學高超群等一起去浙江普陀山旅遊。自然的風光很大程度上開闊了我的心胸，紓解了我心中的壓抑。記得那天，在寧波登上「佛頂山」號客輪時已經是下午，船從寧波出發，緩慢地行駛在狹長的甬江江道中。過定海以後，江面漸漸開闊，太陽也逐漸西傾，此時的水面竟是一片金黃。岸邊的炊煙也稀少起來，取而代之的是一叢叢半人高、像是在海岸邊生長的蘆葦一般的植物。鼻際間海的味道越來越濃。似乎是一瞬間，我們已經駛過了舟山島，進入了東海。此時，夕陽餘暉在開闊的海面上折射出耀眼的金光，茫茫的海面籠罩在一種溫暖的氛圍中，讓我的內心不由得生出一股莫名的感動。

那時候的經商熱已經開始侵蝕中國的骨髓，社會在八九年的冰凍之後逐漸復甦過來，大家又重新開始東北西走，從尋找國家的未來變爲尋找賺錢的機會。對此我並不覺得不能接受，我認爲，商品經濟的發展會撐開社會的空間，成爲社會民主不可或缺的基礎。但是同時我也認爲，一個社會僅僅有商品經濟是不夠的，一個理想社會，還是需要理想主義的。也許理想主義是社會的非主流，但是非主流同樣是社會民主不可或缺的基礎。

帶著這樣的想法，我準備重新出山。

## 重新開始活躍

一九九三年二月出獄以後，我本來就是打算沉潛一段時間，一來是了解這幾年社會的發展變化，二來是要跟各方面朋友討論未來可以做的事情。因此，一九九三年這一年間，我並沒有做太多的政治活動。主要的精力都是放在請益上了。

那時候接觸比較多的是許良英先生。許先生是我非常敬重的一位老前輩，今年已經九十二歲。他一生坎坷，先後在「反右」運動和「文革」中受到迫害，下放農村勞動二十年。他原任職於中國科學院自然科學史研究所，曾經與方勵之、劉賓雁共同發起「反右運動學術討論會」，後被當局阻止。八九民運後，他始終不向強權低頭，繼續公開發表對專制制度的批評言論。一九九四年他在國內刊物上發表〈沒有政治民主化，改革不可能成功〉一文，在海內外產生很大影響。

我在北京的時候，只要他打電話叫我去他家，我再忙也會抽出時間趕去。他的意見和建議，我都會認眞考慮。有的朋友開玩笑說：「王丹誰都不怕，就怕許先生。」我想，怕是談不上的，但是我確實不敢怠慢許先生。其實我們之間既沒有從屬關係，也沒有利益關係，他對我的影響力只能說明一點：人格也是一種力量。

許先生是那種很認眞的人，在他的督促下，我學會了踏實細緻地工作的重要性。許先生也是富有政治經驗的長者，他對時局的判斷經常給我很大的啓發。當然，那段時間，我也成了許先生了解外界狀況的管道之一。在黑暗的時代，我們的年齡是祖孫輩，但是卻有相濡以沫的感情。

現在他已經九十多歲，身體狀況大不如以往，但是對我在海外的一舉一動還是非常關心，每次我父母從美國探親歸來，都會專程去一趟許先生家裡，向他報告我的近況。我只能暗暗祈禱，希望他能健康長壽，等到我回去北京的那一天。

另外一位對我幫助比較大的長者，就是何家棟先生。九〇年代初期中國的變化，令我時時感到迷茫，而對於當時局勢分析最精準的就是他。他在一九九四年十月二十五日寫給我的信中說：「這是一個百廢待興而又無所作爲的時代。這不是哪一個人的意志改變得了的。社會處於驟然分化之中，各有各的利益，各有各的目標。朝野上下，都沒有一個可以使大家聚合起來的東西。鬆鬆垮垮，而又不至土崩瓦解。一條百孔千瘡的破船逆風而行，一邊堵漏，一邊繞彎，沒有權威，也無須指揮，每個人都按照自己的想法，做自己認爲該做的事情。唯一的共識就是別亂，以免偕亡海底。同時，每個人又眼觀四方，看可有一條逃生之路。」這個對於中國現狀的分析非常精闢，今天看起來仍然準確無誤。

一九九四年開始，我覺得自己的準備差不多了，體力也逐漸恢復，跟各個省市原來的八九同學的聯繫也開始建立起來。因此，我開始嘗試做一些事情，目的是打破當時中國反對運動陷入的困局。

這一年的二月二十六日，是我二十五歲生日。我的第一步就是希望借助生日宴會的形式，維護公民的集會權。爲了避免當局的干擾，我利用一次外出散步的機會，甩掉後面跟蹤的警察，住到了我表弟的同學家中，開始籌備生日會。北京市公安局當然十分緊張，幾乎每天都到我家中做我母親的工作，希望她出面叫我回家，我母親根本不爲之所動，反過來還譴責公安局的非法跟監，逼迫我離家出走，讓他們「還我兒子」。

我那時候在朋友們之間提出主張，認爲要跟公安局進行良性互動，爲自己的活動爭取更大的空間。因此在生日會的前兩天回家並通知了公安局。次日，市局張士超等人立即登門，要求我取消生日會的安排。我斷然拒絕，並明白表示，我是自由公民，連生日都不可以慶祝，簡直豈有此理，不管當局如何阻撓，這個生日會一定要辦。

公安局的人顯然早有準備，見我立場堅定，就主動退讓，表示既然我如此堅持，就允許我辦生日會，但是不要邀請敏感人物。我問，誰是敏感人物？他們列舉出劉曉波、包遵信等一個名單。我當即表示這個條件我可以接受。當時我想，能把這個聚會辦成，對沉寂已久的反對派陣營就是一個鼓舞，爲此值得做一些讓步。於是我分別給曉波、老包等打了電話，說明情況，他們也都表示理解和支持我的立場。同時，我也公開邀請公安局的人來參加我的生日會，我說，這是正大光明的活動，可以向你們公開。其實我心裡很清楚，就算我不邀請，他們也還是會以別的方式了解所有過程的，我還不如大方一些。

二十六日這一天，生日宴在一家舞廳舉行，我們包下全場。北京的朋友來了有將近兩百人，除了我高中、大學的同學之外，主要是各方面的民運人士，還包括「六四」傷殘人士的代表齊志勇等，以及聞風而來的港台和外國記者。當局儘管已經掌握這次機會的性質，但是仍然如臨大敵，在會場不遠的地方有一車的警察待命。而會場內，北京市公安局一處、七處的人自己坐了一桌，成了另類的風景。他們甚至還給我送了鮮花作爲生日禮物。而另一方面，後來我才知道，馬少方等從外地趕來北京參加我生日會的朋友都分別在火車上被攔截，甚至在原籍就被控制。可見當局的緊張。

這次生日會，是「六四」以後在北京公開舉行的、最大的一次異議人士的聚會。港台媒體均予以大幅報導。我聽說，不久之後江澤民在一次內部講話中，把這次聚會定性爲當年的重大「敵情」。果然，之後對我的監控進一步加強了，而我的活動，也從此開始日益活躍起來。

當時我致力推動的事情，主要是要把原來的八九同學重新集結起來，並對因爲政治原因受到迫害的同學提供人道幫助。而方式之一，就是後來也成爲我的四大罪狀之一的「自學計畫」。

這個計畫是由我和馬少方共同發起，流亡在美國洛杉磯的程眞在海外配合進行的。我們的想法和做法都表現在由我和馬少方共同具名、發給海外八九同學的倡議書中，全文如下：

一九八九年天安門廣場民主運動被鎮壓以後，在全國各地有大批的在校學生因爲參加民運而被開除出校或失去學籍。近幾年來，他們在不同的地方爲謀生而苦苦掙扎，但大多數人都有一個共同的心願，就是完成自己的學業。但在大陸的今天，異議學生恢復學籍是不可能的事。因此，幫助他們找到謀生的同時能夠繼續讀書的機會，是一件具有強烈的人道主義色彩的事情。我們認爲，海內外同胞對中國民主化事業的鼓勵和幫助，如果能夠體現在這樣具體而有意義的事情上，將是切實而有意義的。

今年七月份以來，我們分別受到在美國洛杉磯地區一些朋友組成的「自學計畫」的幫助，聯繫到了美國的大學函授課程。「自學計畫」是王丹與在美國的程眞商定的，它不具有政治含義，其目的是從人道主義出發，爲因「六四」事件而失去學籍的學生提供幫助。作爲「自學計畫」的國內聯絡人，王丹向大陸的不少學生介紹了這一計畫，受到大家的歡迎和讚許，有不少人表示希望能得到這一計畫的幫助，並認爲這將是海外給予他們最有意義的幫助。但是，因爲「自學計畫」的資金不足，現在有一些同學的申請被迫擱置，對此我們表示深切的不安。

作爲「自學計畫」的第一批受幫助人，我們也殷切期望有更多的人能得到與我們相同的機會。爲此，我們聲明：王丹將把銳跑公司「人權計畫」一九八九年頒發給他的二萬八千美元全部捐給「自學計畫」，馬少方也將把自己稿費的一部分作爲捐款，支援該計畫。我們雖然財力微薄，但願盡一己之力，以表寸心。同時，我們向海內外同胞呼籲，爲了幫助因參與八九民運而失去學業的學生重新獲得讀書的機會，請您鼎力相助。

一九九三年十一月十五日 發自北京

這一計畫後來得到海外朋友的大力支持。洛杉磯民主中國陣線撥款一千美元作爲自學計畫的基金並向外界募捐。該基金對符合資格的學生提供每年三百至五百美元的生活及學習經費，包括教材及參考書等。而國內除了我自己之外，也有其他八九的同學通過這個計畫，參加了灣區附近大學的函授教育。

從一九九四年開始，我還著手進行「『六四』百人談」的計畫。我的想法是：八九民運這一段歷史，也許還不到全景式地描述的時候，但現在就應當開始盡可能多地留下第一手材料，而口述歷史就是重要的一部分。

在許良英先生的支持和幫助下，我採訪了不少重要的知識界人士，例如已經去世的周明鎮先生。他是國際辛普森獎第六任得主、中國自然博物館館長，曾經得到世界古脊椎動物學會頒發最高榮譽獎。周先生在接受採訪的時候說：一九八九年的時候，在學潮的整個過程中，他其實一直都是反對學生的做法，當時他認爲學生還是應當以學業爲主。但是，六月四日那一天政府開槍，從那一天開始，他就決定永遠站到了這個政府的對立面了。因爲無論如何，政府不應當對學生開槍。他的想法在很多老知識分子中是很有代表性的。

除了周先生之外，我還採訪了前政法大學校長江平、中國科學院研究員李佩珊、文史學者冒舒湮等等；當然，也組織了一些當年的學生進行座談。到我第二次被捕之前，錄音材料已經積累了大概六、七萬字。這個工作後來因爲再次被捕而停頓，至今仍然沒有機會重新開始。不過我想我早晚還是要繼續進行這樣的口述工程，爲「六四」事件留下歷史記錄，這是我畢生的責任。

因爲我的逐漸活躍，當局對我的監控也一再升級。一九九四年三月八日晚上七點，我又一次被拘留，這是那一年第四次所謂「傳喚」。警方對我傳達五點意見：第一，你的行爲和言論超出了社會主義公民應該履行的規範，希望你注意，這是對你提出警告。第二，社會主義公民的規範就是堅持社會主義制度，任何公民或團體不得從事反對社會主義的活動。第三，你的近期言論有一些是沒有事實根據的、是造謠性的；如果對國家造成不良影響，你要負責任，是要付出代價的。第四，中國是主權國家，內政不容干涉。第五，你已經觸犯過刑律，如果再犯，一點兒從寬的條件都沒有了。

我的回答是：我堅持自己的觀點，仍會堅持我認爲合法的行爲；如果觸犯法律，我願意承擔責任。

這以後，跟蹤便衣的態度也惡化，從遠遠地跟蹤變成貼身跟蹤，這實際上已經不是跟蹤，因為跟蹤哪有貼身的，這根本就是光天化日之下的恐嚇。有一次我陪父母去北京音樂廳聽一場蘇聯老歌音樂會。結果從一出門開始，一群便衣就以幾乎是靠在我身上的距離緊密跟蹤，騷擾的意味十分明顯，我再三警告也無效，結果我母親一氣之下決定放棄聽演唱會，回家求得平靜。這樣的跟蹤，已經嚴重干涉到我的日常生活。

十二月七日上午，我依照慣例去北京圖書館看書，六、七名警察四面跟蹤，並以汽車、摩托車在我身後繞來繞去，示威一般。我當場表示憤怒。之後，在閱覽室內，一名便衣用極為下流和惡毒的髒話辱罵我，並威脅說：「你一出門，就打死你。」幾個人還當著我的面商議：「他一出來就揍他。」雖然並未真的落實，但是已經對我的生命安全構成恐嚇。

我回到家的第一件事，就是把當局這種舉動，立即公布於世。聽聞此事後，國內一些學者前輩許良英、王來棣、包遵信、張抗抗、林牧、劉遼、丁子霖、蔣培坤、閔琦、劉念春、劉賢斌等發出聯名信，指出「這種舉動嚴重地威脅著王丹的人身安全，是對人權極端粗暴的踐踏」，呼籲「國內外關心人權的人士密切注意事態的發展」。隨後眾多美國參眾兩院議員也聯名致信中國政府關切。這樣，便衣的囂張行徑才多少收斂一些。我當時真是非常氣憤。一個公民，要靠外國人的聲援來保護自己的人身安全，而這個政府還好意思警告我說不能「勾結外國勢力」，這樣的政府，真是天下少有。

一九九四年底，吳祖光先生和新鳳霞老師要在北京舉辦畫展。此前他本來預訂在軍事博物館舉辦的畫展，因為邀請我出席開幕式而被當時的北京市長陳希同下令停展。吳先生是一個倔強的人，這一次他在明明知道我的電話有可能被監聽的情況下，故意打給我，再次邀請我參加開幕儀式。結果那一天我趕到會場發現空無一人，聽說是陳希同再次下令停止畫展。

當局簡直把我當成洪水猛獸了。

## 二、發起公民上書運動

### 關注人權個案與籌措互助基金

一九九四年一月六日，我在海外媒體上發表〈鄧後中國與大陸民運〉一文，呼籲「大陸民運當前的主要任務就是爲了迎接鄧後時代的到來做長期細緻的準備」，以後的思路從這篇文章可以看出脈絡。

我在文中表示「我反對在現階段的中國從事兩種民運：一是暴力行爲，二是地下組織活動。」那麼到底要做什麼呢？在這篇經過與朋友討論成形的文章中，我提出大陸民運應當以兩種方式存在，一個是傳統的思想啓蒙，我認爲還應當繼續做下去；第二個，就是「爲人民的利益呼籲」。我認爲：「大陸民運要想有活力，就必須把自身行爲與人民利益結合在一起，從政治上的壓制到經濟上腐敗行爲的剝削，人民的利益受到來自各方面的侵犯，民運力量有責任爲他們說話，可以通過一些具體的行爲表示我們捍衛人民利益的決心。」我特別強調「四個不能」：「大陸民運不應持精英民主的態度，不應游離於民眾群體之外，不能以救世主的心態指手畫腳，更不能停留在空洞的口號上。」從此以後，我開始逐步完善這樣的論述並付諸實踐。

一九九四年三月十日，我以個人名義發表了題爲〈保障人權，促進社會穩定〉的致「兩會」代表的公開信。信中我表示：「我是擁護當局推行的改革開放政策的，並承認在改革開放過程中，人民的生活水平比之過去有所提高。」然後我提出：「個人的政治權利和天賦人權的問題應當提到大會的議事日程上來。」我公開宣布：「我將以個人身分對一些具體涉及人權的個案進行詳細調查，在實事求是和徵得當事人同意的前提下，就某些嚴重侵犯人權的現象代表其本人或家屬與有關方面進行交涉；如無效，將採取公開合法的方式爲之呼籲。」

我並且申明：「我的一切行爲，想遵循兩個基本原則：第一，在現行法律許可的範圍內；第二，公開進行的。」我向政府發出呼籲：「民主運動不是反政府運動；維護人權不是顛覆政府。」其實，這兩條原則是我們跟政府之間最大的分歧。當局至今仍然不能接受這樣的民主理念，仍然把一切推進民主的行爲視爲對他們政權的挑戰。

最後我表示：「我深深地了解，在中國目前的政治環境中，對政府行爲提出異議是要冒一定風險的，我已經做好了爲此受到專政機關鎮壓的思想準備，但是我不會後悔。」我這封公開信等於是對海內外宣布，經過一年多的修整和思考，我將重新恢復公開的反對派活動，也是向政府宣示這個立場，同時也是發出信號，希望能夠帶動國內的民主運動重新出發。

那時我開始關注一些人權個案。首先是王萬星的案子。北京工人王萬星一九九二年六月三日去天安門廣場散發傳單，要求政治改革，當場被捕。朝陽分局的人對他的妻子王軍鷹說，王萬星患有「政治偏執症」，六月三十日把他送進了北京安康醫院。這是一個精神病院，但是，王萬星祖上三代沒有精神病病例，他自己更是沒有精神病史，他周圍的人包括他妻子也都不相信他是精神病。顯然，當局是用精神病的名義對他進行迫害。當時在要求家屬簽字的時候，公安局的人對王軍鷹說：你是入黨多年的老黨員，你應給政府一個台階下，你應該站在黨的利益，國家的立場上，一定要主動簽字。王軍鷹無奈無助之下，只好簽名。

聯絡了王軍鷹之後，我專門去北京房山的醫院看望了王萬星。經過交談，我根本看不出他有什麼症狀，於是協助王軍鷹在一九九五年二月十七日發出了致全國人大常委會的公開信，就王萬星的案子訴諸輿論。這個案子後來得到國際社會的廣泛關注，在我入獄之後，繼續有人權組織爲他的釋放而努力。現在，王萬星、王軍鷹夫婦及子女已經在德國定居。

一九九五年初，西單民主牆運動的老將、貴州詩人黃翔到了北京。我跟他見面之後了解到，一九九四年六月，他交給作家出版社一部總體性詩文選集《狂飲不醉的獸形》，雙方簽訂了正式出版合同，出版社答應九月二十日之前出版。然而不久之後，出版社又告知該書被指示停印，而且也沒有告訴作者停印的理由。此時彩色廣告已經廣爲散發，圖書訂單也已經下發基層單位，黃翔認爲這對他的名譽造成傷害，同時也造成他的經濟損失。我們討論之後，決定採取法律和輿論雙重手段。我把這個案子作爲人權案件通報媒體，黃翔本人則於一九九五年一月十日依法起訴出版社。

除了上述這樣的人權議題之外，我比較關心的，還有「八九一代」的重新集結。一九九四年五月，我聯絡一批當年的八九學生，包括馬少方、翟偉民、邵江、李海、鄭緒光、郭海峰等，聯名發出紀念「六四」五週年呼籲書，全文如下：

中華人民共和國全國人民代表大會常務委員會：

八九民運至今，已經過去五年了。作爲當年曾以青年學生身分參加過這場運動的共和國公民，我們沒有將其淡忘。因爲我們堅信，這場運動對推動歷史發展起到了不可估量的作用。值此八九民運五週年之際，我們依法行使公民的政治權利，向國家最高權力機關——全國人大常委會——公開表達以下三條強烈呼籲：

（一）重新評價八九民運。八九民運是一場以青年學生爲主體的全民性愛國民主運動。在運動中，我們始終遵循「和平、理性、非暴力」的原則。我們認爲政府將其定性爲「動亂和反革命暴亂」是不公正的，應儘早予以重新評價。

（二）釋放因「六四」事件而至今仍被關押的所有人。

（三）對「六四」死難者家屬予以優厚撫卹，並妥善解決曾因「六四」事件被捕入獄，現在已返回社會的人的生活問題。

我們認爲，「六四」事件在中華民族的歷史發展中已經形成了一個無可迴避的「結」。在改革開放已經進入關鍵時刻的今天，我們與政府一樣期望著有一個穩定的社會環境。而解決「六四」問題，打開人民心中的這個「結」，有利於緩解社會矛盾，有利於促進社會穩定，有利於民主法制的建設，有利於推動社會進步。我們眞誠地希望政府能夠以民族利益和國家前途爲重，勇敢地走出這明智的一步。

除了人權與「六四」之外，我關注的第三個領域就是人道援助的問題。

一九九四年十二月十九日，我以個人名義向國內的一些朋友發出了〈關於籌措互助基金的倡議〉，全文如下：

一九八九年至今已有五年多的時間過去了，但歷史留下的創痕並未平復。因爲涉身八九民運而在學習、工作、生活、家庭諸多方面受到影響和干預的朋友中，不少人仍處於一種窘迫狀態中，也還有一些朋友先後遇到一些新的麻煩，甚至再次入獄。

爲了幫助這些朋友及其家人，爲了通過適當途徑互相提供物質上的幫助與精神上的鼓舞，基於我們曾經共同擁有過的一段輝煌而悲壯的歷史，基於人道主義精神和基本的同情之心，我倡議：（一）籌措互助基金，定期籌集。凡有固定收入來源者，一人一月繳納二十元；無固定收入來源者一人一月繳納十元；特殊捐獻另計。（二）基金集中到北京，在缺乏公議與選舉的條件下，暫時由我毛遂自薦代爲管理和與分配。凡參加籌措互助基金者每二個月可得到我的一份收支報告，對報告內容有疑問或不滿者可循任何途徑質疑。（三）基金以自願捐納爲原則。凡不願意透露姓名者，我將以個人人格擔保爲之保密。基金之保管和分配受各地代爲收集的朋友共同監督和參與。（四）參與基金者應承擔定期繳納的義務。

本倡議在徵求過很多朋友的意見之基礎上，以個人名義發出，有關責任和風險均由發起人個人承擔。我想，即使我們的努力只能起杯水車薪之效，但由此而體現出的團結、友愛、互助精神是一定會給許多處於困難中的朋友以極大的安慰的。如果您願意伸出幫助之手，我代表需要幫助的朋友向您表示誠摯的謝意。

王丹，一九九四年十二月十九日

這個建議發出以後，得到國內朋友的積極響應。當時我的想法是，建立這個基金有幾個好處：一是重新集結力量，逐步建立反對派網路；二是確實可以幫助生活有困難的政治犯家屬，這是基本的人道工作。

以一九九五年三月三十一日我向全國捐款人發出的〈一九九五年三月份收支報告〉爲例，可以看出上述想法都得到一定的成效：

一九九五年二月二十八日到三月三十一日，共收到來自北京、青島、深圳、天津、三門峽等地捐款二千四百一十元，與二月份剩餘款二千二百二十元相加，合計共有存款四千六百三十元。

而三月份互助基金主要支助了七個對象，分別是：北大考古系學生安寧一九九二年被指控參與組織反革命集團，與胡石根、康玉春等十六人被捕，他在看守所參加體力勞動，罹患闌尾炎，我們撥出五百元給她的母親，她母親回信表示一定爲他買些補品送進監獄；被判刑十五年的民運人士劉京生的妻子金豔明，在教育子女問題上需要幫助，我們撥款一百五十元讓她可以爲兒子請三個月的家教；在胡石根等一案中，我們分別尋訪他們的親屬，其中胡石根、許東嶺兩人各撥款三百元作爲生活補助；湖北民運人士秦永敏一九九四年被判兩年勞教，他的妻女在北京打工爲生，三月他女兒患病，我們撥款五百元用於醫療費用；著名詩人黃翔來京告狀，生活困頓，我們撥款二百元爲他解燃眉之急；原天安門廣場指揮部宣傳部副部長溫傑一九九一年底因病去世，其母賀老師一九九四年查處罹患癌症，我們撥款四百元給她買了補品；北京民運人士宋旭民出獄後一貧如洗，我們提供二百元用於家庭開支。

本月一共支出二千五百五十元，均有當事人收據附加在報告中。

在當時的政治高壓環境下，政治犯和政治犯家屬的處境非常艱難。我們的互助捐款活動，雖然不能解決他們的生活問題，但是多少也是一股溫暖。

## 加大規模號召公民聯署

一九九五年，國內政治氣氛開始有所鬆動。我決心發起更加大規模的反對運動，而方式主要就是公民聯署上書。

二月二十七日，我領銜發出〈關於保障基本人權，維護社會公正的建議〉，公開發給全國人大八屆三次會議，並用掛號信寄到全國人大辦公廳。在這封公開呼籲中我們提出了王萬星、華惠祺、黃翔的三個人權個案，要求「全國人大切實履行憲法賦予的職責和權力，加大對法律執行的監督力度」。

這次包括我在內，參加聯署的有二十六人，大多爲原八九學生，如馬少方、翟偉民、江棋生、鄭緒光、王有才、邵江、丁小平、馬少華、吳雙印、楊海、楊寬興、劉賢斌等人，也有其他民主人士，如林牧先生、劉念春、王東海、徐永海等。

一九九五年五月十五日，許良英先生組織發出了致中國政府的公開信，題爲〈迎接聯合國寬容年，呼喚實現國內寬容〉。這封信的起草，聯絡簽名等工作我事先就被許先生告知，也幫他聯繫了部分簽名者。這封公開信提出：

一九九三年十二月二十日聯合國大會通過「四八／一二六號決議」，宣布一九九五年爲「聯合國寬容年」。我國是聯合國的創始會員國，又是安全理事會中有否決權的常任理事國，自應認眞執行這一決議，使對於我國比較陌生的寬容精神，得以在我國的政治、思想、宗教、宗教、文化、教育等領域中生根茁長。

爲迎接聯合國寬容年，我們當盡力傳播現代文明所不可缺少的寬容精神，促使《聯合國憲章》所規定的「增進並激勵對於全體人類的人權和基本自由的尊重」這一聯合國宗旨在我國眞正落實。

爲此，我們希望當局：

（一）以寬容精神對待意識形態，政治思想，宗教信仰等方面的各種異見，不再把有獨立思想和獨立見解的人當作「敵對分子」，加以壓制打擊、監視、軟禁，甚至拘捕。

（二）本著實事求是精神重新評價「六四」事件，並釋放尚在獄中的有關人員。

（三）釋放所有因思想、言論和信仰問題而被關押的人員，果敢地結束我國自古以來的文字獄這一不光彩的傳統。

同時，我們也希望全社會培育尊重他人的寬容精神，倡導以理性公正態度處理各種矛盾和衝突，以和平方式表達自己的意願和見解，避免激化矛盾的極端情緒，切忌暴力行爲。只有這樣，我國才有可能穩步走上民主化和現代化的道路。

公開信最後表示：「世界需要寬容，中國需要寬容。我們希望，通過聯合國寬容年的各項活動，我國自古留存至今的不寬容狀況得以開始改變，寬容將逐漸成爲我們整個國家民族的共同精神財富。」

領銜聯署的分別是：中國原子能科學研究院名譽院長、中國科學院院士、八十八歲的王淦昌先生；五四時期的著名作家、翻譯家、中國作家協會主席團顧問、九十一歲的樓適宜先生；著名翻譯家、八十歲的楊憲益先生；北京大學倫理學教授、八十五歲的周輔成先生；劇作家、中國戲劇家協會副主席全國政協委員吳祖光先生以及許良英先生本人。許先生還承擔責任，註明自己是「呼籲書的發起人和起草人」。另一名發起人和聯署者，是曾經擔任過胡耀邦祕書的前中共西北大學黨委書記的林牧先生。

這波公民上述的聯署者中比較令人矚目的，是有不少中國科學院的知名科學家，包括生物學部前副主任、研究員過興先；前微生物研究所所長、研究員薛禹谷；力學研究所研究員、曾經擔任寧波大學校長的朱兆祥；化學研究所前所長、研究員胡亞東；古脊椎動物與古人類研究所前所長、中國科學院院士、前世界古生物學會主席周明鎮；感光化學研究所研究員、中國科學院院士、全國政協常委蔣麗金；中國科學院院士、北京大學物理系教授胡濟民；系統科學研究所前副所長、研究員許國志；系統科學研究所研究員胡作玄；科技政策與管理科學研究所研究員范岱年；研究生院副教授趙中立；科學院下屬科學出版社編審黃宗甄等。許先生所在的自然科學史所，更是有多人參加聯署，包括該所業務處處長黃煒、前副所長李佩珊、研究員董光璧等。北京師範大學有兩位教授參加聯署，他們是理論物理教授劉遼、數學教授董延閭。

除了這一批自然科學領域的科學家之外，參加聯署的還有一批社會科學和人文科學領域的學者和作家，包括中國人民大學哲學系教授蔣培坤、副教授丁子霖，北師大中國文學教授王富仁，前《人民日報》副總編輯王若水，前《人民日報》理論部副主任汪子嵩，前華岳出版社副總編李貴仁，中國革命博物館研究員王凌雲（我母親），詩人黃翔，前《人民日報》記者吳學燦等。中國社會科學院方面，有工業經濟研究所前副所長、研究員張宣三，哲學研究所研究員梁志學，近代史研究所副研究員王來棣，歷史研究所前副研究員包遵信，政治學研究所副研究員陳小雅等。

而第三批聯署者就是我負責聯絡的原八九學生，包括人民大學的江棋生、青島海洋大學的楊海以及工運人士劉念春等。

五月十五日，許先生通過關係將此信送給了江澤民和喬石。當然，最後的結果也同樣是石沉大海。

與此同時，國內民運人士也籌備針對「六四」六週年發表一份呼籲書，爲此我主要跟劉曉波和包遵信討論，而徵集簽名的工作主要由我進行。劉曉波負責起草文件，這份公開信發表於五月三十日，那個時候我已經被拘捕。

這封名爲〈汲取血的教訓，推進民主與法治進程〉的呼籲書，因爲內容很長，限於篇幅我就不全文照錄，但是主要要點是：第一，我們首先提出：「六年前，中國的大學生和市民以劃時代的姿態在天安門廣場向執政當局表達了他們對公共事務的強烈關注，提出了他們對改革、反腐敗、言論自由、政治民主和法治進程的善良建議。令人驚訝的是，隆隆的坦克碾碎了泣血的赤誠，呼嘯的槍聲淹沒了良知的吶喊，十里長街上的斑斑血跡使這場壯觀而和平的運動終以史無前例的大悲劇結局降下帷幕。我們祭祀『六四』，爲那些屈死的冤魂；我們紀念『六四』，爲血腥的悲劇不再重演。」這種文采，是劉曉波的典型文筆。

第二，總結經驗教訓，我們提出：「縱觀『六四』的全過程，我們認爲造成流血大悲劇的最主要的原因之一是：執政當局無法面對和適應開放、多元、民主化的世界潮流，沒有通過民主和法治的程序解決中國問題，仍然以敵人意識和專制心態看待公民的參政行爲。」

第三，爲了吸取這個教訓，我們提出了一系列的改革建議，包括制定《新聞出版法》和《結社法》，制定《人的權利和自由宣言》，制定《憲法法院法》等共四條具體的立法建議。這篇呼籲是劉曉波撰寫的，可以看到日後他起草《零八憲章》的雛形。

呼籲書的發起人分別是：王之虹、王丹、包遵信、劉念春、劉曉波、江棋生、吳學燦、沙裕光、陳小平、周舵、林牧、黃翔、廖亦武、金橙；而簽名者中開始出現一些新的社會人士，例如：著名詩人芒克、藝術評論家栗憲庭、中央電視台製作人蔣樾，以及八九學生領袖馬少方、李海、王志新、鄭緒光、馬少華、吳雙印、楊海、劉賢斌等。

這是反對運動人士一次比較大規模的集結。我認爲這是直接促使當局下決心再次逮捕我的主要原因。因爲他們擔心這樣的規模繼續擴大，會形成有力的反對派陣容，而他們認定我是重新集結的核心人物，所以決定拿我開刀，殺一儆百。

## 三、第二次被捕

### 一年半的祕密關押

一九九五年五月，因爲幾波聯名信的發表，當局對北京異議人士的監控明顯加強。當時我的心中已經做好了第二次被捕的心理準備，於是我開始著手進行一些安排，包括大量購買書籍，以備日後打發獄中生活；同時，我也委託朋友，如果我出事，要照顧我的家人和幫我的表弟找工作，使得他可以留在北京，代替我料理家中的事務和照顧我父母等等。

五月二十日下午，我和江棋生、劉念春、吳學燦等北京異議人士還苦中作樂，約好了一起到首都師大去打乒乓球。那時的氣氛已經很不尋常，我們四個人都處於被便衣警察二十四小時跟蹤監視的狀態，所以這四個人聚會，後面的警察也形同聚會，而且人數眾多，那個場面還眞有點壯觀和詭異。不過我還不知道，那是我自由生活的最後一天。

五月二十一日下午，我在樓上房間的窗口，看見住家附近的新街口派出所的所長帶幾名警察走進了院子，當時我已經預感到兇多吉少，隨手抓了一本前幾天剛買的王小波的小說《黃金年代》帶在身上。*那位所長敲開我家的房門，說要請我去派出所了解一些情況，我安慰了父母幾句，就坦然跟他們出門。

從那以後到現在，我再也沒有能回到新街口的家中。

到了派出所，北京市公安局的人已經等在那裡，並向我出示了拘留證，上面寫著我涉嫌「擾亂社會秩序」，看得我冷笑連連。

當天晚上就把我轉移到了北京近郊丰台附近、隸屬公安部的一處祕密關押地點。這是一座三層小樓，我住在二樓的一個房間，房間裡二十四小時輪換，始終有兩名武警在床邊看押。後來我才知道，劉念春跟我同一天被捕，那時候就關押在一樓。到了這裡，我也不客氣，立即宣布開始無限期絕食，條件是與家人取得聯絡。絕食進行了大概兩天，一直到他們帶來我母親的短信以及家人送來的衣物才停止。

我並不知道當局爲什麼選擇這個時候逮捕我，但是我已經了解到這一次絕對不是短期的傳喚和拘

* 在之後被監視居住的第一個月中，我身邊只有《黃金年代》這一本書，因此反覆閱讀，每看一遍就記錄日期，結果一共看了十八遍。

留，因此也做好了「既來之，則安之」的思想準備。好在這也不是我第一次被捕和坐牢，我心裡倒是並沒有太慌亂，而是打起精神，應付公安局人員每日的審訊。而審訊的內容，無外乎就是我寫的批評政府的文章，我發起的聯名信以及自學計畫，互助捐款等活動的詳情。

這一次作爲「二進宮」，我已經具備了比第一次更加豐富的對付審訊經驗。所以我一開始就表明態度，我自己做的事情，都是光明正大的，我願意也歡迎政府調查，我也會知無不言；但是任何涉及到別人的事情，我無法配合交代。我告訴公安局的人，也不必費心用什麼「不配合審訊會加重刑責」之類的話威脅我，我都進來了，也就隨便你們怎麼處理了。記得那時候我面對審訊者，我的口頭禪就是：「嘿！我又不是第一次進來了！」

或許是拿我沒辦法，也或許是當局根本就沒有打算認眞逼我交代什麼，總之，我不願意說的，他們倒是也沒有怎麼非得逼我說。這樣，每天的審訊過程中倒也是彼此相安無事，我就當作是消磨時間。

在廊坊短暫關押之後，我又被先後關押在幾個不同的地點，當局宣布是對我進行「監視居住」。先是搬到似乎是西郊香山附近的一處小院子，我在最後的一個房間，完全沒有窗戶，但是允許看電視和報紙；那是一段比較優待的日子，我記得我還可以指定想吃什麼，武警會出去買，所以在我要求之下，每天還能有我最愛吃的番茄和黃瓜。

幾個月之後又和劉念春一起被轉移到房山韓村河大隊附近另外一處關押地點，魏京生已經在這裡被關押一段時間了。就這樣，我、魏京生、劉念春三人就在這棟小樓中做了將近一年的難友。當時我是在二一四房間，樓下就是劉念春。而老魏則關押在三樓另外一側。負責看押我們的是公安局七處的宋海松，我們叫他「老宋」；駐紮在樓裡專門負責看押我們的武警至少有一個排的人馬。

一九九六年五月我才被正式逮捕，然後轉移到半步橋的北京市看守所，跟死刑犯一起關在一筒；十月份正式開庭宣判，十月底送到遼寧錦州監獄。結束了這一趟一年半的祕密關押之旅。

有了第一次坐牢經驗，我已經充分掌握了如何向外界傳遞信息的技巧。當時經過我數次絕食爭取，當局允許我家人比較固定地給我送書，當我看完之後再給家人送回去。我就利用這樣的機會，趁看守不注意的時候，用蠅頭小字在將要送回的書中的頁縫處寫下一些簡單的日記和詩歌作品。儘管每次退還書籍都要檢查每一本書，但是因爲字跡很小，隨手翻閱是看不到的，就這樣，我多少保留了一些當時在監視居住階段的生活記錄。

以下是一九九五年七月到十月的部分，也算是爲那段生活留下一些第一手材料吧：

七月二十六日：京OB0188（Audi）來，不常見。不要輕易仇恨，要寬恕。宋是三級警督。*

七月二十八日：夜裡偶醒，幻聽到媽的聲音。晚上燈壞了，點燭，浪漫，又下雨。與趙談，**再次提出四項要求，***表示將開始不斷爭取。他說審查沒有結束，「才兩個月」，表示可以反映。

* 宋指宋海松。
** 趙指另一名看守的負責人，名字不詳。
*** 大致是要求收音機、定期與家裡通信等。

七月三十一日：know the other one is Nian Chun.*

八月九日：發聲明，要求要書，衣物，否則，二十一日 refuse food。**

八月十日：通知我已與家裡取得聯繫，肯定會送書來，估計下星期。

八月十一日：上午取了家裡送的書來，共十八本及瓜子、茶葉等。可惜，沒有英語詞典，是媽送的。

八月二十一日，理髮。被捕整三個月。

八月二十二日：下午讓寫信，並專門說：「不必送厚衣服了。」由此聯想昨日主動提出理髮，似非偶然。看來可能不會長期關押，也可能是迷惑記者。我仍按原計畫行事，走一步看一步，不爲之所動。

九月十日：凌晨賞月，有月光、白帆、綠茶、月季、啤酒、蘋果和月餅。昨夜，月色皎潔，輝映大地，洗淨了天，月亮格外好，白雲悠悠在夜空中，令人神往，美得使我有手足無措之感。**

九月十一日：養了近兩個月的一條小魚，換水時漏到下水道裡去了。嗚呼！

九月十六日：世婦會已結束，按理該論及釋放之事。早期憑窗暗下決心：不起刻意盼望，一切按原計畫行事，做到寵辱不驚，一切淡然。

十月四日，寫下一首七律〈夜雨〉：「夜雨襲人又一秋，客心暗扣小箜篌。南冠草長結新綠，北國日短盡成舊遊。袖裡江山皆故地，眼底世界盡楚囚。島上黃昏閒日月，斑斑擲處東林頭。」

八月二十二日我才給家裡寫了第一封信。當時官方一直暗示不久就會釋放，還專門到我家裡，告訴他們世婦會之後會有一個解決，讓他們少安毋躁。在我這邊，戲演得更爲逼眞。有一天中午，老宋匆匆忙忙走進來，故作神祕地告訴我，不要讓家裡送秋天和冬天的衣服來了，這明顯是暗示我很快就會被釋放。然而，這完全是一場騙局。當時北京召開世婦會，各國記者雲集北京，其中有不少記者關心我的狀況，並對我的家人進行採訪。當局爲了確保世婦會的順利召開，就要想辦法安撫我家人，於是採取了這種卑劣的欺騙手法，讓我家人有一種我即將被釋放的錯覺，自然也不會對外發表太強烈的言論。

後來，到世婦會結束很久之後，我和家人還是沒有見到任何釋放的訊號，我們才意識到這一次是被當局騙了。這次經歷令我十分氣憤。當局對我進行怎樣的懲罰和欺騙我都不在意，但是他們居然利用我家人急切希望我能夠獲釋的心理，去欺騙他們以達到一時安撫的目的，這太沒有人性了。從此以後，我和我的家人就下定決心，不論何時，不論何事，都不要再輕易相信這個政府說的任何一句話。

世婦會之後還沒有釋放，我已經料到這一次不會倖免判刑了。因此我開始積極爭取各種待遇，並以絕食要求與家裡增加通信。在爭取之下，十月開始可以半個月跟家人通信一次。

---

* 指劉念春。

** 指絕食。

*** 這一天是中秋節。

在寫於十月三日的第一封信我告訴家裡：「我是求仁得仁，心裡很坦然，你們也應當理解我、支持我。支持我的最好的方式就是你們要想開一些、想遠一些。我的問題遲早得解決。」我勸慰他們說：「近兩、三年來，我的心態仍有浮躁的老毛病，藉此機會沉一沉也是好事。」

在十月二十三日的信中我告訴家人：「難得的雙中秋沒有在家裡過，的確是『歷史的遺憾』。不過，歷史上留下了數不清的遺憾，歲月流逝，回過頭看也很淡然，生活中有這樣那樣的起伏和苦難是再正常不過的事情，大家都是『知天命，盡人事』而已；何況我的情況算得上『比上不足，比下有餘』，多『比下』心裡會好受一些。陰鬱的日子也有它的好處，在這種日子裡，寒冷的固然更加寒冷，而溫暖的也會使人倍感溫暖。千萬不要怨天尤人，自己折磨自己，樂觀的期待和爭取方是眞正的勇氣。」

這些話既是鼓勵家人的，其實也是寫給自己自勉的。那時候我用以自勉的還有曾國藩的一副對聯：「學求其於世有成，事行乎此心所安。」

兩次坐牢，要說有什麼收穫的話，就是學會了以平淡的心應付不測的變動，相信時間，也相信自己。面對不可測的未來，我想，人生在世，總難免遇到一些自己暫時爲之茫然的事。或是不知所措，或是無可奈何，這就要以平常心面對，把它僅僅看作爲平常之事。這倒不是一種輕慢，而是因爲我們必須相信：我們解決不了的，現在解決不了的，時間都會解決。時間會解決一切，它是最公正的歷史大法官。

相信時間，就會知道：與其貿然而動，不如靜靜等待。等待本身也是一種美，因爲它包含了幻想和希望。能等待的人才能得到自己心中最珍貴的東西。而且我知道很多事不是人力可爲的，必須想開一些。任何事情都不可能永遠靜止，總會有變化出現。自己不變，等著事情變，這就是以平常心對不平常事。

抱著這樣的心境，我決心不去想未來會如何，而專心過好當下的每一天。我要讓失去自由的每一天都過得充實、有收穫，在我看來，這樣才是對得起自己的做法。

因此在那樣的環境下，我還是把自己每天的生活安排的極爲充實。高考的時候練就了劃分時間的本事，現在充分發揮。在一九九六年四月八日的家信中，我給家人列舉了我的作息時間：

六點半：起床。

六點半至七點：聽英語講座。

七點至七點半：聽中央人民廣播電台《新聞縱橫》，朗讀英文小說。

七點半至八點：早飯。

八點至八點半：背英文單詞。

八點半至九點：收聽《新聞聯播》，同時鍛鍊身體。

九點至九點半：看書。

九點半至十點半：看報紙。

十點半至十一點：放風。

十一點至十一點半：看書。
十一點半至十二點：午飯。
十二點至下午一點半：午休；聽北京音樂台《音樂禮品卡》，評書《水滸》、《薛家將》。
一點半至兩點半：看書。
兩點半至三點半：看報紙。
三點半至四點：聽評書《鐵傘怪俠》，同時鍛鍊身體。
四點至五點：看書。
五點至五點半：朗讀書。
五點半至六點：晚飯。
六點至六點半：室內散步。
六點半至十點半：看電視。
十點半至十一點十分：鍛鍊身體。
十一點十分至十一點四十分：聽講座《西方音樂一千年》。
十一點四十分：睡覺。
以上計畫四天爲一周期，每個四天休息一天作爲機動。
那時候我最重視的就是報紙，因爲渴望了解外面的消息，所以每天做剪報，分爲五大類三十個專題，即文化類（休閒、文學、音樂、軍事、教育、學術、百科、歷史、科技）；政治類（法律、人權、反腐、中美關係、港台、外交、動態）；社會類（社會保障、社會發展、社會萬象、農村、法制建設）；國際類（國際政治、國際經濟、國際社會與文化）；經濟類（國有企業問題、金融投資、經濟改革理論、經濟改革動態、私有經濟、宏觀經濟）。每一個專題下面再分為若干個子議題，就不一一詳列了。我在家信中說：「生活中到處都可以找到快樂，在這種地方，獲取知識就是我最大的快樂。」

## 第二次審判

對於會被二次審判，我有充分的思想準備，因此在監視居住的階段，就向家裡要了刑法和刑事訴訟法進行了深入的研究。雖然我知道法律只是徒勞，但是我想我至少要揭穿中國法制的假象，那就需要對書面上的法律有所了解，這樣才能以子之矛攻子之盾。

一九九六年十月三日公安局方面提審，宣布正式逮捕，這時候距離一九九五年五月二十二日失去自由已經過了一年半。第二天檢察院就提審，第三天法院就提審。以前怎麼催促也沒用，現在一開始就緊鑼密鼓，當局對於司法程序根本就是視同兒戲。

十月十二日法院再次提審，跟我討論律師和辯護人問題。我當即提出，根據《中華人民共和國刑事訴訟法》第四章第二十六條的規定：被告人除自己行使辯護權以外，還可以委託下列的人辯護：（三）被告人的近親屬、監護人。根據此條，我要求我母親作為「近親屬」依法辯護。面對他們自己制定的條文，當局只有答應，這樣我等於利用刑訴法增加了親人探視的機會。

關於辯護律師的部分，我家人一開始考慮的是找前政法大學校長江平先生出馬。但是那時候他還是人大常委，身分上不是很方便。但是他仍然想幫我的忙，於是就推薦了一個人選，他就是北大法律系的楊敦先老師。十一月六日，我家人正式委託在北京市天元律師事務所擔任律師的楊敦先老師作爲辯護律師，他進行的是無罪辯護，這也是我的要求。楊律師完全義務進行，沒有收費。

十一月十五日我會見了楊敦先律師。二十五日我收到開庭通知。三十日就正式開庭，宣判。一切法律手續一個月之內就結束了。我提出上訴之後，十一月十五日駁回。十一月十七日就送往錦州監獄。這麼短的時間內，律師根本無法細緻閱卷，精心準備辯護。

一九九六年十月三十日上午九點，在北京市第一中級人民法院二一三五法庭開庭審理我的「陰謀顛覆政府」一案。開庭前，兩位美國前司法部長、一位法國前司法部長以及一位加拿大前檢察長向中國政府提出旁聽，但是被拒絕。

開庭前我做了充分的準備。我決定，一開庭，就讓他們見識一下我的「充分準備」。

庭訊開始，法官按照程序，走過場地詢告知我，說我有申請迴避的權利，並問我是否要行使這個權利。早就有所準備的我就等他說這番話呢，我當即就提出：我要求，合議庭組成人員（包括審判長）、書記員、公訴人、鑑定人，全部應當迴避！

爲此我已經準備好了充分的法律依據，我說：「根據《中華人民共和國刑事訴訟法》第二十三條的規定，審判人員『本人與本案有利害關係』或『與當事人有其他關係，可能影響公正處理此案的』，『當事人有權要求他們迴避』。依據這一法律規定，鑑於起訴書指控我犯有『陰謀顛覆政府罪』，則本案受害人爲中國政府；而北京市第一中級人民法院屬於政府機構，該院審判人員皆系政府工作人員，因此我認爲由被害人或與被害人有職務隸屬關係的人充當審判人員，是有礙法律的公正性與獨立辦案的原則的。且由政府下屬機構來裁決涉及政府的案子，等於是由起訴方負責審判，存在著影響國家公正處理案件的因素。因此我申請屬於政府工作人員的審判人員迴避本案，另由人民陪審員組成合議庭審理，以維護法律的公正性。」

如果嚴格依法，我相信我的抗辯完全成立，但是在中國，是沒有「法律」二字可言的。審判長和審判員當庭討論了一下，就宣布我的申請被駁回。什麼理由也沒有給，只有「駁回」二字。

不過我至今想起來還很驕傲，我猜我應當是中共司法史上第一次面對被告當庭申請整個合議庭全部迴避的例子。也許以後別的政治犯出庭的時候也可以仿效。

進入審理階段後，除了律師爲我進行辯護之外，我自己也進行了辯護。

我在法庭上主要提出：第一，我的所作所爲並不是陰謀，都是公開的行爲。第二，針對我的言論，不能斷章取義，要結合前後文。第三，我的一切言行都是在法律範圍內的行爲。第四，監視居住的執行是違法的，我曾經五次絕食抗議，以往的監視居住的時間應折抵刑期。第五，所有引述言論，最多是過激，不能作爲顛覆政府的證據。政府應當允許有不同的觀點，不能動輒上綱上線。

最後陳述的部分，我是精心做了準備的，首先我坦陳：「在一九九三年二月到一九九五年五月的兩年多時間裡，我有相對較多的政治言行。我就中國的民主政治與人權問題發表了大量言論，並多次發起和組織公民上書。」

爲什麼會這樣做？我表示：「假釋以後，我完全可以出國讀書，也完全可以在國內保持沉默，迴避敏感問題。但是我沒有這樣做。爲什麼如此？我的動機並不是起訴書中所說的『陰謀顚覆人民民主專政的政權和社會主義制度』，而主要是出於以下兩個動機：首先，我家三代是學歷史的，這使我從小就受到大量的傳統文化薰陶。中國傳統知識分子『天下興亡，匹夫有責』、『苟利國家生死以，豈因禍福避趨之』的人文精神對我影響很大。在北大讀書期間又接受了西方文明的洗禮，樹立了這樣的信念，即知識分子應該以關心社會爲己任，在重大的社會政治問題面前鮮明地表達自己的看法，這不僅是知識分子的權利，更是一種不可推卸的義務。在這種中西文明結合的影響下，我始終認爲如果迴避政治問題，我將有愧於知識分子『社會的良心』的稱號。爲國家富強和民族興旺盡一己之力，這就是我的個人理想，也是我投身八九民運以及在假釋後仍不改初衷的首要動機。可以說，我在政治方面的一言一行，都是爲了實踐我的這種理想。如果我的理想與當局的統治發生衝突，我很遺憾，但是爲此就把我的動機偷換成其他的企圖，我永遠也不會違心地承認。

其次，綜觀我近兩年多來的言論和幾次公民上書的內容，其核心是呼籲加快民主政治的建設和改善人權狀況。我之所以側重於此，也並不是意欲顚覆政府，而是基於這樣的認識：我始終認爲中國的改革走到了今天，已經到了必須盡快進行政治改革的時候了。任何一個發展中國家，在社會轉型期中都會出現社會分化，利益摩擦加劇，社會治安狀況惡化等併發症，嚴重者將難以避免地出現社會動盪，中國也不例外。爲了盡可能地減輕未來可能出現的社會動盪的力度，在經濟改革已經進入攻堅階段，短期內難見成效的情況下，必須啓動政治改革這一現代化的推動力量。只有這樣，中國才可能在基本穩定有序的條件下邁上現代化的道路，國家的富強和民族興旺才會在不遠的將來實現。在近幾年我發表的文章中，尤其是在起訴書中提到的〈論民主改革在中國的迫切性〉一文中，我都是圍繞上述觀點一再發表呼籲的。如果實事求是地、不戴有色眼鏡地去看這些言論，只可能看到對國家前途的擔憂和對民主改革的熱望。我難以相信還會有人從中看出要推翻政權的內容來。」

最後我說：「審判長、各位陪審員：六年以前，我曾幾乎是站在同一個地方接受法庭的審判，坦率地講，當時我的心情是沉重的，因爲不管怎麼說，畢竟在『六四』中死了那麼多人，我是有一定責任的。但是，六年後的今天，我又一次站在這裡接受法庭的審判，我的內心是坦然的。作爲一個青年學生，我認爲我在這幾年來的言行是問心無愧的。不管面對怎樣的命運，我都可以發自內心地說，我的所作所爲，無愧於國家，無愧於歷史，無愧於良心。

審判長、各位陪審員：在合議庭組成之初，曾向我表示過，合議庭希望自己的裁決能經得起歷史的檢驗。對此我深感欣慰。我當然希望合議庭能以客觀、公正的態度，做出符合歷史事實的裁決。但是我更關注的並不是我將被判多少年的刑，我更關注的是此次審判的歷史意義。我認爲，無論是法庭、公訴人、辯護人、還是作爲被告的我；無論是在場的人，還是不在場，但與本案有密切關聯的政府與持不同政見群體，今天，我們都是在用自己的言行寫歷史。我期待著在若干年後，當我們回過頭來看這一段歷史時，我們每一個人都可以問心無愧地說：『我憑著自己的良心寫下了眞實的一筆。』」

宣讀這份最後陳述的時候，我知道我面對的，不僅是法庭，不僅是這個國家和這個時代，也是歷史。我有幸能成為用自己的言行書寫歷史的人，就有責任一筆一畫寫好它。

在法庭上我注意到，儘管當局很早就宣布要進行公開審判，但是整個審判庭一共只有二十四個席位，其中還有一個位子是空的。很多人希望能夠旁聽都被拒絕，連我姐夫都不被允許進入。所謂「公開」，根本就是騙人。

第二次開庭很快就進行，這一次要進行宣判。我內心十分平靜，因為我知道不管結果如何，都不是我能左右的。這個時候我已經學會如何面對逆境，那就是：如果是你也不能左右的逆境，那麼與其是擔憂和害怕，不如從容面對，接受它，然後再去處理它。

審判長在法庭上宣讀了北京市第一中級人民法院的刑事判決書（一九九六／一中刑初字第二五二〇號）。對這份判決書，我的評價就是八個字：「牽強附會，斷章取義。」以後我把這八個字寫到了判決書的開端處。

下面我們就詳細看看這份判決書：

經審理查明，被告人王丹曾因犯反革命罪被判刑，自一九九三年二月被假釋以來，又先後撰寫了〈論民主改革在中國的迫切性〉、〈鄧後中國與大陸民運〉以及〈以言論監督權力〉等文章，並在境外報刊上發表或在國內散發。在文章中，王丹攻擊我國憲法規定的四項基本原則，污衊、誹謗中國共產黨和人民政府，煽動「現在的中國猶如處在一座火山口上」，「現在已經到了把我們嘴上說的落實到實際行動上去的時候了」，爲推翻我國人民政府和社會主義制度製造輿論。

一九九三年九月至一九九九年五月，被告人王丹與因犯陰謀顚覆政府罪被判刑後保外就醫的王軍濤互相勾結，出任王軍濤在美國發起成立的、旨在陰謀顚覆中國政府的「中國研究所」的理事。王丹還先後與魏京生（因陰謀顚覆政府罪被判刑）及境外反動組織「中國民聯」前主席胡平等人相勾結，預謀將非法組織勢力結合起來，策劃要在中國「建設一支反對派力量」。王丹提出，爲防止「被當局各個擊破」，應「齊進齊退」等陰謀顚覆的策略；王丹還先後起草了〈呼籲書〉、〈關於保障基本人權，維護社會公正的建議〉，並與包遵信、劉曉波、劉念春（均曾因反革命罪被判刑或免於刑事處分）等人相勾結，共同炮製〈汲取血的教訓，推動民主與法治進程——「六四」六週年呼籲書〉等文章，串聯數十人簽名，並在境外報刊上發表。

爲網羅敵對勢力，被告人王丹倡議並設立了「互助捐款」，向因反革命罪被判刑的罪犯王國齊、康玉春、劉京生等人及家屬提供資助，接受並推薦前非法組織成員接受境外敵對勢力的資助；爲籌集活動經費，王丹還要求境外組織向其提供資金。

根據以上裁決，法院最後宣布對我判刑十一年，剝奪政治權利兩年。其實，這當然不是法庭作出的決定，我相信這至少是經過中央政法委討論，報請政治局才能決定的。不過我們還是應當記住具體承辦人員的名字，他們是：審判長蔡玥、審判員王宜生、代理審判員李永京、書記員佟福和。

開庭結束，法院安排我與父母會面半個小時。我明確地告訴父母：第一，我會上訴；雖然知道上訴並不會改變結果，但是所有的公民權利我要全部行使一遍，訴訟程序我一定全部走完；第二，我絕對不會關滿十一年的，讓他們放心。

事實上，從法庭上下來，法警問我的感想，我說的第一句話也是「我絕對不會坐滿十一年」。我的信心來自於對共產黨的了解：他們抓政治犯，很大的一個原因就是爲了跟西方國家進行交換。這樣一個拿自己的國民當籌碼換取外國給予利益的政府，這在人類歷史上都是少見的。所以我判斷，他們早晚會以保外就醫的方式讓我出國。而事情的後續發展證明我的判斷是正確的。

## 抗議與聲援的浪潮

我被判刑十一年，引起海內外的抗議浪潮。美國《紐約時報》在頭版進行報導。美國國務院迅速做出反應，發言人指出：「王丹是中國最重要的人權代言人之一，我們對他的被囚禁表示關切。」美國國會眾議院南茜・佩洛西（Nancy Pelosi）發表聲明，指出這項審判「是對正義的一大嘲諷，並且對中國政府遵守法律的承諾提出強烈的質疑」。法國外交部發言人表示「中共實在令人失望」。英國政府發言人表示，將與歐盟其他會員國共商如何採取後續行動。

在香港，自審判開始之日起，十幾位香港市民已經接力靜坐十三天。民主黨主席李柱銘發表講話，說：「今天的王丹，就是明天的香港人。」就連建制派的自由黨主席李鵬飛都公開表示判刑太重。十一月三日，三千港人在鬧市遊行。十一月七日，香港立法局以二十九票對二十六票通過呼籲，要求中共當局立即釋放我。*

十一月一日，美國威斯康辛大學部分中國學生、學者及其家屬發出致全國人民代表大會的公開信，信中說：「對王丹的第二次審判威脅著大多數海外學子，挫傷了回國服務的決心和傷害了海外學生尋求助學資金和選擇學業的信心。」「我們這些海外赤子在受到外辱時，會感到傷心和憤怒，爲此我們會奮起抗爭。同樣，當祖國的政府濫用權力踐踏其公民的權利時，我們不僅感到傷心和憤怒，更有一種羞辱感，爲此我們也會表達我們的不滿。」一年半後，當我流放到美國，還專門去威斯康辛大學，會見了這些簽名抗議者。

我的上訴被駁回的當天晚上，香港支聯會在新華社門口舉辦燭光晚會抗議。台灣的施明德後來告訴我，他當時正好也在香港，也加入了抗議的靜坐行列。海外著名作家張系國在一九九六年十一月四日的《明報》上撰文〈丹心何罪？〉中提到：「王丹、魏京生等人如果有罪，他們的罪不過是希望中國人活得更有尊嚴。劉曉波等人主張保釣如果有罪，他們的罪不過是希望中國人活得更有骨氣，中共要處置這些異議分子，當然非常容易，代價是使原本不願認同中國的人更加堅定信念，也使國際對中共增加反感。本來姑息的說不定轉而傾向制裁，本來主張圍堵的更加振振有詞。眞正製造不安定的並不是王丹等異議人士，恐怕還是中共自己。」從日後的情勢發展看來，證明了張系國對於認同問題的判斷非常正確。

十一月八日，八百七十五位全世界各地的知識分子、科學家和公眾人物，包括二十二位諾貝爾獎

---

* 〈重判王丹，天怒人怨〉，《北京之春》（一九九六年十二月）。

得主，例如米爾頓・傅利曼（Milton Fredman）、圖圖大主教（Desmond Mpilo Tutu）、日本作家大江健三郎等，及當年諾貝爾和平獎的得主、東帝汶人權鬥士奧塔（José Manuel Ramos-Horta），還有一百三十位歐洲議會議員，聯署了致中國政府的公開信，要求立即釋放我，信中說：「王丹的所作所爲，都是公開、和平、合法地倡導人權，我們要求中國政府本著公正和人道的精神，尊重自己對保證人權的承諾，維護法律尊嚴，無條件立即釋放王丹。」共同發起簽名的是三個團體是：紐約科學院、科學家關懷人權委員會、全美科學家協會。十一月十九日，總部設在紐約的「人權觀察組織」（Human Rights Watch）授予我「人權鬥士」獎。一九九七年一月號的《查禁目錄》（*Index on Censorship*）雜誌發表了我的〈Reflections on Freedom〉一文，後來也被俄國的雜誌轉載。二〇〇八年我到牛津進修的時候，曾再次接受了他們的採訪，算是再續前緣。

十一月十日，許良英先生在北京發出文章〈爲王丹辯護〉，海外很多媒體進行全文轉載。許先生在文章中說：「想不到在徹底否定了『文化大革命』和以階級鬥爭爲綱的政治路線，標榜解放思想許諾民主與法制建設的『改革開放』十幾年以來，竟然又出現了像王丹這樣的大冤案，不能不使人感到意外和震驚。」

他痛批：「就在大張旗鼓宣傳『精神文明』的今天，卻要對這樣一個青年判處比當年岌岌可危的國民黨政權判處共產黨員更重的徒刑，實在令人費解和深思。可以肯定，這對我國政府不可能是一件光彩的事，也不是一種有自信的表現。」

他說看到我以前發表的文章，「今天重讀這樣一曲善良而純眞的感人心聲，不禁老淚縱橫。他的識語不幸而言中，而他竟被判如此重刑，這是國家、民族的不幸。但我深信，只要正義和公理尚在人間，這個冤案一定會像反右、『文革』時的無數冤案一樣得到平反昭雪。我在期待著這一天的到來。」

除了許先生公開發聲之外，中國社科院政治所的陳小雅也公開向政府喊話，希望可以公開出庭爲我作證。我父母更是不遺餘力地會見記者，發表談話，表達抗議，呼籲聲援，爲了支持我付出了巨大的代價。

一九九六年十二月號的《北京之春》雜誌，組織了「救援王丹」專輯，胡平在〈抗擊新一輪鎮壓狂潮〉中犀利地指出：「你們在王丹『犯罪』尚少時不依法判處較輕的刑罰，卻等到王丹犯下了『一系列』的『罪行』之後再判上十一年的重刑，這不是明顯的政治陷害嗎？」流亡海外的八九一代同學王超華、白夢、劉剛、劉俊國、劉祥、李錄、辛苦、沈彤、周鋒鎖、周勇軍、吾爾開希、項小吉、封從德、張伯笠、張倫、張華傑、常勁、柴玲、唐柏橋、梁二、蔡崇國等，十一月八日聯名發表了〈告中國人民和世界人民書〉，對「我們的好朋友王丹」被判刑表示「極端的憤怒和傷心」。

方勵之、李淑嫻老師也一直惦記著我的處境。一九九六年十二月二十四日他們給我父母寄來聖誕卡，上面寫著：「王憲曾教授、王凌雲教授：我們以王丹爲榮，也以你們爲榮，因爲你們教育出如此好的孩子。希望春天的鐘聲帶給中國更多春天的訊息。保重。」他們還特別提到：「同日寄出帶有兩張照片的賀卡給王丹，每張照片都有附言，希望他能收到。」可惜我還是沒有能及時收到。

給我家人來信的，還有「六四」的戰友。一九九七年四月二十九日，四川的韓燕明來信說：「阿丹的事，牽動著朋友們的心和所有關心他的人。不管到哪裡，大家總會問：王丹最近怎樣了？……我個人認爲，如果可以進行選擇的話，出國不失爲權宜之計。阿丹身體太單薄，我害怕長期牢獄生活對他身體有害……請您們珍重，這是很多朋友共同的心願。我們對未來是樂觀的，只要有健康的身體，我們會看到雲開霧散，陽光燦爛的日子的。」

一九九七年十二月二十三日，曾經在一九八九年民主運動中組織一汽工人大遊行的冷萬寶，從長春一汽宿舍發出給我母親的明信片，上面說：「王丹所追求的事業不僅是那您的自豪，也是中國人的自豪，我祝願王丹先生早日獲得自由，同時也向爲正義事業而付出代價的母親表示敬意和謝意，並祝您新年順安，夢想成眞。」

關心的熱情還來自台灣。台灣台北縣樹林鎭的張至寧，通過媒體報導得知我家地址後，寫信給我母親，信中說：「我是《王丹獄中回憶錄》的讀者。在文中，更令我動容的是一位非凡母親的形象——您溫厚、堅強，即使承受苦難仍無悔支持兒子的信念。我希望有一天當我爲人母時也能具備像您一樣母親的慈愛和勇氣。」

在美國的僑界，最關心我的是舊金山的華僑張昭富和孫學儉。張昭富聯絡了很多教會的朋友，幾年來不曾停止過聯名寄來聖誕賀卡，還到處張羅捐款。孫學儉則以我山東老鄉的身分奔走聯絡，爲我呼籲。一封來自海外，署名「瑪嘉」的朋友寫道：「遙祝您能用堅強的意志抵禦監獄的殘酷摧殘與封鎖隔絕。人類既然能進化至今，也必能戰勝目前的黑暗。」

這些信基本上都無法送到我手裡，但是也有漏網之魚。一九九六年底，我居然收到陳一諮的賀卡，大概是因爲上面的內容很簡單，只是「王丹：萬事如意」的字樣，所以檢查過關吧。這是直接寄到監獄我還收到的少數特例之一。

一九九七年二月我生日前夕，兩個香港中學生寄來生日賀卡，並致信我母親，還附上了幾本書。他們表示：「若以後王丹想看什麼書，而你們又買不到，寫信給我們好嗎？或許我們能在香港買到。」在給我的信中他們說：「這幾本書，是我們看過且極喜歡的，現在送給您，表示我們的一點小心意。希望您在獄中過得充實。」他們的名字是蔡昆婷、蔡清梅。

一九九七年十月五日，北師大教授劉遼先生聽說我身體不好，寄給我家人一千元人民幣，這在當年不是一個小的數目，並轉達給我他的叮囑，要我「堅持自學，堅持鍛鍊」。

一九九八年二月二十六日，二十二位美國眾議員聯名致信祝我生日快樂，信中說：「在你生日之際致信給你，是希望你知道我們關切你和其他的中國政治犯。作為美利堅合眾國的眾議員，我們想藉此表達我們對你的崇敬，以及對你長期堅持致力於推動中國的民主和人權的行動的支持。我們以能夠跟你們站在一起為傲，並期待你們能夠自由地發言和行動的一天。你面對迫害的勇氣使得你成為美國人民心中的英雄，我們希望有一天中國人民能夠了解你為此付出的代價。」（大意）簽名的包括約翰・波特（Johan E. Porter）、湯姆・蘭托斯（Tom Lantos）、南茜・佩洛西、妮塔・羅維（Nita Lowey）、法蘭克・沃夫（Frank Wolf）、喬瑟夫・甘迺迪（Joseph P. Kennedy, II）等。這封信直接寄到錦州監獄，不過我當然沒有收到，但是副本寄到了我家裡。

對我和我的家人來說，這些都是寒冷中的暖流。有朝一日我會寫一本《暖流集》，記錄下所有這些抗議的、關心的、悲憤的聲音，作為歷史的見證。兩次坐牢，並未能使得我喪失意志，也沒有打垮我的精神，來自四面八方的這些聲援和關切，起了很大的作用。

## 四、在錦州監獄

數年內兩度入獄，未來可能面臨漫長刑期，這對任何人來說都是一種巨大的精神壓力。但是在錦州監獄的生活中，我仍然能夠保持樂觀向上，積極進取的精神狀態，支撐我的主要是四根精神支柱。

首先是親情。我的父母和姐姐，尤其是我母親給我的支持與鼓勵，外界已多有了解，自是不必贅言。值得一提的是，我年逾八旬的外祖父堅持每個月給我寫一封信，一九九七年四月還跋涉兩千里路程從山東趕到錦州來看我。爲了怕我在獄中寂寞，我的舅舅給全家下令「每一個人都要給王丹寫信」，所以我的表弟、表妹們都與我保持頻繁的通信聯繫。

杜甫的詩中說「烽火連三月，家書抵萬金」。在獄中能收到親人的來信，其價値非金錢可以衡量。儘管我的親屬的來信也要經過檢查，所以我們無法在信中暢所欲言，但哪怕是隻言片語，哪怕是一張小小的賀年卡，也能給我莫大的溫暖和欣慰。

在錦州監獄一年半時間，共有十八次探視的機會，我父母一次也沒有放棄。我曾經多次勸她們不要每一次都來，但他們不畏路遠體弱，堅持不放棄每一次見面的機會，就是爲了給我精神上的支持。我母親曾經公開表示：「即使把王丹送到新疆、青海去服刑，我就是爬著也要每個月去看他。」我猜，這是當局最後沒有把我眞的送去青海、新疆的顧忌之一。

十八次探視，我的家人走過了三萬六千里路程，花費了兩萬元路費，保證了我每個月可以有大量的書籍報刊和各種食品，再加上全家族合計幾百封來往書信，這些使得我能夠免除「後顧之憂」，作爲政治犯，我是非常非常幸運的。

其次是友情。在我失去自由以後，我的同學、朋友並沒有因爲政治環境的險惡而疏遠我和我的家人。杭州的朋友王東海和陳龍德公開呼籲釋放魏京生和我，因而被判處勞教。我有一位朋友，聽說我再次被捕，毅然辭去在深圳的工作，返回北京重新找工作，以便就近照料我的家人。

一九九六年五月十一日那天，當時我還處於監視居住之中，可以收聽廣播，在聽眾點播節目中聽到有人爲「阿丹」點播《像我這樣的朋友》。我一聽就知道，這是我的朋友爲我點播的。後來聽說，他們爲了讓我能聽到，連續點播了一個星期。

我有兩位大學同學，不顧可能給自己帶來麻煩，影響到畢業分配的可能性，始終堅持跟我通信，不斷地鼓勵我和安慰我。此外，還有很多不知名的朋友以各種方式給我幫助：有的買來各種我需要的書刊、有的買來醫治咽喉炎的藥、有的僅僅是打電話來表示慰問。所有這些，我的家人在每月探視的時候都會向我提到，這使得我猶如在冬夜的荒原上烤火的人，背上雖然是刺骨的寒冷，但是胸前卻一片溫暖。

第三根精神支柱就是信念。如果說第一次坐牢我還有些迷茫，尤其是想到有同學死難的事情，會比較歉疚的話，這一回是第二次坐牢，我內心十分坦蕩。我清楚地知道，我的所作所爲沒有任何眞的觸犯法律之處，這一點政府比我還清楚。他們之所以毫無根據地亂判，我猜想是因爲他們本來就已經計劃找到合適的機會就把我驅逐到海外，換句話說，就是拿我當人權外交的人質。這很卑鄙，不過也使我內心篤定，知道自己不會眞的坐牢十一年。

另外，我堅信著兩件事：第一，我做的事情沒有錯，我是站在正義一邊；即使暫時蒙受苦難，歷史一定會還我公道；第二，中國一定會走向民主，即使這條路充滿挫折，但挫折的積累，會使中國的變化更快、更成熟。在獄中服刑，我僅僅需要耐心。因此，在致朋友的信中，我說我要做一棵河邊的樹，不管時光如何地似水流過，我都要堅定地屹立。抱有這樣的信念，我很少去想十一年要如何度過，我只關心每一天是不是虛度。

第四根精神支柱，就是閱讀。有了信念之後，我就把全部精力放在閱讀上。我一到錦州監獄，就向獄方提出了保證讀書的要求，我當時提出：井水不犯河水，你們保證我的讀書權利，我也不會成天跟你們鬥爭，大家最好相安無事。我當時想，儘管我是被迫害而關押，但是沒有必要把我的憤怒發洩在與警察的對抗上，與其花時間每天跟當局在獄中鬥爭，不如好好利用這段時間充實自己。這一點我想錦州獄方是能夠接受的。因此在我的讀書問題上，放的還是比較寬的。

有了長期坐牢的充分思想準備，我擬定了龐大的讀書計畫。當時我想集中在政治、哲學、經濟、歷史四個方面，全面地充實自己的基礎知識。此外，當時每個月都能看到十幾種報刊雜誌，包括有《人民日報》、《南方週末》、《報刊文摘》、《中華讀書報》、《山西發展導報》、《讀書》、《新華文摘》等，這使得我可以及時掌握社會上的信息和動態。我家人每個月送一批書，大約三十冊左右，令我在獄中有充分的精神食糧。

沉浸在書海中是我很熟悉的生活形態，因此也特別能令我心情平靜，也等於爲了營建了一個安全的精神世界。除了一日三餐和必要的運動之外，我幾乎不太理會身邊的現實世界，而是沉靜在閱讀的世界中。這樣的生活，使得日子過得也比較安穩。政治犯，很少有因爲坐牢而崩潰的，個中原因之一，就是他雖然失去自由，但是仍然擁有自己的精神世界。

一九九七年四月十七日我寫給大學同學高超群的信，顯示我對外界的動態，尤其是學界的動態還是能夠及時把握的，信中談到民族主義，我說：「第一，現在的民族主義思潮與近代（林則徐他們）、現代（五四一代）的民族主義思潮有一點很值得關注的不同，那就是前者的『造勢』性質很明顯，而且推動力不是出自學界內部，功利性很強。第二，民族主義思潮也不是鐵板一塊，比如你所說的『漸成共識』的民族主義，與張承志的民族主義就不是一回事，與『說不』系列的民族主義也不同。近來我終於讀了張承志的幾本書，如《心靈史》、《荒蕪英雄路》，對張抗抗以批評的口吻對我講過張承志的『清潔的精神』的實質有了更深的認識。我認爲，張承志的所謂『獨立』、『堅守』，不過是一種對當下的無奈和投降，他是以一種衝鋒的姿態逃離現場，用表面的堅定掩飾內心的絕望，所以才回過頭去想回族的英雄歷史，從一種與現代文明背道而馳的蠻荒勇猛中尋求慰藉。這種民族主義當然注定缺乏理論價值，其眞正的價值在於『煽情』。」保持思考，是面對失去自由生活的重要防衛武器。在那段時間，我寫了大量的讀書筆記，成爲我獲得自由以後的寫作重要基礎。

我在獄中，當然也有情緒低落的時候，有時也會莫名其妙地焦躁。尤其是按照約定的時間，沒有看到家裡或朋友來信的時候，情緒起伏就會比較大。但是總的來說，在錦州監獄的這段時間，我的精神狀態是好的，基本上我能以樂觀、積極的態度去面對黑暗的日子，這就要感謝以上四根精神支柱。

同時我也仍然堅持依法維權。

一九九七年四月初，我通過獄方向北京市西城區人民法院遞交起訴狀，針對一九九五年五月二十二日北京市公安局以「涉嫌擾亂社會秩序」爲由，對我進行監視居住一事，對北京市公安局提起行政訴訟，要求法院判決北京市公安局的行爲違法，並賠償由此帶來的一切損失。

四月十日北京市西城區人民法院就發下編號爲「一九九七／西行初審字第三十三號」的行政裁定書，其中稱：「經審查，王丹不服北京市公安局對其實行監視居住提起的訴訟，不屬於行政訴訟受案範圍。」並以此爲理由對我的行政訴訟案不予受理。這是很不公正的裁決，等於剝奪了人民反抗政府欺壓的權利。裁定的承辦人員是：審判長帥改然、代理審判員鄂曉靜。

現在回想起來錦州監獄的日子，其實也不全然是黑色的記憶。我一直覺得，生活是什麼樣的，完全取決於你如何看生活。如果你用負面的情緒看，生活就是負面的；如果你用正面向上的情緒看，生活就是正面的。所謂「境由心造」，就是這個意思。儘管，監禁是一種苦難，但是苦難，並不必然就一定是黑色的。如果你學會苦中作樂，或者學會從苦難中得到一些收穫，苦難也可以變成珍貴的回憶。

不可否認，當局在監禁條件方面，對我是給予特殊照顧的。我的關押地點，是監獄中的一個獨立的小院。院中有活動空間，栽種兩顆棗樹，秋天收穫的季節，滿樹的棗子就是我們的專利。這個小院地位特殊，除了專屬的監管人員和監獄領導外，其他人，包括其他中隊的監管幹部也不准進入。

我們住的是一幢平房，室內空間相當大。除了我以外，還有其他幾名犯人，顯然都是精心挑選過的。他們的主要服刑內容，就是陪伴我，當然，也是監督我。不過我跟他們的關係都處得不錯。

在我多次要求下，室內逐漸增添了書桌，暑假時甚至還應我的要求架設了一個乒乓球桌子。我每天的生活，除了大部分用於閱讀外，也可以自由在院中活動，或者打乒乓球。我至今仍喜歡打乒乓球，而且就業餘水平來說，還不是那麼差，就是這兩年坐牢練出來的。晚上的時間我們看看電視，我也組織其他人打橋牌。這是我當年在北京第二監獄的時候學會的，現在第二次坐牢，已經可以做教員了。我同牢的幾位難友，本來完全不會橋牌，結果在我每天督促下，後來也都上了癮。我們有時候嚴重違反監規，打一夜橋牌不睡覺。

外界通常把監獄想得非常黑暗，這多少有些想像過頭的成分。以我兩次坐牢的經驗，監獄其實也是一個小社會。每個人，包括管教幹部在內，在監獄中也是要每一天每一天地生活。如果每天都是劍拔弩張，淒慘黑暗，這日子就沒法過了。外界傳說各種獄中的黑暗情況都存在，但是大部分時間，大家也都是按部就班地過日子，在痛苦中也是會有一些歡笑，畢竟還是要生活下去。

至今我想起兩次坐牢的日子，也還是能挖掘出一些值得懷念的成分。

## 五、流放美國

第二次坐牢，我的身體健康狀況明顯不如第一次。主要表現在兩個方面。一個是我一九九三年出獄之後，就發現在天氣冷的時候，會有嚴重咳嗽的問題。請醫生診斷，是慢性咽喉炎。據醫生說，跟我第一次坐牢時長期關押在不見陽光的房間裡，以及營養缺乏有關。這種咽喉炎屬於慢性病，不太可能完全治好。

一九九六年十月我到了錦州監獄，這裡的冬天非常寒冷，咽喉炎的症狀就變得越來越明顯，經常日夜劇烈咳嗽，咳到肺都要炸了一般，也影響到睡眠。另一個就是一九九七年開始，逐漸出現頭暈頭痛的現象，原因不明，時好時壞。正是原因不明，我才比較擔心。

一九九七年八月十日，我父母來探視的時候，我表達了對自己身體狀況的擔憂，我當時提出希望能夠轉回北京關押，以方便就醫。其實我還有另一層考慮，就是希望能夠減少父母每個月長途探視的辛勞。但是那時候還想不到有可能被保釋。其實在此之前，我父母早在六月二十一日就正式向司法部提出了保外就醫的申請。

一九九七年十一月十六日，魏京生被以保外就醫的名義送到美國，我在監獄中完全不知道。當時外界也有一些傳言，說是很快就會釋放我。但是傳言畢竟是傳言，在沒有發生之前，是無法取信的。吸取一九九六年世婦會之前傳言會釋放我、然後什麼也沒有發生的教訓，我擔心沒有根據的期待會給父母帶來更大的失望，因此每次與家人見面的時候，我都反覆強調不要聽信社會上的傳言，現在完全沒有根據說我會被釋放。

然而，我在心中還是開始逐漸做一些可能被釋放的心理準備，因為陸續出現了一些小小的跡象。例如，我來錦州監獄這麼久了，監獄長從來沒有露面。但是一九九八年四月初的一天，他忽然來到我住的小院，跟我閒聊了半天，也談到以後出去的打算。我心想這眞是奇怪了，我還有九年多才能刑滿釋放，現在聊什麼出去的事呢？更引起我警覺的一件事是，四月上旬的一天，監獄管理科的幹部來了好幾位，說是要給我照相。他們好像是編了一個藉口，我現在也忘記了，但是當時我就沒有相信。我畢竟不是第一次坐牢了，沒有那麼容易相信監獄幹部的話，當時我就有點懷疑心，好端端的爲什麼要拍正面證件照？不知道這一次又搞什麼鬼。當然，以後被流放美國我才回想起來，這根本就是在爲我的護照準備照片。

雖然心裡堅決不相信當局這麼快就要釋放我，但是因爲這些跡象，也因爲我本來就相信我不會坐滿十一年，所以我在心裡也模擬過如果被宣布釋放的情況。因爲一九九四年有過王軍濤被以「保外就醫」的名義送去美國的先例，而且第一次被釋放之後公安局的人委婉試探過我是否願意出國的，所以我倒是早就料到，一旦當局決定釋放我，是不會讓我留在國內的。問題在於，一旦面臨這個選擇的時候，我要不要接受出國作爲自由的條件。

第一次獲釋是一九九三年二月。回到自由後不到一個星期，官方就有人找我談話，暗示我可以離開中國，去美國唸書。我拒絕了，我的理由是：我希望繼續爲中國的民主和人權而戰。

一九九三年我二十四歲，「六四」天安門大屠殺剛剛過去四年，當時中國政治環境很殘酷，鎮壓的結果就是大多數人選擇沉默。可是我不想沉默，我想繼續戰鬥，因爲我不能忘記那些死難的同學和市民，也不能忘記四年前我們用生命去爭取的理想，仍然還是一個夢。我知道，留下來繼續戰鬥，我很可能會再次入獄，但是我還是不想離開，因爲我不甘心，我不想放棄，我還想爲這個我深愛的國家做一些事情。

但是這一次，我打算選擇離開。

我選擇的原因很簡單：爲了我的家人。我二十歲坐牢，這對於任何一個家庭來說都是不可承受之重，但是我的家人深明大義，他們知道我做的事情是爲了國家好，他們支持我。然而，他們也因爲支持我付出了沉重的代價。我母親甚至也被關押過五十天，受盡折磨。後來我被關押在遼寧省錦州監獄，我父母每個月不遠千里來監獄探視。每一次看到他們的辛勞和掛念，我都非常難過。

我知道，如果我繼續留在中國，留在監獄裡，也許可以得到更多國際上的關注和別人的讚揚，甚至還會得到諾貝爾和平獎。但是我決定：夠了。我的家人已經爲了我付出很多，現在是我要爲他們付出的時候了。

我認爲，一個國家的民主和人權固然重要，但是一個家庭的親情也很重要；留在中國，也許會成爲一個英雄，但是我們沒有理由讓家人爲了成就自己的英雄業績而付出太大的代價，那也是一種自私；離開還是留在中國，確實是一個艱難的選擇，但是，如果我第一次確實曾經爲國家付出過，我就有權利在第二次的選擇中，爲自己的家人多考慮一些；而且我知道，我們雖然離開，但是我們一定還會回來！

而這，也正是我當時內心的想法。

做出選擇的這一天，很快就來到了。

一九九八年四月十七日上午，關押我的小院裡突然不斷有人進出，而且面孔陌生，我已經知道有重要的事情要發生了。沒多久，監獄長和幾位我不認識的官員把我叫到辦公室，簡單明了地對我說：你不是多次申請保外就醫嗎？現在中國有關部門經過研究，決定接受你的要求，送你去美國保外就醫，你把東西收拾一下，今天就走。同時他們告訴我，昨天晚上北京市公安局的人已經通知了我的父母，並把他們接來了錦州，他們會陪同你從錦州到北京機場。

我因為已經有了思想準備，而且已經決定接受流放，所以儘管內心很激動，但是表面上還是很平靜。此時我知道說什麼都沒有實際意義，因此幾乎是二話不說，返身就回去房間開始收拾行李。

當天晚上，獄方先安排我跟父母見面，然後連夜出發，前後六、七輛車組成一個車隊，快速向北京開去。監獄長跟我坐一輛車，我父母則被安排坐在後面的一輛車上。沿途大家都沒有什麼話說，只有監獄長表示，你出去之後一定會有記者會，我們都會看，希望你對於獄中的待遇能實事求是的表達。顯然，官方對我的釋放早就做了各種沙盤推演。我還注意到沿途七、八個小時的行程幾乎完全沒有遇到交通狀況，各個路口都有事先安排的戒備保證我們車隊的通行，所以可以說是暢行無阻。

四月十八日一早，我們到達北京機場，這時，姐姐、姐夫和我的小外甥一家也被接來，我們全家團聚在機場的貴賓室。不久，美國駐華大使芮效儉（J. Stapleton Roy）和使館政治一祕李先生也趕到。大使先生開門見山對我說：中美之間達成協議，送你到美國保外就醫，我們非常歡迎你來美國，不過我們要確定這是出自你本人的意願。這一點很重要。如果你現在表示你本人並無意願，我們會要求中國政府尊重你的意願。我當然表示我本人願意接受去美國的安排，同時也感謝了美國政府對於釋放我而做的努力。大使先生表示很高興聽到我的回答，同時告訴我，他已經安排美國駐華大使一等政治祕書李先生陪同我飛往美國底特律。

離開的時候，我的心情是非常非常複雜的。一方面是離開中國，結束了十年來被捕、坐牢、監視、恐嚇，種種不安定的生活，而父母也不必再我為提心吊膽，我的內心當然是鬆了一口氣。但另一方面，我心裡很清楚，這次一腳踏出國門，會在很長的時間內無法返回了，離開祖國，離開這一片我為之付出了青春和熱情的國土，心裡當然很難過，畢竟這裡還有很多事是我一定會、也必須要牽掛的，畢竟我們當年的理想還沒有實現。此外，即將去到一個完全陌生的異鄉，面對嶄新的環境、嶄新的生活，我也多少有些茫然。

然而，我在內心告訴自己：走了，並不代表不能回來；流亡，也是異議人士的命運之一，我必須去勇敢面對。而新生活的挑戰，本身也是一個鍛鍊的機會，未知的未來我也同樣要去勇敢面對。這十年來的顛沛生活，已經教會了我一個簡單的道理：既來之，則安之。

就這樣抱著複雜的心情，我登上了美國西北航空公司NW88次航班。飛機八點五十五分起飛，我離開了不自由的祖國，飛向一個自由的異鄉——美國。

當天上午十一點十八分，新華社發表了簡短報導，向外界宣布：「中國司法部發言人今天在回答本社記者提問時說，王丹因患有疾病，我有關司法機關日前已依法准予他保外就醫。王丹已赴國外治病。」

# 第六章　哈佛十年與政治流亡生活

## 一、初到美國

一九九八年四月十八日，我乘坐美國西北航空公司NW88次航班，於上午十點抵達底特律國際機場，正式開始了流亡生活。

在我即將於北京上飛機之前的一分鐘，中國官員才塞給我一本中華人民共和國護照，有效期五年。因此，我是持有效護照入境美國的。美國移民局官員直接上飛機接我，未經過正規入境大廳即辦理了入境手續。在白宮的安排下，我隨後被送到底特律的亨利福特醫院（Henry Ford Hospital）接受身體檢查。

肖強、劉青作爲「中國人權」組織的代表，專程到底特律來迎接並幫我安排後續事宜。「六四」

時期的戰友沈彤也趕到這裡。當地的美國參議員卡爾．李文（Carl Levin）到醫院探視。當然，大批的記者，其中主要是港台的記者，都已經在醫院外安營扎寨。

醫生和護士對我都很熱情，多少減少了一些我的陌生感。醫生告訴我說，頭痛的症狀，經過CT腦部掃描檢查，沒有什麼問題，可能是精神壓力過大導致的，注意休息就好了；比較麻煩的是咽喉炎的問題，因爲很難治癒，而我的喉部因爲長期發炎，已經形成紅腫，需要多喝水少說話。我當時就想，多喝水也許還可以做到，少說話，恐怕根本無法做到了。

經過短暫幾天的休息，四月二十一日，在肖強和劉青的陪同下，我離開底特律去紐約，而美國使館的一祕也返回北京。美國官方對我的接待就到此結束，接下來我的生活安排，就要自己解決了。當然，其實就是轉交給中國海外流亡群體的朋友，由他們給我提供幫助和建議了。

當天上午到達紐約紐華克機場，陸鏗陸大哥、凌峰、王軍濤等民運人士來接機，因爲記者很多造成的擁擠，還讓陸大哥摔了一跤。跟軍濤自一九八九年之後，這是第一次見面，彼此都有很多的感慨。我們沒有太多的交談，但是我們都知道，時間不會對我們之間的信任與情誼造成任何影響。這是我們第一次見面，也是未來長期合作的新開始。

到了紐約之後，先是「中國人權」安排我在飯店住了幾天，然後我就搬去軍濤在哥倫比亞大學附近晨邊區（Morningside Dr.）的住所。在那裡，他給我開了一個清單，是海外民運各界人士，他說這些都要一一致電聯絡，才算禮數周到。當然，我們談得更多的，還是我未來的發展方向。

那時候我剛到美國，雖然心中已經打定主意，要先去唸書，但是對於未來還是相當的茫然。包括如何平衡唸書、個人生活與民運的政治活動之間的關係等，我都還在思考。當時也有不少人勸我潛心讀書，不要參與民運的事情。

這時候軍濤的一番話，對我起了很大作用。他說：你今天能有這樣的名聲和話語權，其實是八九民運的犧牲者，是你自己這十年的代價堆積起來的資源，這些資源現在是你個人的，你不去使用，別人也用不了，它就白白浪費了，這樣做太對不起那些死難者，也對不起你這些年的付出，所以，你不應當離開海外民運。這番話，使得我對未來的定位更加堅定和清晰了，那就是：一邊讀書，一邊參與海外民運活動，力求平衡。

剛到美國，很多媒體報導，海外華人也有高度關注，大多是鼓勵，也有教誨和叮囑，這些在我看來都是寶貴的財富。四月二十四日的香港《壹週刊》上，李淑嫻老師的公開信寫的令人感動，她說：「你終於來了，你知道嗎？我盼望你來的日子，望得連眼睛也掉了出來……。我雖然曾經是你在北大的老師，你雖然曾是我們家中的常客，你儘管已歷遍滄桑，但在我眼中，依然是個孩子，我依然會像疼兒子那樣疼你……。」

李老師建議我：「還是好好讀書吧，我們可替你找間學校，這些事我會為你張羅，別的事不要理太多，知識，才最重要，才是自己的所有，你是如此優秀，別埋沒了青春。太久沒見了，想給你買些衣服，但不知道你現時穿的尺碼，以前你瘦瘦的，怎麼辦呢？還是帶件外套給你吧！計程車來了，我得趕往機場，我知道，見到你，我會哭。」這些關切的話，至今讀來還是淚眼模糊。比起外界的關注和推崇，這種溫暖對於一個流放到異國的人來說，才是最需要的。

開希有另一種心情，他在電話裡說，不知是該恭喜你、還是替你難過。經歷了流亡生活艱辛的他，此番話沉重而眞摯。他說：「流亡，日子永無中止，是無期徒刑。」而民運前輩魏京生則在《壹週刊》也寫下給我的另一番建議：「我告訴你，你肯定要走我的路，肯定要跟我合作，肯定。讀書？也好，但也正中共產黨的圈套，共產黨的人就是這樣希望，最好你們統統出去讀書不要再搞事。」

眾多評論中，甘陽的〈兩個王丹〉一文是比較獨特的，*因爲探究到別人沒有觸及的角度，他說：「王丹的不同或許在於，他似乎比任何人都更自覺地意識到他所扮演的公共角色與他的個己自我之間的差異、距離，以至張力。他義無反顧地努力扮演著他的公共角色，因爲『是歷史把他推到了這個位置上』，但另一方面，他又清醒地意識到這個公共角色並不就是他的全部自我，他本無意爲做英雄而做英雄。」在一片讚揚聲中，這是少數比較能夠冷靜客觀，願意深入我的內心的評論。

四月二十三日在紐約召開第一次中外記者招待會，這是我到美國之後，也是我一九九五年之後第一次跟外界、在公眾面前露面。這場記者會由普林斯頓大學教授林培瑞（Perry Link）翻譯，特意從西岸趕過來看望我的李淑嫻老師、當年的「六四」戰友劉剛、「中國人權」組織的代表劉青在台上出席作陪。這也是一場頗爲受到矚目的記者會，因此我專門草擬了發言稿。

我首先感謝了各界對我的釋放所作的努力和聲援，然後表示：「我來到美國，對自己的基本要求有兩條：第一是完成學業，充實自己；第二是爲推進中國的民主化進程，改善中國的人權狀況，盡自己的力量，做一些有益的事情。」

對於外界質疑我爲什麼不直接投入民運，而是轉而唸書，我表示：「因爲我深深地感到，我自己在理論修養和個人素質方面，非常有待提高。爲了推動中國的進步，我想沒有堅實的個人基礎，是難以想像的。」我表示：「我仍將以三個標準來衡量自己的行爲，即對得起國家人民、對得起歷史、對得起自己的良心。」

最後我表示：「我期待著這麼一天，那個時候，自由、民主、人道、寬容、平等、博愛這些理念不僅在中國深入人心，而且具體化爲社會巨大的進步。到那一天，我們將結束一切痛苦的回憶與淚水，中國將會走向一個燦爛的明天。我相信，只要我們付出汗水和努力，那樣的一天終將到來。」

在回答記者提問的時候，針對回顧「六四」有什麼反思的問題，我提出，對於自己在八九年的表現，我認爲是三分功、七分過。我這麼說，是對自己所做的反思而言，因爲我始終認爲，我自己對死難者負有道義上的責任。然而，當媒體報導出來以後，不少人有所誤解，以爲我是在評價整個八九民運，紛紛表示不同意見。

在自由世界，作爲一個名人，就會有被外界嚴格檢視的問題。例如，《壹週刊》的陳惜姿當時就曾經在第四二五期的「編輯室週記」中談到一件事。有一次她到軍濤的住處採訪我，攝影記者一早守候在樓下，看到我和幾個老同學回來，就舉起鏡頭，結果被我擋住鏡頭。記者顯然表示不滿。但是那時候我跟一位即將回國的大學同學見面，如果被拍到，對他不利，情急之下我才擋住鏡頭。面對這樣的媒體指控，我當然很委屈。不過現在回頭看，也應當有更好的與媒體溝通的技巧。

*《聯合早報》（一九九八年四月二十六日）。

我現在已經知道，我不能因爲擔心誤解就不做任何事情、不說任何話。對於誤解，我能做到的就是：第一，盡量去解釋清楚；第二，實在還是無法令別人接受我的解釋的話，就讓時間去證明，而不用沒完沒了地、花費太多的時間和精力去解釋。畢竟，路還是要繼續走，我沒有太多停頓的時間。

## 進入哈佛大學

我公開表示，要進入美國的學校唸書之後，王軍濤、胡平等一批關心我的朋友開始積極行動起來，幫我聯繫各個學校。他們建議我多申請幾所大學，也到那些學校去看看，然後再做決定。於是，我稍微安頓了生活之後，立即開始了在美國申請學校之旅。

四月二十九日晚上，我的第一站就來到聞名已久的哈佛大學，此行目的有三：一是慕名參觀；二是申請入學；三是要做一次演講。當天晚上我住在一九八九年天安門廣場「絕食四君子」之一的高新家裡，見到費正清中心圖書館的Nancy。未來，在我哈佛的生活中，她給了很多的幫助。

第二天上午先接受哈佛學生報的幾個學生的採訪，然後去費正清中心見哈佛政治系主任麥克法夸爾（Roderick MacFarquhar），他寫的《文化大革命的起源》（*The Origins of the Cultural Revolution*）一書在國內學術界很受重視，他也是我進入哈佛的主要推薦人之一，後來成爲我的博士導師。

按照朋友的建議，不管我未來要進入哪所大學，語言都是面臨的最大考驗，因此必須先利用暑假上英文補習班。而王軍濤已經委託Nancy，代爲聯絡了哈佛暑期學校的英文班。所以上午我就去見校長，並去暑期班正式註冊，準備夏天開始上語言課程。中午接著去歷史系見系主任柯偉林（William

Kirby）教授和包弼德（Peter Bol）教授，當年秋天我進入東亞系時，柯偉林就是我的導師。事實上，從碩士到博士，柯偉林都是我的第一導師，彼此結下了深厚的師生情誼。

中午我在燕京圖書館的禮堂演講，題目是「我的心路歷程」。這是我在美國後來大大小小數百場演講和座談中的第一場。一些老朋友如王希哲和陳小平等也是在現場第一次見到，分外親切。由於警方堅持不允許超過場內座位數的人進入，門口還有很多朋友進不來。

下午去拜會哈佛費正清中心客座教授谷梅（Merle Goldman）。我在監獄的時候，許良英先生曾送給我她的《在中國播撒民主的種子》一書讓我試著翻譯。接下來去見哈佛研究生院院長，辦理申請手續。晚上則是與在哈佛大學的中國學者朱學勤、楊小凱、郭羅基、黃萬盛、楊建利、陳小平等共進晚餐。

一天下來，哈佛校內的茵綠草坪，在藍天白雲下，與森森古樹相對應，一派古老學府的莊雅氣勢，已經給我留下了美好的印象。

五月八日去耶魯大學參觀並申請入學。早上先去前中國社科院文學所學者、目前在耶魯大學教中文的蘇煒的辦公室。八九學潮前後他在北京知識界非常活躍，參與了多次知識界聯署的組織工作。在蘇煒那裡還見到了我久仰的台灣詩人鄭愁予先生，我從高中起就喜歡他的詩，這次終於得見本人，如沐春風。

中午會見了耶魯大學校方人員，並特意安排在耶魯的學生食堂就餐。這可是我九年來第一次重新在學生餐廳吃飯。下午與兩百多名中國和台灣、香港的留學生座談，台灣學運世代的代表人物林佳龍、范雲等當時也在場。

晚上去拜訪史景遷（Jonathan D. Spence）教授。他是耶魯的鎮校之寶，也是在美國最具影響力的中國歷史研究專家。他告訴我，校方白天針對我的申請進行了討論，已經決定錄取，錄取通知下週二就可以發出。據說這是耶魯三百多年以來第一次這麼快速就決定錄取一名學生。

接下來的一站，就是加州大學柏克萊分校。

五月十八日到舊金山，一九八八年就認識的老朋友，《世界經濟導報》前駐京記者站主任張偉國首先帶我參觀柏克萊校園。

這是我在美國走過那麼多的大學中，感覺上最像北大的一所。校區依山而建，各種建築依次重疊，在綠樹掩映下交替錯落。驅車到山頂，對面就是灣區，遠處可見到迷茫一片的太平洋遠海，近處是幾座跨海大橋把蜿蜒的灣區連接在一起。時值黃昏，夕陽把海灣的水面映照得斑斑點點，水上的片片白帆似乎凝固在水面上，而耳邊則是獵獵的林濤和夏蟲的鳴叫。柏克萊給我的第一個印象就是美得令人震撼。我半開玩笑地對偉國說，如果我最後決定不來柏克萊，可能就是因爲這裡的校園太美了。這麼美的校園，我會沒有心思唸書的。

下午在新聞學院座談，院長夏偉主持，三百多名中外師生與會，還見到了久別的于浩成、陳鼓應等先生。次日見了副校長和教務長，校長在北京。他們表示明天我就可以收到錄取通知。學校除了提供全額獎學金以外，考慮到我參與社會活動的實際需要，還考慮提供一年五千美元的特別補助，這是非常特殊的禮遇。

晚上住在該校的教職員俱樂部（Faculty Club），美國的大學都有這樣的設施，但是這一座非常特別，因爲環境優美。這是一座古色古香的小木樓，裝潢古雅考究，很有情調。晚上走在樓梯上，聽著腳下的木板咯吱咯吱地響，看著月光從菱形木窗中透出而灑在地面的細碎陰影，聞著一種似乎是樹脂發出的淡淡香味，彷彿不是身處於一座現代化的大學，而是在一座英國舊時的古堡中。

那一晚我遲遲不能入睡。安靜地躺在床上，我覺得一切似乎就在夢中。一個月之前，我還在中國東北省分的牢房中，到處是鐵絲網和武警，面對看上去漫漫無期的長刑；而一個月之後的今天，我卻身處在美國大學的校園內，在寧靜的月光下享受舒適的住房，再沒有對未來的擔憂，再也不必隨時準備面對可能的變化。從地獄到天堂，原來竟然是一個月的旅程。這種命運的神奇，讓我覺得不可思議。孔子講：子不語怪力亂神。有時候我覺得，命運也是很神奇的東西，也許不去分析它反倒更容易接受它。

二十日，我離開舊金山，順便轉機到洛杉磯，這個我未來的定居之地。天安門戰友張伯笠和吳仁華接機，這裡還有曾經在「自學計畫」上與我密切合作的程眞。晚上得到家裡通知，北大校方已經正式決定給我出具過去的成績用來申請美國的學校，這是很不容易的，北大到底還是北大。

二十二日，我在加州大學洛杉磯分校對留學生演講，會場爆滿，約五百人參加。本來王超華請中國學生會出面，但是他們與領館關係不錯，不願出面。但是聽完之後，主動來找我並希望再辦一次。我在幾所大學的演講，基本上秉持溫和的立場和語氣，也有遇到挑釁性的問題，但是我都盡量平和以對。一般而言，大家對我的演講評價都還不錯，我想這可能是因爲他們都有一個預期，以爲兩度坐牢、與中共鬥爭十年的我，應當是一個炮火四射，慷慨激昂，拍桌子打板凳的嘶吼型演講者，結果沒想到我是這麼的溫和，這才得到他們的肯定。

晚上住在王超華家，得知哈佛東亞系已經召開教授會，決定給我錄取通知，條件是先做一年的預科生（Special Student），然後直接攻讀碩士，一年一萬二千元的生活費（包括食宿等）。

此時，我已經申請並得到了哈佛、耶魯、普林斯頓三所大學的錄取，同時，密西根大學也表示只要我願意，他們也願意錄取。現在是我必須做出一個抉擇的時候了。坦率講，上述學校都是一流大學，放棄哪一個都是令人遺憾的，我很猶豫。

當天晚上，洛杉磯地區的幾個朋友王超華、閻雲翔、張伯笠等都力勸我選擇哈佛。次日上午我又打了一圈電話徵求意見，我家人、余英時、方勵之、林培瑞、張偉國等也都主張去哈佛，最後王軍濤、陳小平、胡平等也來電話支持我選擇哈佛。這樣，我終於決定接受哈佛的錄取通知。

到美國一個月的時間，我就已經確定了未來十年的落腳處——哈佛大學。同時，我也為自己確定了具體的目標：用十年的時間，拿到哈佛的博士學位。

## 二、投入海外民運

早在我第二次被捕之前，我就聽說了一些海外中國民主運動陣營的紛紛擾擾。到了美國之後見到各方朋友，當然更聽到各種不同的意見。當時我的想法很簡單：第一，我雖然要兼顧學業和民運事業，但是學業所占的比重畢竟會更大，所以我不太可能投入所有精力來參加民運工作。因此，民運方面，我不能把攤子拉得太大，目前來說，還是應當以召集原八九一代同學爲主，對於傳統民運，我期望自己能夠保持比較獨立的位子，不想過於介入。第二，儘管民運的形象飽受爭議，但是我不應當退出，因爲如果大家都退出，只能使得民運的形象更不好。第三，面對複雜的派系，我的立場是：即使不能合作，也不要拆台；兄弟登山，各自努力，絕對不要公開進行相互攻擊。

五月五日，我在華盛頓會見了美國助理國務卿陸士達（Stanly Roth），白宮安全助理伯傑（Sandy Berger）的人權問題助理傑夫・巴德（Jeff Bader）等。他們承認，儘管柯林頓（Bill Clinton）訪華時曾經用了兩個小時專門談人權問題，但是中國的人權問題沒有實質改善。我則表示理解美國的外交政策，並給了他們一份政治犯名單，包括劉念春、李海、劉曉波、高瑜等，希望在未來的中美互動中能夠提及。

下午去美國國會拜會眾議員南茜・佩洛西。佩洛西從剛開始在美國政壇起步的時候，就以關心中國民主化議題而出名，她一九九〇年以議員身分訪華時，曾經到天安門廣場獻花，這一舉動令中國政府極爲惱火。多年來，佩洛西議員對我的處境始終非常關心，多次發起聯署呼籲釋放我。這次終於見到面，她一來就給了我一個熱烈的大擁抱。從此以後，我每次去華盛頓，都會去她的辦公室坐坐，眼看著她從一名普通的眾議員，一路做到民主黨黨鞭，然後是眾議院議長，成爲美國權力巔峰上的人物。我跟她開玩笑說，每次來看你，你的辦公室都變得更大。

一九九八年六月八日，我參加了海外民運協調會議，這次會議是在陳一諮家舉行的。鑑於魏京生和我都已經分別來到海外，陳一諮認爲有必要進一步考慮海外民運整合的問題，所以召集大家討論。王軍濤、魏京生、劉青、胡平都來參加。

這是一次非正規的碰頭會議，因此大家都是隨便聊聊自己的看法。老魏說民運要對外統一口徑，軍濤則認爲統一要經過協商，陳一諮表示可以有不同觀點，這是民主；而胡平則認爲有不同觀點但是要互相補台，我主要是提出求同存異作爲民運整合的原則。

七月三日和四日開第二次碰頭會議，這一次的地點，是在紐約附近的巴德學院（Bard College）。這裡的週末人煙稀少，方便大家認眞討論。這次會議，參加的有老魏、軍濤、李錄、劉青、陳小平、胡平、肖強、鄭義、辛灝年和我等十個人。老魏再一次提出，他希望能夠出來整合民運，希望以後大家對外發言的口徑，能夠跟他統一；對於這個要求，與會的大部分人有不同意見。我個人認爲應當在做事情上統一，而不是非要在形式上統一。鑑於意見分歧太大，這次協調會開了一個上午就解散了。這兩次會議是一次重要的嘗試，嘗試把海外民運重新整合起來，可惜因爲意見的分歧而功敗垂成。

此時外界討論焦點是美國總統柯林頓訪華和美國的對華貿易最惠國待遇問題。關於最惠國待遇，我是持支持態度的，這是我在國內就有的一貫立場，因爲我認爲對於國際社會來說，與中共保持接觸比完全的圍堵要好。圍堵政策只能使得中共可以更有效地利用中國人的民族主義情緒來鞏固他們自己的統治。同時我也呼籲柯林頓訪華時，要對北京提及人權問題，促成釋放更多的政治犯。

對於我的立場，有些人是反對的，其中包括魏京生在內，他們認爲在中國人權改善之前，柯林頓不應當訪華，尤其是不應當在六月這個時機去。他們更反對在沒有與人權問題掛鉤的前提下，給予中國最惠國待遇。因爲這樣的分歧，有些人指責我是「投降派」，更有比較激進的民運朋友見到我有點橫眉立目的。對此我完全理解和尊重，我認爲民運發出不同的聲音是好事情，不同的立場反而有利於爭取不同的族群。對於因爲意見不同而導致他人對我的攻擊與誹謗，我也只有保持沉默，承受誤解。一個人不可能讓所有的人，在所有的時間裡都能夠喜歡你，我認爲很多無奈是必須面對和接受的。

八月二十一日至二十三日，我召集全美各地的原八九學生到紐約開會；參加的有李錄、沈彤、周峰鎖、常勁、程眞、童屹、項小吉、劉俊國、易丹軒；因故不能趕到紐約，而通過電話連線，書面發言或全權委託等方式與會的有開希、柴玲、封從德、王超華、熊炎、姚勇戰等人；仍然在國內的馬少方、王有才、楊濤、翟偉民、王正雲、楊海等二十一名來自七個省市的同學也發來了賀信，這樣，通過各種方式與會的原八九學生達到四十三人，是「六四」之後最大規模的一次聚會。會上決定成立「天安門一代」聯誼會，提出「重新集結，再次出發」的口號。會議推選我擔任召集人，同時分成了不同的小組。

「天安門一代」聯誼會積極活動了兩、三年的時間，後來也是因爲內部產生了一些意見分歧，以及有些朋友出於個人原因逐漸減少了參與，而慢慢停止了活動。一部分比較有共識的朋友，如李恆清、項小吉、潘強、劉俊國和我等轉而以「青年中國」的名義繼續推動海外「八九一代」的工作。

一九九九年初，爲了紀念「六四」十週年，我開始籌備和發起全球百萬人簽名行動。一月十五日我們在紐約召開記者會，宣布活動起跑。魏京生、王炳章、戈揚、劉青、童屹、林保華等參加。國際特赦、國際筆會、人權觀察都派代表發言支持。爲了讓紀念活動更加打動人心，我還嘗試邀請各界人士加入。一月二十三日晚上，我跟著名歌手羅大佑見面，十年前他曾經參與過代表性民運歌曲《歷史的傷口》的創作，如今我希望他能再寫一首歌給十週年，不過他婉拒了。十年過去了，外界對民運的關心和支持的力度有所下降，在我看這也是正常的。最後經過很多朋友的共同努力，我們在全球爭取到來自一百三十八個國家的十五萬份聯署，雖然沒有達到百萬人的目標，但是也差強人意了。

進入哈佛後，學校方面其實是不希望我參加太多的社會活動，以免影響學業，所以對於各項民運活動我歷來是有選擇的參加。但是，「六四」活動是不能退卻的，我認爲也許別的我能做的不多，但是，讓人們記住「六四」、記住歷史，這是我在美國的基本任務。不管行程多緊張，我都盡量安排。

十週年紀念是重頭戲，我更是全力以赴。好在那時候已經放假。五月二十三日我在紐約參加「十年回顧與中國前途」討論會；二十七日去加拿大，當天去多倫多中國使館門前抗議江棋生、楊濤被捕，下午出席紀念「六四」十週年音樂會開幕式；二十八日到卡加利參加座談會；二十九日到溫哥華，當晚出席「六四」紀念晚會；三十日一早先去給民主女神像送鮮花，當晚參加另一場紀念晚會後，再飛回波士頓。隔天六月一日再乘火車去紐約參加中國人權的新聞發布會。二日再返回波士頓組織爲期兩天的「十年回顧與反思」紀念活動與研討會，這次會議，也在波士頓的沈彤積極籌劃下，眾議院南茜．佩洛西、美國民權運動領袖馬丁．路德．金恩（Martin Luther King, Jr.）的夫人等重要人士都來參加，校方也予以重視，會議的開幕式就是在校長官邸舉辦的；三日下午再赴紐約參加那裡的紀念活動；四日與香港的燭光晚會連線，晚上參加紐約地區的紀念晚會；

五日去華盛頓參加紀念「六四」藝術展的開幕儀式。

還好那時候我還年輕，這樣的行程放到今天我可能已經吃不消了。

六月四日這一天，我與原八九學生吾爾開希、柴玲、沈彤、李錄、張伯笠、項小吉、王超華、封從德、周峰鎖、熊炎、常勁、辛苦、易丹軒、劉俊國、邵江、程眞、白夢、鮑樸、馮東海、趙承恩、唐柏橋、宋立峰、徐謹、張曉軍、童屹、張華傑等，共同發表我起草的〈「六四」十週年宣言〉，全文如下：

值此「六四」十週年之際，我們這些當年曾在天安門廣場上並肩戰鬥，現在流亡海外的原八九學生鄭重聲明如下：

（一）我們向「六四」事件中的死傷者及其家屬表示深切哀悼，向一切因爲「六四」事件而受到迫害的中國同胞表示誠摯的慰問，向長期以來爲推動中國民主化進程而不懈奮鬥的同仁表示崇高的敬意，向十年來堅決支持中國民主運動的國際友人表示眞誠的感謝。

（二）我們在此重申，八九民運作爲一次載入史冊的偉大的愛國民主運動，不僅成爲中國民主化進程的里程碑，更爲中國邁向現代化社會起了積極的推動作用。作爲當年積極參與、組織了八九民運的學生，我們爲自己能成爲這場偉大運動的一分子而感到驕傲。

（三）我們再次強烈譴責中共當局在十年前對中國人民，對人類犯下的殘暴罪行，並嚴正要求中國現政權重新評價八九民運，釋放一切因政治原因而被捕的人士，撫卹死難者家屬，追究

「六四」慘案的責任，調查事實眞相並向全國公布。

（四）十年過去了，八九民運仍然沒有得到重新評價，作爲生者，我們對死難者感到深深的歉疚。回顧十年前的八九民運，我們願認眞反思，汲取經驗教訓。作爲死難者的同學和朋友，我們將以實現他們的遺願爲終生目標，爲實現中國民主化而重新集合，再次出發。

（五）十年後的中國面臨著世紀轉折的關鍵時刻，雖然身居海外，我們仍時刻關心著祖國的命運和民族的前途。我們呼籲當局順應世界潮流，主動推動政治改革，爲經濟發展創造一個健康穩定的社會環境，我們呼籲每一個中國人在自己力所能及的範圍內爲實現中國的民主強大而貢獻力量。最後，我們強烈呼籲包括中國人民在內的全世界人民永遠不要忘記「六四」，尤其是不要忘記那些死難者，他們是歷史中眞正的英雄。願他們在天之靈安息。

二〇〇〇年八月，我們聽說李鵬要來美國紐約，參加聯合國大會的會議。「中國人權」組織經過討論，決定於八月底在紐約提出對李鵬的控告。李鵬作爲中國政府的法人代表，當然應當爲「六四」鎮壓承擔責任。這項訴訟活動由「中國人權」組織，周鋒鎖、熊炎、劉剛和我四人具名控告。原告還有「六四」死難者家屬張立民。訴訟的理由是：「任意處死；酷刑和其他殘忍的，不人道或者有辱人格的待遇，任意逮捕，反人道罪；對生命權、自由權和人身安全以及和平集會結社權利的侵犯；錯誤地導致他人死亡；錯誤地羈押、攻擊、毆打和故意導致他人精神痛苦。」

三十一日美國聯邦紐約南區法院派出專人投遞「控告李鵬違反人道罪」的傳票，負責保護李鵬的FBI探員接受並簽字。受理此案的律師是專門從事國際法律研究的「憲法權利中心」的珍妮佛．葛林（Jennifer Green）和傑庫瑪．梅農（Jaykumar Menon）。訴訟依據的是美國聯邦的《酷刑受害人保護法案》公共訴訟第一〇二—二五六條款，《外國人侵權訴訟法案》第一三五〇條和第一三三一條以及補充管轄權原則。其中，《酷刑受害人保護法案》規定，無論有關酷刑和任意處死等事件發生在何處，聯邦法院都有管轄權。《外國人侵權訴訟法案》規定，聯邦法院「對一個外國人因有關侵權行爲違反國際法或美國參加的條約所提起的任何訴訟」享有管轄權。紐約「憲法權利中心」，是美國著名的自由派律師團，以前也曾經協助控訴南美洲加勒比海的軍人政權。律師指出，雖然這兩項法律都是美國的國內法，但是到了美國土地上的相關外籍人士，就受到這兩項法律的管轄，除非相關人士永遠不來美國，否則就得面對受害人控訴的可能。

最後李鵬行使了外交豁免權，因爲他是參加聯合國世界議長大會，法律上不是到美國訪問。不過有意思的是，這一案件在法院的編號，正是「六四四四六」。

二〇〇一年五月十六日，在「六四」十二週年前夕，經我建議，與潘強、李恆清等一些曾經參與過八九民運的海外朋友一起發起成立「中國青年人權獎」，這項獎項至今已經十一年，從未中斷。

我當時的想法是一來我們應當做一些具體的事情；再者應當本著傳承的宗旨，鼓勵年輕人參加民主運動；此外，更希望可以讓不知名的人權人士得到鼓勵。

「中國青年人權獎」的首屆得主，是當年三月因爲建立「思想家園」網站而被北京當局逮捕的北大碩士畢業生楊子立。

二十一日的《蘋果日報》上刊登劉曉波的文章，他表示：「比較注意八九運動學生領袖的言論，並欣喜地發現流亡美國的王丹的成熟。」曉波比較滿意我的地方，是「作爲八九運動主要象徵人物之一的王丹，並沒有一味吃老本，揮霍用鮮血與黑牢堆積起來的政治聲譽，他不但明確表示對死難者應負一份個人的道義歉疚和責任，而且在最近的演講中，他也反省了學生們在八九運動中的不成功，及其策略上的失誤」。從中可以感受曉波對我的關心和欣慰之情。

二〇〇五年五月十二日，中華學人聯誼會創會會長司馬璐在《北京之春》編輯部召開記者會，宣布把會長一職轉交給我。這個組織，是司馬先生在他八十歲生日的時候，用朋友的贈金，與戈揚阿姨共同創辦的，旨在聯繫旅美學者開展文化活動，並堅持立場中立的原則。

陳破空擔任改組後的第一任執行長，以後分別是李恆清和王天成。祕書一直是金岩。司馬先生將一萬元啓動資金，創辦時的文件和創辦以來的媒體報導簡報交給我，象徵著時代交替。我專程從洛杉磯趕來接受職務。

我因爲已經搬去洛杉磯，所以對於各類的兼任邀請一向都是婉拒，但是這一次我實在難以拒絕，這主要是因爲我對兩位老人家的敬重。後來我用兩位老人家的名字成立了獎學金，通過國內的朋友轉交給貧困學生。中華學人聯誼會以後每年一次在紐約召開大型討論會，定名爲「中國論壇」，先後圍繞土地改革、選舉制度、政治轉型等問題，從國內、港台等地邀請學者參加討論。

一九九四年七月，我在台灣接受《自由時報》專訪，談到海外民運的狀況時，我脫口而出說：

「海外民運這些年來，基本上是失敗的。」其實我原話是說「海外民運到目前爲止，坦率來講，基本上是失敗的，而逐漸失去很多支持；但我也不抱完全悲觀的態度，我認爲要做到兩個轉型」等等，*我的原意，並不是對海外民運進行全面的否定。但是坦率講，大家一般不太會完全理解別人的意思，而比較注意敏感性的形容。所以不難想像，這個採訪一公布，海外民運陣營中的很多人對我非常不滿，可以說是罵聲一片。

那時候我自己覺得有點委屈，因爲我認爲我的原意被簡單化理解了。那時候我打電話給我非常敬重的民運界前輩胡平，想聽聽他的看法。胡平告訴我，你對海外民運的分析其實沒有什麼不對的地方，但是措辭是可以斟酌的，如果你說「海外民運這些年來沒有成功」，這樣的表述就比「失敗」這種說法更爲妥當，外界反應也就不會那麼強烈。這一番話對我來說眞是醍醐灌頂。古代人說有「一字之師」，這件事上，胡平對我來說就是典型的「一字之師」，從此我對胡平就更爲敬重了。的確，現在我已經認識到，作爲公眾人物，發言必須嚴謹、謹慎，否則做起事情來只是是事倍功半。這樣的過程，在我看，就是寶貴的成長過程。

在這些風風雨雨中，最令人難忘的是一些師友和長輩的關懷與支持，尤其是香港的司徒華先生。二〇〇六年九月十七日，我在洛杉磯見到華叔，這是第一次見面。我陪他去給金堯如先生掃墓。二十三日又與他一起參加在舊金山由民主教育基金會舉辦的國事研討會。這場研討會由美國新澤西州

---

*〈民運人士王丹：一國兩制，根本行不通〉，《自由時報》（二〇〇一年七月三十日）。

西東大學亞洲研究系教授楊力宇主持，參加的有《爭鳴》創辦人溫輝、嚴家其、王軍濤、張偉國、魏京生等。華叔表示，香港最重要的事情就是特首和立法會成員的普選，現在雖然做不到，也要努力去爭取，充分表現他的堅韌性格。

這次會上，圍繞當時台灣正在發生的紅衫軍倒扁運動，有人向我發難，認爲我站在民進黨那一邊。二〇〇六年十一月號香港的《前哨》月刊，刊登了署名「灣區通訊員新海川」的文章，編造事實，題目是〈嚴家其司徒華斥王丹派攻擊倒扁〉，其中編造華叔的話，說：「香港支聯會主席司徒華指出：『六四的學生反對台灣反貪倒扁運動眞是不應該。』」這樣的捏造，對我和華叔的關係，對我個人的聲譽都是有意的破壞。困擾之中的我，只好請教華叔該如何面對。

結果，華叔專門致信該刊主編劉達文，並轉給我看，這封信全文如下：

《前哨》編輯部劉達文先生：

貴刊二〇〇六年十一月號（第一八九期）第一二六頁，刊出了「灣區通訊員新海川」的〈嚴家其司徒華斥王丹派攻擊倒扁〉。該文所述，不符事實，尤其是關於本人的言論。

該文說：「香港支聯會主席司徒華指出，『六四的學生反對台灣反貪倒扁運動眞是不應該。』甚至還學當年共產黨的調子，『說倒扁運動受共產黨操縱，所以是動亂』就更不可思議，更不應該。」

其中引用我的說話，用了引號，亦即是說，那是我原來的話。其實，我完全沒有說過這樣的話，也沒有對王丹有任何的批評，因爲王丹沒有評論台灣反貪倒扁運動。反而研討會主持人楊力宇教授，說陳水扁貪汙事件，是台灣民主的倒退和受挫，我並不同意這樣的意見，予以辯駁。

這位「灣區通訊員新海川」爲什麼捏造事實，編撰謊話，散播流言呢？言論可以自由，事實不容歪曲，該文起了挑撥離間的作用，敢問作者有何居心？

我特此鄭重要求，請貴刊將本人此函，於最新出版的一期，全文刊登，以澄清眞相，端正視聽！我更嚴正要求這位「灣區通訊員新海川」，不得迴避，必須交代他的消息來源是怎樣的？他撰寫這一篇歪曲事實的謊言，動機何在？

專以布達，並候

編安

香港支聯會主席司徒華 謹啓

二〇〇六年十一月八日

可惜後來我沒有看到該刊登出這篇更正文。很多外界誤傳其實就是這麼以訛傳訛造成的，對此我只能無可奈何。

海外民運從一九八〇年代中期創立，到一九八九年的高峰，再到一九九三年華盛頓會議開始走下坡路，以至於到今天，聲勢已經大不如以前，這個發展過程是令人扼腕痛惜的。之所以會這樣，我認爲從外部因素來講，主要還是因爲離開中國，沒有直接壓力的情況下，團結的迫切性就顯得不是那麼高，各自的意見也有充分的空間去表達，也有足夠的言論管道可以表達出來，因此在外界看起來，就顯得內鬥嚴重；從內部因素來看，我認爲主要還是人的問題。很多海外民運的參與者，包括我在內，儘管已經與中共分道揚鑣，但是從小成長過程中，受到中共的黨文化影響還是殘留在思想意識中，表現出來就是非黑即白，不同意我意見的就是敵人，不能做到求同存異，也學不會在一定的程序下解決矛盾，而一言不合就要分裂，一有不同意見，就要公諸於眾；喜歡在媒體或者網路上互相攻擊，不喜歡面對面坐下來溝通。這些行爲嚴重地影響到了海外民運的團結協作能力，對海外民運的形象也造成了很大的傷害。

但是同時我也認爲，海外和國內的人對於海外民運，有太多的批評和指責，有些也是不公平的。因爲不管海外民運存在怎樣的問題，但是二十多年下來，海外能有一批人堅持下來，沒有放棄立場，沒有停止發出聲音，也對國內進行了很多的幫助和聲援，這已經是很值得肯定的事情。我們有太多的人，自己不願意跳進來，而是只願意站在旁邊指手畫腳，評頭論足，這其實也是國人的劣根性之一。

## 三、重溫校園生活

經過一個多月的拜會、演講、申請學校和旅行，一九九八年六月八日我回到波士頓，終於算是安頓了下來。六月二十日辦理了暑期班的入學手續，開始爲期兩個月的英語學習課程。

領到學生證和宿舍鑰匙後，我搬進哈佛大學的亞當屋（Adam House）。終於結束了寄宿在別人家和飯店的生活，有了屬於自己的一個小天地。這是一套內外兩間的房子，有書架、桌椅、壁櫥、衣櫃以及屬於自己的浴室，比我在北大學生宿舍的條件好太多了。整整兩個月繁忙的社會活動告一段落。六月二十三日正式開始上課，我重新開始了作爲一名學生的校園生活。

我申請哈佛的過程，並不是一帆風順。與中國使館關係密切的哈佛中國學生學者聯誼會曾經寫信給校方，表示反對。當然也有教授有顧慮的，主要是擔心影響到與中國的關係。但是東亞地區研究的項目主任，一位越南裔教授，以及中國研究領域的麥克法夸爾、柯偉林、谷梅等幾個教授態度非常堅定，力主應當歡迎我來哈佛，最後招生委員會才得以通過。

按照錄取通知，我的學費基本上來自哈佛大學燕京學社，一共五年。燕京學社雖然設立在哈佛大學校內，但這是一間獨立的學術機構，當初成立的目的，就是專門支持來自中國的學生。哈佛很多來自中國的碩士生和博士生都曾經得到這個贊助。

後來有人在網路上造謠，說什麼我的學費是台灣方面出的錢，那是非常無知和荒唐的編造，只能說對美國的大學毫無認知。此外，外傳五年的獎學金也是不正確的。事實上，只有三年的獎學金，而三年之後的獎學金，是要做助教才可以得到的，而我爲了盡快完成論文，並未當助教，所以我最終拿到的獎學金只有三年。而這筆獎學金與其他在東亞系的中國留學生完全一樣，並無任何特殊的地方。

當然，坦率講，我能進入哈佛，也不能說跟我的特殊身分毫無關係。美國的大學，尤其是哈佛這樣的私立大學，招生標準是非常隨意的，並沒有百分百嚴格的規定。與其說看成績，不如說主要看這個學生的未來發展前途。哈佛大學自詡爲培養世界領袖的學府，對於申請者的身分很在意，他們尤其樂意招收他們認爲未來的社會精英。我想，哈佛大學的招生委員會能夠決定發給我入學通知，大概就是出於這個因素，算是有些破格錄取的成分。

哈佛文科課程，課業很重。開學伊始，我選了泰瑞·馬丁（Terry Martin）教授的蘇聯史課程，必讀書就有十三本之多，一本比一本厚，平均一天要看一百頁左右，動輒要求一週看完一本。對於英文程度尚有很大提高空間的我來說，這是很大的挑戰。以後混成老生了，比較知道如何只看重點，但是作爲新生，即使有人提點，也不敢大意，還是爭取每頁都看，因此非常辛苦。我北大歷史系學長劉光臨告訴我，第一個學期是要有脫一層皮的準備的，只要熬過了，以後就順利了。這成了支撐我「熬過」的一大動力。蘇聯史課程期中的小論文後來得到$A^-$，算是一個好的開端。

此外，李歐梵先生那時在東亞系任教，他對我非常關照，專門爲我開了一門課，要幫我開闊眼界，他指導我讀梁啓超的《新大陸遊記》和傅柯（Michel Foucault）的〈什麼是啓蒙〉（What is Enlightenment）等書或文章，跟我討論。說起來我也算是李老師的私淑弟子了。

哈佛有將近一百間圖書館，藏書逾千萬冊，這是哈佛的財富，也是哈佛的驕傲。而每一間圖書館都有自己的特色。

我最常去的圖書館有三個：一是萊蒙特圖書館（Lamont Library），這裡的藏書側重社科類，我的課程很多的閱讀書目都在這裡，還有專門的政府檔案科和詩歌閱覽室。更重要的是，這裡有很舒適的自習閱覽室：寬敞、明亮、寧靜，人也不多。巨大的玻璃窗外是繁華的哈佛廣場，但是室內安靜到連呼吸都聽得到。這是我眞正用來唸書的圖書館。

第二個是費正清中心圖書館。這裡的藏書很專業，主要是東亞研究方面。尤其是政治類的中文書非常齊全，負責人Nancy每年去大陸購書一到兩次，因為哈佛很多訪問學者，這些學者成了她的朋友，幫助她購書，因此買到的質量都很高。當代中國研究是我研究的主攻方向，Nancy也是我在哈佛時期的好朋友，幫助我很大；尤其是英文方面，所以我每天都會去一下這個圖書館，後來乾脆把信箱都設立在這裡，簡直跟家一樣。

三是燕京圖書館，這裡是我一解鄉愁的地方，因為有全美第二大的中文書籍藏書量以及豐富的中文期刊，這裡中國方志的藏量則是美國第一。而且，所有關於中國的學術文化活動基本上都在這裡進行。我第一次在哈佛的演講在這裡，每年的「六四」紀念晚會在這裡，李歐梵和孔飛力（Philip A. Kuhn）的辦公室在這裡，聽龍應台等人的講座在這裡，看《八九點鐘的太陽》等紀錄片和電影也是在這裡，我主辦的中國沙龍在這裡，各類的小廣告這裡也很集中，跟同學朋友約見面是在這裡，我打工也是在這裡，這裡成了我在哈佛名副其實的活動中心，我相信對很多中國學生來說都是一樣。想到哈佛就不能不想到燕京圖書館。好的大學，一定要有藏書量豐富的圖書館，這對於研究生和教師來說更為重要。所以圖書館是大學的指標，一點也不為過。

除了學校之後，波士頓周圍豐富的人文和歷史景觀也給了我很多的精神養分。尤其是郊區小鎮康科德（Concord）附近的瓦爾登湖（Walden Pond）。這是一個具有典型新英格蘭特色的平面湖泊，四周密林環繞，秋天時楓林盡染，湖面為之變色，是一年最美的時刻。即使一年四季都來，也可以借助季節的更替，感受到不同的恬適優雅。我會在空閒時，獨自一人驅車來湖畔散步，消磨一個下午。

在哈佛，我選擇了中國歷史專業，這裡有幾個考慮：第一，我本來就對中國歷史有興趣，有機會重新讀書，自然還是回到原來的興趣點上。第二，汲取知識難免有現實關懷，我一直認爲改變中國現實要了解歷史，從中吸收經驗教訓；不管在海外多少年，我最後還是會回到中國，因此學習中國歷史也是爲了以後做打算。

其實，雖然作爲中國人，在國外學中國歷史聽起來有點令人困惑，但是幾年讀書下來，我確實發現，在外國學中國歷史，是有其優勢的：第一是資料問題：在大陸做研究，有些資料是看不到的。比如要研究台灣黨外運動的歷史，史丹佛大學的胡佛研究所就擁有豐富的黨外運動報刊檔案，更不用說那裡有唯一一份的蔣介石日記了。中國經過內戰以後，地理上區隔爲中港台，三地互不往來幾十年，導致大量歷史資料流失海外，美國一些圖書館的中文藏書中有不少國內見不到的珍品。

第二是課題問題。儘管是學術研究，在大陸目前的政治環境下，仍存在很多禁忌。比如領袖人物評價問題上，對毛澤東的批判性研究就是不被允許的，更遑論對現任領導人的臧否。對於一九五七年反右運動、「文革」乃至「六四」，更是題材上的地雷區。而在海外可以自由選擇研究課題，學術環境更寬鬆的結果，當然有利於學術研究的發展。

第三是師資問題。在美國等西方國家，中國研究源遠流長，培養出一代又一代的優秀學者。他們儘管是從西方人的角度看中國歷史，但間接有獨到的視角，掌握資料也完整豐富，與大陸的學者相比，自然有借鑑意義。跟這樣的導師學習，雖然內容是中國的東西，但仍能學到很多在國內學不到的研究方法與心得。

第四是視野問題。在西方學習，可以廣泛接觸各類社會科學的最新成果，觸類旁通，可以爲中國歷史的研究提供參考。西方教育體制爲學生、學者提供了靈活的研究機制和豐富的交流機會，可以使得我們的眼界更加開闊，並通過比較得到啓發。

第五是交流問題。中國學生到美國學中國歷史，不僅是學習的過程，以本身的經驗也可以豐富西方中國研究的內涵，對所在國也是有益的學術促進。

一轉眼，一九九八年的冬天就到了。此時到美國已經超過半年，難免思鄉。比較有代表性的心情，就是非常懷念蟬聲。在北京的時候，每逢盛夏，全城到處是一片蟬鳴。尤其是在北大校園內的風景區，因爲有山有樹，蟬聲更是聲勢浩大。我很喜歡聽蟬聲，有人覺得它鬧心，可我正相反，只有在聽蟬聲時內心才最平靜。不管遇到多少煩惱的事，只要蟬聲響起，心裡就會一派澄明，感到安寧和開闊。我曾經有一首詩題目就是〈蟬鳴如雨〉，我眞的覺得蟬聲中隱約有一種禪宗的味道。

可是在美國，儘管到處都是樹木花草，但就是在鄉村和山林中，也很少能聽到蟬聲。我不是生物學家，不知道爲什麼美國沒有很多的蟬，我只是經常會爲此有一種失落感，進而十分思念北京，因爲那裡有如雨的蟬聲。

我在一九九八年十二月三十一日的日記中寫到：「一九九八年過去了。這一年對於我來說眞是甜酸苦辣一應俱全，是我一生中一個重要的年份，也是一個波瀾起伏的年份。」

## 四、與諾貝爾和平獎擦肩而過

當我在獄中的時候，通過海外朋友的努力，曾經三次獲得諾貝爾和平獎提名。這項殊榮多年以來從來沒有授予過中國民運人士，因此每年評選前夕，這個話題都會引起關注。而一九九九年是「六四」十週年，因此被外界認爲是最有可能實現頒獎給中國民運人士的一年。

十月，關於諾貝爾和平獎的傳聞甚多，嚴家其專門打電話來告訴我說有百分之九十九的可能是我。劉青也來電說，根據五人評委一個無意中透露的消息說，今年的和平獎會「令中國政府不高興」。

說實話，對這些傳言我是不太相信的，爲此我還專門寫信告訴一個關切的朋友說這是謠傳。但是CNN找了多倫多的民運領袖關卓中，路透社也找北京的家裡，他們分別開始整理我的簡歷。連中國政府都聽到了風聲，中國外交部發言人表示：「魏京生和王丹是中國的刑事犯罪分子，如諾貝爾和平獎頒給他們，那將是對中國內政的干涉。」她忘記了，如果我們是刑事犯罪分子，爲何政府縱放我們出國。

據說挪威駐華使館官員多次被中國外交部召喚，還受到威脅，說如果頒獎給我們，將「激起中國人民的憤怒」。同樣的口徑也對我家人說過。十月三日的《挪威日報》（*Dagbladet*）報導，和平獎可能給老魏和我。隨後，《遠東經濟評論》也做出類似報導。外界的傳言似乎得到進一步證實。

十月十四日，關卓中專程從加拿大趕過來，準備一旦確定獲獎，要協助我處理媒體的部分。《蘋果日報》記者潘小濤等香港媒體也專門從香港飛過來，準備等待那個關鍵的時刻到來，可以第一時間進行報導。最後，連哈佛大學都被驚動了，校方轉告我，一旦獲獎，學校會在新聞辦公室召開記者會。

這一天晚上，有幾十家媒體打電話關切。十月十五日凌晨，氣氛緊張，三點時姐姐來電話，警察到了家裡。我打回去，讓父親把電話放在桌子上，聽到母親與他們爭執，他們竟然威脅要傳喚我母親。我立刻通知了記者，並致電美國大使館，後來半路上又讓我母親回家了。五點時，一個台灣記者來電，說結果不是我。估計母親被釋放也有關係。可見當局也很緊張，也認爲我們會得獎，傳喚是避免我母親在北京會見記者。

據說在宣布前五秒，ＣＮＮ的鏡頭已經對準我的照片。結果出爐，獲獎者是醫生無國界組織。我與諾貝爾獎就這樣擦肩而過。不過我完全沒有失落，因爲從來也沒有想過自己有可能獲得這個獎項，自始至終就是外界在炒。第二天我就跟同學去賞楓了，倒是老關感覺更爲沮喪地回去多倫多了。

關於這個獎，我個人一向是盼望天安門母親們能夠得到，因爲我覺得她們多年來的苦難與付出，應當得到國際社會的肯定和獎勵，她們堅持的非暴力理念，也符合諾貝爾的遺願。但是最後，是劉曉波得到這個獎，我覺得也是實至名歸。畢竟，曉波的堅持與付出，也是有目共睹的。

## 回國權被剝奪

所謂流亡，就是不能回國。那麼，當局到底是通過什麼手段不容許我回國的呢？黑名單當然是有的，但是，當局還有更加徹底的方式。

一九九八年四月，我被送出國的時候，是持有效的中國護照。轉眼到了二〇〇三年，我的護照就要到期了，我需要延期。三月十日，我致信中國駐紐約領事館，提出四月十三日護照即將到期，正式提出延長護照的申請，並要求「保障我作一個中國人的權利」。

四月二日，我在友人的陪同下，去紐約中國總領事館辦理護照延期的問題，窗口的人讓我下週一領件。但是我認識的一位領事態度比較保守，讓我過半個月打電話問問看。結果果然以後就石沉大海。我的舊護照依照規定已經上繳，而新護照再也不給我，這樣，失去了護照，事實上，我就成了一個沒有國籍的人。

此後，我多次找中國駐紐約和洛杉磯的領事館，要求就護照延期一事進行討論，但是每次我得到的答覆都是中國人很熟悉的官腔：「我們會向上反映。」然後自然是毫無結果。當局用拒絕給我的護照延期的方式，等於正式將我流放。

多年來，一直有不了解情況的人質問我，爲什麼不回去中國宣揚民主理念。他們怎麼會知道，沒有護照，我連回國的飛機都無法登機，除了偷渡之外，怎麼可能回國呢？而偷渡，不是正好給了當局繼續關押和判刑的理由嗎？

回國，是公民的權利，現在在當局眼裡，成了政治鬥爭的工具。他們可以不給任何理由，就剝奪我們回國的權利。而這個問題，不僅僅發生在我一個人身上，今天的海外，像我這樣因爲政治原因不能回國的人，至少數以百計。爲了追求人權，我們首先付出的代價就是自己的人權。

沒有了中國護照，我也沒有申請美國護照，所以現在的我，成了沒有護照的無國籍人士。雖然我離開美國去別的國家，還是可以持有回美證去申請對方國家的簽證，所以實際上我還是可以到處旅行，但是手續上就要比有護照的人更麻煩一些。現在，我都稱我自己爲：地球人。往好處想，這倒也是符合全球化和地球村的未來理念吧。

其實，我多次要求回國，主要的目的是因爲我父母年事已高，作爲子女，當然希望能夠回國探視和照料。這本來是最基本的人之常情。我也多次向當局表示過，我願意以開放的態度，就回國的問題與當局討論。如果當局一時無法接受讓我回國定居的辦法，我也願意考慮回國探親再回到美國的過渡辦法，以便逐步打開僵局。但是我的溫和立場從來得不到任何正面的回應。當局是否過於保守僵化，世人可以給與公評。

## 五、「六四」二十週年紀念

二〇〇八年底，作家戴晴提出呼籲，要求對「六四」評價完全對立的雙方，實行眞相調查，正義認定，然後實現社會和解。對此我公開發表反對意見，並接受《亞洲週刊》記者紀碩鳴的專訪。

在回答提問的時候我表示：「現在由我們提出和解問題是非常可笑的，因爲在雙方力量對比懸殊的情況下，和解從來都不應當由受害的一方提出來。」我可以接受和解這樣的理念，但是理念必需要落實到現實中。

我認爲，戴晴提出和解的問題，完全限於口號。請問，如果我們同意和解，從我們這方面來說到底具體要怎麼和解？是要我們從此閉口不談「六四」嗎？還是從此不再批評中共？遮掩的和解不是空談嗎？我認爲，在對方還堅持當年的屠殺是正確的前提下，我們自己卻提出和解，這樣過度的放棄原則，並不能使得「六四」問題得到歷史的公正對待，相反還會混淆是非，無法爲社會確立基本價值原則。我提出接受和解的幾個基本條件：第一，賠償和撫卹「六四」受難者；第二，讓流亡者回國；第三，釋放一切仍然在押的政治犯。

*

作爲冷戰終結序幕的「六四」事件，其實放在更大的國際背景下看更具有意義。二〇〇九年一月，我來到柏林。這次來，是參加德國外交部下屬的世界文化中心舉辦的一場爲期三天的活動，主題就是「一九八九：世界史」，全面回顧一九八九年各國發生的一些重大歷史進程及其對之後二十年的影響。其中，中國的「六四」事件當然是重要部分。

那一年，其實不僅僅是中國，全世界都發生了很多事情，包括伊朗的何梅尼（Ruhollah Khomeini）去世，蘇聯軍隊撤出阿富汗，南美獨裁政權的相繼垮台，以及南非種族隔離制度的終結等。德國柏林圍牆的倒塌更是舉世關注。作爲一個喜歡思考的民族，德國人想到從全世界的不同角度回顧過去，展現了一個民族高度重視歷史的面貌。主辦者自豪地跟我說，這應當是西方世界第一個在二〇〇九年回顧一九八九年的活動。

這次活動包括了演講、座談會、攝影展、電影、詩歌朗誦、音樂會、裝置藝術等各種形式，來賓的組成宛如一個小型聯合國：前天的歡迎晚宴，跟我坐一起的就有來自阿富汗的，來自伊朗的（他們兩個人見面就開始用波斯語溝通，聽得我很快就睏了起來），還有一個來自肯亞（歐巴馬的老家）。而知名的來賓也不少，比如諾貝爾文學獎得主索因卡（Wole Soyinka），以及西方史學界大腕提摩西・賈頓・艾許（Timothy Garton Ash）等。來自中國的代表一共三個，其中兩個其實是來自倫敦：詩人楊煉和我（當時我正在英國牛津大學擔任客座研究員）；另一個是來自廣州中山大學的教授艾曉明。

開幕式上艾許教授的發言眞是精彩，他指出：一九八九年以後，歐洲發生的最大的變化，就是看到一個「非歐洲的」世界，也就是說，歐洲在國際社會中的影響力開始下降。因此，接下來，歐洲人要思考的是，歐洲還能夠給世界一些什麼？他的答案是：歐洲的歷史貢獻是爲人類提供了一些普世價值，今後仍應致力於推廣普世價值，這才是歐洲之本。相比之下，索因卡就顯得哲學多了，他從眞理講到時間，從囚犯講到人類，充分展現了一個哲學思考者的說話特質：每一句你都明白，連在一起就不明白了。

最後，以艾曉明爲首的一堆人逼著我站在自己二十年前在天安門廣場上的照片下面「自己跟自

---

*《亞洲週刊》（二〇〇九年五月四日）。

己合影」。所有的老外都把嘴張得巨大無比，齊聲驚呼ＯＭＧ，堅決拒絕承認眼前這個中年胖子就是照片上那個清瘦少年。這是這次來柏林的旅程中唯一令我神傷的一次。

二〇〇九年四月二十七日，我們在紐約中華公所召開記者會，宣布擴大「六四」二十週年的紀念活動，參加的代表有嚴家其、胡平、王軍濤、李進進、劉剛、陳破空、項小吉、呂京花、關卓中等。我宣布四點聲明：期待所有的海內外中國人，從今天開始以自己的方式紀念「六四」；當天參與「白衣行動計畫」，以白色覆蓋中國；四月二十七日爲中國民主節；公布了〈「六四」白皮書〉。

王軍濤指出：一九八九年四月二十七日是悼念胡耀邦逝世變爲學生運動的關鍵日子，這具有歷史意義的一天以後訂爲中國民主節，用這一天紀念學生追求民主政治改革的無畏精神，用這一天紀念高尚勇敢的中國人，用這一天提醒民運低潮的現在，民運曾有過輝煌的一段日子。*

爲了更好地開展紀念活動，我和海外的朋友們再三商討，初步擬出十二個項目：（一）白衣行動；（二）八九一代的團聚；（三）建立紀念活動的官方網站；（四）出版紀念畫冊；（五）在哈佛舉辦大型討論會；（六）在論壇舉辦紀念網聚；（七）組團赴港，參加維園晚會；（八）分九批發出呼籲勿忘「六四」的公開信；（九）創辦《天安門通訊》；（十）建立獄友連線；（十一）舉辦攝影展；（十二）展覽巨幅油畫。這些項目有的實現，也有的因爲種種原因沒能實現，但是大家爲了推動二十週年的紀念活動，都付出了極大的努力。剛剛畢業、沒有後顧之憂的我，更是全力以赴。

二〇〇九年五月十五日，我到達台灣，很希望馬英九能夠與我見面，主要是希望通過這種方式表達台灣對於大陸民主化的期待，我認爲這也是馬英九在華人社會民主形象的建構。馬英九在「六四」的時候是研考會主委，曾捐款一萬美元，且其後年年參加「六四」紀念座談。** 海外華人對他評價很高，相當的程度上是因爲他對待「六四」的態度。

沒有想到的是，總統府方面允諾在先，後來卻託辭未見，結果被媒體稱爲「馬英九放王丹鴿子」事件。前總統府發言人王郁琦說，臨時求見總統，須視情況來看有沒有辦法安排。這是假話，因爲根本不是「臨時求見」。事實上，早在一個月前就開始安排了，總統府方面還一度要求我準備見面的發言提綱作爲參考。而二二八基金會則表示，早在四月底就正式行文給總統府，當時就有公共事務室王姓人士指稱可預訂安排在五月二十一日或二十二日。但十八日總統府公共事務室來電話說，祕書長指示交給陸委會處理；基金會聯繫陸委會時，該會鄭姓女士說，經過請示，是否會面由總統府決定。再打給總統府就沒有下文了。*** 後來總統府官員還表示「府方並未收到王丹方面任何正式口頭或書面探詢」****，這更不是事實了。

結果馬英九在「六四」當天發表專文，作爲紀念。感言中說：「面對傷痛，不能迴避。」但是在提到現實時，他又說：「最近十年大陸當局比過去更爲注意人權議題，多次提出人權白皮書，今年四

---

* 《星島日報》（二〇〇九年四月二十八日）。

** 李光儀，〈六四的軌跡〉，《聯合報》（二〇〇九年五月二十七日）。

*** 《自由時報》（二〇〇九年五月二十六日）。

**** 《中國時報》（二〇〇九年五月二十六日）。

月也正式公布國家人權行動計畫，大陸當局已經願意直接面對這項議題，展現與過去完全不同的開放與自信。」文章內容我極為不認同，也引起外界議論。

五月二十六日，我到民進黨中央黨部拜會，蔡英文表示：民進黨在野後，與中國交往重點，將在於與中國社會共同追求民主，人權與環保等普世價值的路線，不是只有與中國政府或官方往來。*這正是我長期以來在台灣社會提出的主張。五月二十五日，民進黨立法院黨團提案，希望在六月二日立法院院會上通過〈呼籲中國當局儘速為「六四」事件進行平反〉決議文。

五月二十二日下午，台灣新社會智庫、兩岸政經研究學會、彩虹論壇在市長官邸藝文沙龍聯合舉辦「兩岸民主改革二十年」研討會，我和前立委段宜康、當時的民進黨主席蔡英文、野草莓學運參與者張之豪、中研院人社中心副研究員陳宜中參加。我在會上提出：這次來台灣，目的只有一個，就是在「六四」二十週年之際，推動台灣朝野對於「六四」問題和中國民主化問題的重視，因為台灣相對沉寂。台灣不能只看大陸當局，而要看民間，民間是期待自由社會發生的。大陸經濟發展很快，但是其他問題在退步，以後社會危機爆發，一定危及台灣。楊長鎮提出應當叫「翻案」，其實我是贊成的，但是我認為平反是約定俗成的叫法，也沒有必要大張旗鼓地廢棄。

後來吾爾開希告訴我，海基會副祕書長龐建國過去很關心「六四」，今年他電邀龐參加，他說現在有海基會的身分，不方便參加。台灣的國民黨政府比較重視維持與中國的友好關係，在「六四」這樣的敏感問題上保持低調態度，這一點我是可以理解的，但是我仍然感到很遺憾、很感慨。

二〇〇九年五月三十日，我參加多倫多「六四」二十週年紀念活動，出席由「多倫多支持中國民運會」和「民主中國陣線」舉辦的「歷史見證，民主路向」公開論壇，近千人參加，出席人數創下新高。我在演講的最後提出「永不忘記，永不放棄」。其中有不少大學生參加，也有不少是二十年來每年都參加紀念活動的人。

三日晚上在華盛頓冒雨參加紀念活動，魏京生、徐文立、王軍濤、楊建立、王有才、王超華、沈彤、張伯笠、方政、周鋒鎖等都有到場。當天滂沱大雨，但是數百人出席，每個人都分不清雨水還是淚水，任其在臉上流淌。丁子霖通過錄音帶發聲，試圖闖關回國的吾爾開希也在澳門監獄中與我們通話。

六月四日，我與張伯笠、王超華、項小吉、李恆清、蘇曉康、方政、王有才、劉念春等幾十人在國家新聞記者俱樂部舉行記者會，打出的橫幅是「Reunion」（重新團聚），並發表「六四」二十週年宣言。

宣言指出：一九八九年愛國民主運動的起因是鄧小平片面改革政策，造成腐敗，分配不公，治安混亂，道德滑坡引起大眾不滿，政府堵死正常解決問題的管道，以致青年學子走上街頭，要求政治改革，倡導廉政、公平、民主和自由。然後，鄧小平等少數領導人擔心自己失勢，違背黨章國法，做出鎮壓屠殺行為，導致中國痛失第三波民主化的好機會。

宣言高度評價中國目前發展的反對運動、維權運動、地下教會運動、綠色環保運動、黨內異議運

---

*《自由時報》（二〇〇九年五月二十六日）。

動、《零八憲章》運動，呼籲海內外八九一代，以及我們的前輩後生，能夠重新集結，並與各種力量合作，推動中國建立文明政治制度，形成公民社會。宣言還特別提出，不接受所謂的「北京共識」，因爲這是爲了經濟發展而拋棄公理和正義，對人類普世價値的嚴重挑戰。宣言認爲：一個靠暴力鎭壓維持不公正制度的強權，一定會挑戰憲政民主世界的秩序。宣言是王軍濤起草的。

# 六、我畢業了

## 哈佛學潮

我在哈佛完全是一個普通學生，跟其他留學生也相處融洽。我很感謝這裡的中國同學，因爲我可以感受得到，他們也都盡量不在意我的特殊背景，而按照平常心跟我交往。不過，也不是一點風波也沒有。

這裡有一件小事就頗爲有趣：一九九九年十月三十日，當時的北大校長陳佳洱來哈佛訪問，作爲北大校友會成員的我收到群發的通知，說校長安排要跟哈佛的北大學生座談。那一天我到了會見校友的會場，居然被擋在門口，哈佛中國學生會的副主席尙英一看到我就很爲難地說：「就怕看見你來。」然後表示中國使館方面有交待，不要讓我進入會場。

其實平時我跟包括尙英在內的中國學生會的同學都有來往，我也知道這不是他們能夠控制的，所以我沒有當場發作，而是轉身離開，不讓他們為難。但隨後我向哈佛校方投訴，並將這件事情告訴了記者。後來哈佛校報進行了報導，記者採訪中國學生會副主席尚英，她承認，陳校長的助手事先曾經打電話給她，希望屆時阻止我進入會場。尚表示，如果我堅持進入，他們不會阻攔，她甚至對記者說：「我們同情他。」* 後來聽說哈佛校方警告了中國學生會，表示學生社團應當遵守校園的行為規則，否則會被停止撥發活動經費。當然我們都知道，中國學生會是冤枉的，真正的黑手是中國大使館。

哈佛大學機構林立，僅東方研究方面就有東亞系、歷史系東亞研究專業、東亞地區研究項目、費正清中心、燕京圖書館、燕京學社等等不同部門。其他每個院系都有相對獨立的項目，其中有一個最特殊的，當屬Society of Fellows，我姑且稱之為「哈佛學社」。這個「哈佛學社」並不隸屬與任何一個院系，自身完全獨立。其成員多是在各個學科領域有突出成就的學者，其中包括一些諾貝爾獎得主。哈佛為這個學社投入大量資金，所有成員在三年期限內領取高額補助，但不必經過任何考試，也不用提交任何論文，學校只是為他們創造條件，提供研究環境，讓他們可以沒有壓力地自由思考。哈佛本身並不從他們身上求什麼回報，而是希望能為人類社會培養思想成果。這個學社的成員選拔不對外公開，基本上是歷屆成員推薦產生，但質量始終保持上乘。其成員在哈佛是獨特的一個群體，被視為精英中的精英。

* "Dissident Kept From Chinese Officials", *The Harvard Crimson*, 1999.11.15.

該學會成員每週有一個聚餐，十分正式，地點是在一座富麗堂皇的飯廳，有專門的廚師和侍者安排就餐。我應邀參加過這樣的餐會，發現其中不僅有飽學的長者，也有年輕的才俊。來自大陸的青年音樂家梁雷就是學會成員。

在一般人的眼裡，哈佛的學生都是「乖乖」牌，學潮這樣的事情好像跟他們沾不上邊。但是我在校的時候，就親身經歷了一場哈佛「二戰」以後最大規模的學潮，是我最爲寶貴的哈佛回憶之一。

那是二〇〇一年四月十八日，有四十名學生占領了校長辦公的麻薩諸塞樓（Massachusetts Hall），並開始靜坐。學生的要求與他們自己的切身利益關係並不大，他們是在爲哈佛藍領工人的權益而戰。他們的要求是：哈佛應當給學生宿舍和食堂工人的最低工資增加到每小時十至二十五美元，該標準應隨物價上漲調整，工人應享有更爲廣泛的健康保險。

學生們聲稱，在世界最富有的大學中，有一千至兩千名藍領工人仍領取低於每小時十元的最低工資，這違背了哈佛大學應當珍視經濟公正（Economic Justice）的價值觀，是不公平的。

十八日開始，上百名學生在辦公樓外展開聲援，二十多頂帳篷架在校園的草地上，每天不斷地有學生的集會、演講，一向平靜的校園頓時沸騰起來。校方一開始則是採取了強硬的立場：二十六日，校長辦公室給每個哈佛學生用電郵發了一份由校長魯登斯汀（Neil L. Rudenstine）簽署的公開信，表示學生有權利表達不同意見，但無權干擾教學生活；在學生不停止靜坐之前，校方不會與之談判。該公開信並表示可以考慮增加低收入工人的職業教育和培訓，但不會增加最低工資收入。

校長的強硬立場使得來自學生和社會各界的抗議聲浪更爲強大，聯邦參議員艾德華·甘迺迪

（Edward Kennedy）專門來到麻薩諸塞樓的門前發表講話以示聲援，並準備進入樓內與占領學生交談，但被校警阻止；哈佛大學所在的劍橋市（Cambridge）市議會發表聲明，支持學生的要求；到學校來聲援的各界人士還包括亞當屋和艾略特屋（Eliot House）等幾座學生宿舍的舍監，及法學院、商學院的一些教授，前勞工部長羅伯特．賴克（Robert Reich），高爾（Al Gore）競選總部幹事等。用其他方式表示支持學生的，還包括哈佛畢業的好萊塢大牌明星麥特．戴蒙（Matt Damon），黑人民權運動領袖傑西．傑克森（Jesse Jackson）和著名左翼理論大師麻省理工學院教授杭士基（Noam Chomsky）等。

隨著聲勢的壯大，抗議學生的熱情也在相應升高，宣傳手法也更爲多樣化。在校園的靜坐廣場，學生們播放有關影片、邀請樂隊現場演出、舉行遊行、發表演講；爲了引起社會關注，示威的組織者向全校師生發電郵，號召大家行動起來，給校長打電話、寫明信片表示支持學生要求，給校友們寫信呼籲他們暫停捐款以增加壓力，在校內外張貼宣傳品以擴大聲勢，並呼籲教授到靜坐現場給因爲參加示威而缺課的學生補課。法學院的露西．懷特（Lucie White）教授就響應學生號召，進到麻薩諸塞樓給學生補課，因爲她的班上有兩名學生正在靜坐。

最後還是校方抵抗不住輿論的壓力，宣布向學生讓步：學校重新組成工資審核小組，並接納更多的學生和工人代表進入，重新確立工資標準。而學生也撤出了辦公樓。行動宣布結束那天，哈佛全校狂歡。我參加了慶祝集會。

作爲一九八九年舉世關注的學生運動參與者，現在在哈佛校園內，夾雜在上千名歡呼勝利的學生中，我很難理清自己的感觸。學潮就是學潮，八九中國學運的規模和影響，遠遠大於這次哈佛學潮，但二者之間還是有很多的相似之處：同樣的帳篷林立，彩旗招展；同樣的青年學子，熱血青春；同樣的占領公共場所以施加壓力；同樣的來自四面八方的聲援隊伍；同樣的當事雙方的僵持不下；同樣的演講、口號、唱歌、標語……。同樣的地方太多了，只有一樣不同：結果不同。

現在，當我夾雜在人群中，情不自禁地跟著喊口號：「What do we want? Living wage!」的時候，當我聽到前來聲援的哈佛教授們對學生說：「你們創造了奇蹟！你們是美國人中最棒的！」的時候，當我看著周圍那一張張因興奮和吶喊而漲紅的年輕面龐的時候，我不能不有些嫉妒：同樣是年輕生命，美國人是人，中國人也是人，爲什麼，命運就如此不同？在那個春日的陽光下，在別人的歡呼聲中，我做著自己的夢：有朝一日，中美仍然還有同樣的學生運動，但是也會有今天這樣的結局。

這次學潮使我看到，在和平時期和相對民主的國家，學生的參與熱情仍舊有用武之地，美國學生運動的焦點已經從政治問題轉移到了社會正義問題。

## 拿到碩士學位

二〇〇一年二月二十六日我生日那天晚上，獲悉我已經被哈佛大學歷史系的歷史與遠東語言博士班錄取。次日我將這個好消息告訴了李歐梵老師，他建議我在博士階段好好掌握五個部分的知識：法國大革命、英國自由主義、美國憲法精神、古希臘民主思想和社會學的工具分析學。對我很有教益。同時我也同他確定了碩士論文題目——《毛澤東的延安文藝座談會講話的理論來源與內容》，李歐梵擔任我的指導老師。

在李老師的精心指導下，我用了大約三個多月的時間就完成了碩士論文，加上其他的課程分別達到了畢業要求的分數，二〇〇一年六月，我總算順利地獲得了碩士學位。

六月七日這一天是哈佛的畢業典禮，我全家，包括父母、姐姐、姐夫以及外甥，都從中國趕來參加。此外，香港媒體對此給予很大關注，好幾家媒體派了記者專程來到波士頓進行採訪。我還記得很清楚，那一年哈佛授予的名譽博士是哈伯馬斯（Jürgen Habermas）。那一天是哈佛第三百五十屆畢業典禮，按照傳統，各系會手持不同的標誌出場，我們東亞系的學生手持筷子，象徵東方文化。

當天晚上，我在家裡舉辦畢業慶祝派對。柴玲、王軍濤、陳小平、封從德、白夢、貝嶺、孟浪、楊巍、梁曉燕、甘琪、楊建利，還有香港趕來的記者群等參加。那時柴玲已經很久沒有在公眾場合露面了，一出現立即引起記者圍堵，她不是很希望出現這樣的場面，所以短暫坐了一下就走了。結果日後一些媒體的報導出來，多是用一些不是很友善的標題，讓我一直覺得有點愧疚。

對於我的畢業，我的老師們都給予很高的肯定。麥克法夸爾對《東方日報》說：「在哈佛，王丹當自己是學生，沒有當自己是英雄。」關於學業，他說：「我不能說他是一個頂尖學生，但畢業成績確實不錯。」*

碩士畢業讓我非常感慨，因爲這是遲到了十幾年的畢業。我曾經寫過一篇小文，充分表達了我的

---

*《東方日報》（二〇〇一年六月八日）。

感慨，題目就是〈我畢業了〉：

說實話，「畢業」這個詞眞沒有給我留下什麼好的記憶。

一九八九年以後，大陸有一部地下紀錄片，名字就叫《我畢業了》，是記述「天安門一代」大學生——八七、八八級學生——畢業時的悲苦心境與迷茫。他們有同學死在長安街上，自己又感同身受地體驗政治肅殺，那種深切的壓抑使畢業成了心靈的葬禮。他們不想畢業，不想因爲自己的離去使孤魂更加孤苦，使理想主義的過去徹底化爲灰燼。記得影片中最打動人的是黃金剛（中國青年政治學院學生）悠長、憂傷的歌聲：「親愛的人，再見再見……。」只有我們這些經歷過年輕的死亡的人才可以體會到，這不是對生者，而是對死者的告別。

一九九四年我在北京的時候，招待各方面的朋友看這部片子，每一次都見到那些朋友哭紅了雙眼從我放電視機的房間裡出來。我總是遞紙巾過去，勸他們堅強，而自己，卻從來不敢與他們一起再看一遍。那時我從來沒有畢業過，但「畢業」這個詞卻在我心中代表了悲傷，代表了淚水，代表了那麼多人永遠不斷的記憶。

現在我眞的畢業了，從哈佛大學東亞地區專業貨眞價實的畢業，但並沒有貨眞價實的畢業生的快樂。有些沉重是命中注定的，當你只能承擔的時候，迴避毫無意義。我對於畢業的記憶就是如此。

在畢業典禮那天，周圍的美國同學尖叫、歡笑，我也面帶笑容，但我的內心如一片肅殺的秋天景象，孤寂而荒涼。一瞬間，我的耳邊又響起了那重複的旋律：「親愛的人，再見再見……。」

親愛的人，我的生命是倖存的；但我的悲傷與記憶，永遠陪著你們。

## 繼續攻讀博士班

二〇〇一年九月開學，我正式進入博士課程，成了一名博士生。我還記得在那一年的開學典禮上，新任校長薩默斯（Lawrence H. Summers）對我們的叮囑非常簡單，但是也非常實用，那就是「今日事，今日畢」。這看起來簡單，但是其實很難完全做到。可是我認爲，眞的能夠完全做到的話，會令一個人獲益匪淺。以後我也用這句話要求我的學生們。

二〇〇三年十月十六日，是我人生中最爲重要的日子之一，這一天我進行了博士生資格考試。在美國念博士，稱作博士生，我們要修滿學校要求的學分，然後參加博士生資格考試，我們稱之爲「大考」。如果通過這個考試，就不再是博士生，而稱爲博士候選人。換句話說，其實已經不是學生，而是研究者了。通過大考，就沒有任何課程要上了，而是專心去寫論文。論文通過，才算博士畢業。大考對我來說，就代表著學生這個生涯的終點，意義當然非同小可。

而在美國念博士，大考猶如鬼門關一樣，因爲基本上你是無從準備的。我的博士課程涵蓋中國古代史、中國現代史和國際關係三個學科領域，而所謂大考，就是由這三個領域的權威，當面隨便問你一些有關這個領域的知識。想也知道，這些權威是用一生的時間浸淫在這個領域的研究中，他們對學術內容的掌握當然既精又深，我們事先是無從知道會遇到什麼問題的。大考前兩年，我們都會收到各個學科的複習書單，但是有書單跟沒有是一樣的，因爲通常這個書單會有幾十頁長，包括上千本專業書，幾乎就是所有關於這個學科的經典學術著作都要去看，這根本是不可能的事情。我們只能根據自己對導師平時講課的重點把握，去猜測那些書籍應當重點精讀，這就是一項很重要的本事了。

這天下午，我的口試在歷史系辦公室舉行，三位主考老師分別是柯偉林教授、入江昭（Akira Iriye）教授和普鳴（Michael Puett）教授。我遇到的第一個問題就是：如果你在美國的大學教書，教中國史，你第一本要用的教材是什麼？爲什麼？我還記得我回答說我會用費正清的《中國新史》。我當時想，哈佛東亞研究的開山鼻祖就是費正清，我抬出他老人家來，應當會獲得認同。果然，三位導師都表示滿意。接下來是各種類似的問題，現在我已經不能一一記憶了，有我能順利回答的，也有讓我張口結舌的，我記得我緊張到胃都縮了起來，柯偉林看出來了，還特地告誡我不要緊張。

兩個多小時以後，三位主考老師宣布口試結束，他們要進行評議，讓我去門外的沙發上等候結果。那是我一生中最難熬的一段時間。我目光呆滯，四肢疲軟，像是一隻待宰的羔羊。十五分鐘過去了，辦公室的門還沒打開，這使得我的心跳開始加劇。我在猜想是不是老師們之間發生了分歧，有人反對讓我通過呢？

正在胡思亂想，辦公室的門打開，柯偉林向我招手。我的腿都軟了，心一下子提起來，一步一挪地走進辦公室。柯偉林向我宣布，三位老師一致認爲我的回答令他們滿意，他們宣布我通過了博士生資格考試！接下來當然就是三位老師的祝賀，以及對於未來博士論文寫作的叮囑。說實話我哪裡聽的進去啊，只能嗯嗯啊啊地應付一下，然後被「釋放」。

出了校園，我才清醒過來，知道自己完成了學業上最重要的一個環節。從此，我不再是一個學生了。我不用再上課，不用再考試，不用再寫一篇一篇的小論文了，總之，我，解放了！我必須羞愧地承認，當時我偷偷地流下了喜悅的眼淚。不過我想，任何一個像我這樣二十九歲才開始重新讀書，在異國他鄉用外語經歷過從碩士到博士艱辛歷程的留學生，都可以體會我當時的心情。

二〇〇五年到二〇〇八年，我定居在洛杉磯，專心從事博士論文的寫作。經過三年的資料收集，初稿與修改，到二〇〇八年四月終於全部完成，並得到柯偉林、麥克法夸爾和戈迪溫（Steven Goldstein）三位教授的一致簽名通過，終於獲得博士學位。我的博士論文題為《一九五〇年代台灣與中國大陸兩岸國家暴力對比研究》，目前正在準備由哈佛大學出版社出版的過程中。

二〇〇八年六月五日哈佛舉行畢業典禮，這一天的天氣是陰有小雨，不過哈佛畢業典禮正好是雨多的季節，沒有像過去曾有一屆那樣的大雨，已經幸運了。上午是畢業儀式，這一屆的名譽博士是《哈利波特》（*Harry Potter*）的作者羅琳（J. K. Rowling）。據說昨天晚上校長在官邸請客迎接，還特別要求來賓盡量穿上跟哈利波特有關的服裝。

中午在聖德斯音樂廳（Sanders Theatre），在我父母的見證下，我領到了畢業證書，十年寒窗終於結束！下午是午餐。系裡老師都在。可能是因為心理建設很久的原因，此時心情只是非常複雜、非常感慨，但是也沒有多麼興奮激動，所有的老師員工都來了，感覺他們更興奮一些。

博士畢業，很多朋友為我高興。六月十四日在紐約東麗宮，民運朋友和紐約的朋友聯合為我舉辦慶祝畢業的午餐會，五、六十人參加，軍濤致開幕詞，陳破空主持，蘇煒、胡平、項小吉、于大海、薛偉、劉剛、李進進、雲兒、宋叔元、謝選駿、呂京花、曾慧燕、魏碧洲、王林、年春夫婦、劉國凱、唐元雋、刑大昆、高平、王渝、郭岩華等參加。開希、方勵之、嚴家其、中華公所主席于金山，以及國內的馬少方、鄭緒光、郭海峰、翟偉民、王志新等請人代致賀詞。陳一諮以學長自稱，來信說：「天安門事件的發生，給你和天安門一代肩負了歷史的重任，相信你新生活的開始，會寫出更光彩的篇章。不能參加你的畢業典禮，僅以此短信略表兄弟之情。」

開希也寫來感情眞摯的長信，表達祝賀。他說：

> 每一段生命的歷程都是珍貴的，無論它是甜美的還是苦澀的；無論它是順利的還是艱辛的；無論他是成功的還是失敗的；你的這一段求學的路，相信你一定非常珍惜；而生命歷程這個東西也很奇妙，我們與你一起走過的那一段，也讓我們能夠感受到你的快樂與驕傲，這是因爲我們通過這一段共同的、刻骨銘心的生命歷程，就有了共同的生命承擔，就有了共同的生命榮辱，就有了共同的生命喜樂！
>
> 王丹吾友，還記得我們在那一年遊行隊伍走過西單大街時曾經相視一笑，並戲言將來或可在這裡一起開間小餐廳，那餐廳名字中有個「希」有個「丹」，往來的都是當時跟我們並肩的伙伴們。也許我們這輩子最終並不會走到那一天。然而，我很高興曾經有過那樣一個下午，與你，與那些伙伴開始我們人生一段又一段顚簸而驕傲的歷程。
>
> 而今天，伙伴們由衷的爲你高興！

更令人感動的是，國內的八九戰友鄭緒光、翟偉民、馬少方、王治新、郭海峰、楊朝輝、程凡的聯名來信，因爲內容很動人，特全文如下：

海外的朋友們，並轉告好友王丹：

欣悉王丹博士畢業，你們爲此聚會，我們這些國內的朋友亦感欣慰。

王丹博士畢業，是他十年流亡生活、十年學院生活後的一份重要收穫。個中艱辛與獨特，或許唯王丹本人感受最深。海外的朋友們爲他的學業有成聚會，這不僅是和他一起宣告一種生活方式的結束，更是對他的一種鞭策，一種結伴於共同征程繼續前行的信任和激勵。

我們這些留在國內的人，是王丹的朋友，也是在座各位的朋友。八九的責任和激情，不僅讓我們這代人有了共同的經歷，也有了諸多共識。也正是這個共同的經歷，讓我們這些留存國內的人依然關心著流亡海外的朋友們：你們的心情，你們的思考以及你們流亡中的酸甜苦辣。共同的悲壯經歷孕育出的獨特情感，雖千山萬水，卻從不感隔膜；雖相去多年，卻從不覺淡漠。反而是在分別中更加的思念和執著！

十九年中，我們每個人都在反思。由於反思的層面和角度不盡相同，大家或多或少會有不少認識上的差異。但不同的認識，不僅沒有使我們的情感疏遠，反而使大家的心貼得更近。因爲，透過這些認識上的差異，我們對很多重要問題的認識反而變得更加趨同或統一。想必這也是十九年來海外朋友們反思後形成的一個重要共識！

王丹的博士畢業了，但流亡還沒有結束，我們海內外的朋友們仍然面臨著殘酷的地理隔絕。然而，地理上的遙遠又豈能奈何我們共同經歷孕育出的獨特情感！我們會一如既往地用心靈和行動去消解這種地理隔閡，去加深反思後形成的共識。我們和海外的朋友一樣，在深刻的反思中成長，在心靈的感悟中成熟，在生活的磨練中堅強！

我們高興王丹的博士學業畢業，我們更希望海外朋友流亡生活的結束！

二〇〇八年六月十二日

從一九九八年四月到二〇〇八年六月，我花了十年的時間，終於完成了從碩士到博士的全部學業。對此我個人是相當滿意的。在我二十歲之後的人生中，第一個十年是在監獄和監控的狀態中度過的，下一個十年則是在學校中度過的。轉眼我就到了四十歲的年齡，我終於可以邁向一個新的十年了。畢業那天時，我的心願是，希望不要再過十年，我就可以重返自己的祖國了。

## 寒冷中的溫暖

二〇〇九年二月二十六日，是我四十歲生日，當時我在英國牛津大學進修，本來不想過這個生日了，但是紐約的朋友們強力要求我一定要慶祝這個生日。拗不過他們，我二十七日返回紐約在李進進家舉辦生日派對。當天來了四十多位老朋友。大家要求我發表四十歲生日感言，我感慨萬千，覺得很多話在喉嚨但是無法表達，最後我用了三個字作爲感言：「他媽的！」

這雖然有點開玩笑的性質，但其實卻很能代表我的心情。年華似水流，轉眼間我就從青春年少來到了中年階段。這中間經過學潮、坐牢、流放、獲得學位等等跌宕起伏，回頭來看，那些風風雨雨，豈是語言能夠盡述的。一句「國罵」，其實反映的是我內心對時光流逝的全部感嘆和遺憾。

如果讓我用簡單的詞彙表述十年流亡生涯中的感受，我會選擇「寒冷中的溫暖」。

說「寒冷」，當然是因爲對於任何人來說，流亡終究是一種折磨。如果僅僅就我個人而言，其實談不上什麼艱難，畢竟現在是一個全球化的時代，即使永遠都不能回國，我還是可以擁有自己的人生。但是，考慮到家人因素，流亡就成了一種折磨。雖然今天我的父母可以到美國來看我，但是，隨著父母年事漸高，萬里探親，對於他們來說也是越來越無法承受之事。流亡，是當權者對人性的一種利用。當他們發現無法改變一個對手的意志時，他們會轉而利用人性中對親情的重視，通過折磨你的家人來力圖達到他們的目的。今天的中共就是這樣，試圖通過隔離我們和家人的方式，來達到懲罰我們的目的。可是，這樣的手法是多麼的喪失人性，是多麼的泯滅良知，就不在他們的考慮範圍之內了。

我曾經多次提出回國要求，其實我要求回國，很大程度上是爲了親情，是爲了免除我父母長途跋涉，來美國探視的困擾。如果政府眞的擔心我回國會對政府不利，我可以答應只是回來短期探親，結束之後就返回美國。就是這樣的要求，也完全被政府置之不理。沒有別的理由可以解釋，只有一種可能，那就是：這樣的政府，就是一個沒有人性的政府。

面對這樣冷酷的現實，經常有人問我一個問題：是什麼，讓你這些年來還能一直堅持下來？

是什麼呢？我要說，是來自外界的支持。「六四」過去二十年了，外界一直有一個印象，就是二十年過去了，大部分中國人都已經淡忘了當年的事情，大部分中國人，都開始從現實出發，不再期待民主與自由這樣的理想，而放棄對民主運動的支持了。可是，在海外流亡十年，我的切身經歷告訴我，這並不是全部事實。

的確，二十三年過去了，無論是海外還是國內，反對運動得到的支持與追隨都有明顯的衰退，但是這並不代表著忘卻。當我們看到一些無知的年輕一代詆毀八九民運時，我們也不能忘記，人民的眞正主流是「沉默的大多數」。而沉默，絕對不是忘卻。這些年來，我到處奔波，凡我所到之處，幾乎都會涉及到「六四」這個主題。我可以說，那些表面上的淡漠，那些在網路之類的虛擬空間上表現出來的攻擊和惡毒，在眞實的生活中其實並不多見。相反地，十年來，我感受到的溫暖和支持遠遠大於冷漠和攻擊不止十倍。我常常想，有機會我應當把這些年我感受到的溫暖寫出來，就叫做《暖流集》。那樣的一本書，也許就是對上述問題最好的回答。

是的，雖然流亡是一種黑暗，但是在黑暗中，我依舊可以感受到腳下的大地給與我的溫暖。如果沒有這些年來我這種溫暖的感受，如果沒有來自各界各種方式的支持與鼓勵，我的確是不可能堅持下來的。也正是因爲如此，我對中國民主化的未來充滿信心，因爲我知道，在人民的心中，那個追求自由的火苗，始終沒有熄滅。

# 第七章　我的台灣緣

## 一、初到台灣

第一章我就講過，我的精神養成過程中，台灣因素發揮了很大作用。因此，到了美國之後，我就向一些朋友表達了想訪問台灣的願望。一九九八年四月到美國，正好遇到也在美國訪問的台灣僑務委員會委員長焦仁和先生，他也當面向我表達歡迎來台灣訪問的立場。問題是，用什麼名義和何時去？

這時，余英時先生主動幫我做了安排，他請台灣的哈佛大學校友會出面邀請我訪台。這樣的安排是爲了避免政治色彩過於強烈。哈佛校友會在台灣勢力龐大，當時的台北市長馬英九、大法官賴英照、後來的副總統呂秀蓮等都是會員，而會長是台灣四大家族之一的吳家四公子，畢業於哈佛法學院的吳東昇。當時關於邀請我來台灣的事情，校友會內部還有分歧，甚至有人投書《聯合報》，認爲不應當邀請政治人物來台。這位作者要是現在看到我根本就已經在台灣教書，可能會吐血吧。

一九九九年三月二十七日到四月四日，我對台灣進行首次訪問，第一次我就愛上了這片土地。二十七日那天，我乘坐聯合航空的班機飛往台北，那時距離我離開中國將近整整一年。飛機從中國大陸的板塊側面，經日本到達台灣。當座位前面的螢幕上出現中國地圖，而中國沿海的廣州、上海等城市的標誌出現時，我的心情十分複雜。這一次，等於是跟故土側肩而過。一年來，第一次離家鄉這麼近。

到了中正機場，開希、陸鏗大哥以及校友會負責接待我的吳詠慧小姐來接機。港支聯專門派代表來台北接機。與開希是一九八九年後第一次見面，自然是熱烈擁抱良久。當年我們並肩作戰時都還是二十出頭，現在再見，已經年過三十了，怎麼能不感慨呢？當天下榻在中山北路二段的富都飯店。睡覺前開希帶我去吃了久違的豆漿油條。

第二天因爲時差關係，凌晨我就醒來，跟波士頓帶來的助理阿智一起出門去街道上逛，感覺與中國大陸很明顯的不同，第一印象就是就是街頭十分乾淨；然後就發現這個亞洲著名的大都市，居然有不少破舊的住宅樓房，這讓我還蠻驚訝的。

從第二天開始，就是非常緊湊的行程。當天中午，陸鏗大哥宴請，一些老朋友和前輩徐璐、王震邦、陳國祥、司馬文武、阮銘、王健壯、歐陽元美等在座。那時的熱門話題就是二〇〇〇年的大選。當時恐怕誰也沒有想到次年台灣會變天。下午三點在台大校友會館開記者會，主持人是校友會常務理事林滿紅，選擇她主持還因爲她是我的導師柯偉林的學生和研究合作者，說起來跟我也是師出同門。

然後，友人陳宏正先生帶我參觀龍山寺和中正紀念堂，金石堂書店和聯經出版社。我當時就對已經開始民主化進程的台灣還保存這樣的威權痕跡頗爲吃驚。

三月二十九日參觀故宮，這彷彿是招待大陸人的固定行程了，還看了三星堆文物展。院長秦孝儀專門約見並贈書。有趣的是，當時北京大學代表團一行，包括教授季羨林、任繼愈和副校長郝斌在內，正應法鼓大學之邀訪台。因爲郝斌是我母親的大學同學，就設法找到郝的電話，表示希望見季羨林，他說需要與季先生討論，然後回覆，然後就再也沒有回覆了，我當然也不便繼續催促。後來有記者採訪郝，他說我是他同學的孩子，希望更加成熟，至少沒有口出惡言或是迴避，到底還是北大人。

下午四點去市政府見市長馬英九。當時馬正是國民黨的明日之星，動見觀瞻。而馬英九在「六四」問題上，是台灣少數一貫保持關心立場的政治人物，所以我們的見面吸引了滿滿一屋子的記者。他送我張雨生的卡帶，顯然有所準備。我送給他自己的詩集。我當時比較有興趣的是，作爲新生代領導人，他如何看待執政黨在民主化過程中的得失。他則向我介紹了國民黨在七〇年代末期推行政治改革的背景，比如社會各界的壓力，幾十年前地方選舉的積累，以及新一代國民黨中堅力量的教育背景等。晚上焦仁和宴請，在座有馬英九、陸鏗、陳宏正、柴松林等人。晚上的氣氛比較輕鬆，我還記得馬英九跟我說，政治人物第一不要貪錢，第二不要鬧緋聞。顯然，他對於正面形象是非常重視的。

三月三十日去了吳東昇在新竹北埔的老家參觀，算是難得比較輕鬆的行程，有機會看到歷史和文化風俗的一面。下午去桃園，當時擔任縣長的呂秀蓮在縣府與我對談，那是我唯一一次跟她有面對面的機會。晚上在台大哲學系演講「我的心路歷程」，由北大時期的老師陳鼓應先生主持。

三月三十一日晚上飛去台中，市長張溫鷹宴請，夜裡住開希家裡，徹夜長談，談到痛心之處，彼此相對痛哭。這些年，開希在海外，我在國內，雖然我有時候嘲笑他說「前方吃緊，後方緊吃」，但是其實我也理解流亡生活的不易。開希在熱血方剛的年齡暴得大名，這並不完全是他個人的選擇，但是卻成為他必須去承擔的東西。太早出名，有好處也有壞處。好處不必說，壞處就是過早地要承受很多外界的挑剔和監督。也許別人很難懂開希內心的糾結，但是作為類似境遇的人，我能夠理解。

次日在東海大學演講。現場人已經爆滿，將近千名，臨時改到露天場合。演講結束後大批學生湧上來要簽名，秩序大亂，主持的同學高呼「拿出我們東海學生的秩序來」也沒用，後來還是十幾個同學拉成糾察線才把我送上汽車。

四月二日見到豐華唱片公司的人，他們給了我二十五萬新台幣的版稅，是《沒有煙抽的日子》的，並預付了兩千美元買下我五首詩說是要找人譜曲創作，後來也沒有下文了。上午八點到飛碟電台接受周玉蔻專訪，她請到了張雨生的父親，我們相約有機會再見時去張雨生的墓上拜祭。上午去參觀中研院，與李遠哲院長見面，他談了知識分子與社會的關係，表示無意競選總統。他告訴我台灣地方社會的力量很強大，值得注意，這一點我很受益。

這一趟台灣之旅，對我來說，無論從精神上還是物質上，都可謂是滿載而歸，回美國時，光是買的書就郵寄了三箱。重點是，我一下子就愛上了台灣，愛上了這裡濃濃的人情味和文化底蘊，愛上了這裡的山山水水。

## 見證台灣歷史的轉折

二〇〇〇年三月十八日，正在華盛頓的我，從CNN的電視報導中看到，台灣反對黨的總統候選人陳水扁當選總統，台灣實現了和平的政黨輪替。這個消息令我十分激動，我感覺自己正在見證一個巨大的歷史事件。這個事件的意義，已經超出了台灣的範圍，而影響著包括中國大陸在內的整個東亞地區。

隨後不久，我就收到了來自台灣總統府的邀請函，邀請我作為海外民運人士的代表前往台灣，出席新任總統的就職典禮。五月十九日我再度來到台灣，參加陳水扁的就職典禮。二十日那一天在總統府前的廣場參加就職大典，結果發現我的老師、哈佛的麥克法夸爾教授也在。師生同時受邀參加典禮的，好像只有我們這一對。

中午十一點時，典禮開始。這時我接到王若水的夫人馮媛從香港打來的電話，說她在電視上看到這個典禮，心中十分感慨，不禁放聲大哭，因爲一九八八年時兩岸還是在同樣的起跑點上，都是在政治轉型的關鍵時刻，都是準備啓動重大的改革，而十年下來差距卻變得這麼大，她因此爲中國而哭。

參加完典禮，我由龍應台帶領去見馬英九，這是比較私下的場合，他說「燒成灰也是國民黨人」，語氣有點悲壯，還抱怨陳水扁從台北市政府挖人也不打招呼之類的。

## 二、台灣：我的第二故鄉

二〇〇〇年五月，我到巴黎訪問，在那裡見到高行健。那時他還沒有獲得諾貝爾文學獎，但是我已經在耶魯大學講師康正果的大力推薦下看過了高行健的《靈山》並且非常欣賞。這次見面，他就告訴我，《靈山》不是寫故事，而是一個文本實驗，他提出「語言流」的概念。不過當時更令我印象深刻的，是他對台灣的感情，他跟我說，他去了台灣十幾次，感覺那裡就是他的「精神家園」。之後，我先後也訪問台灣不下二十次，才眞正體會到高行健說這句話的內蘊。

二〇〇三年六月二十二日到八月十日，經由前任台北市文化局長龍應台之安排，我在台北擔任駐市作家，入住北平東路七號的國際藝術村。我到達台灣後的記者會上表示，來過台灣七次，這是第一次以作家的身分來，這一次希望多領略台北的文化。

這一次在台期間，曾經分別與北藝大校長邱坤良，台北市文化局長廖咸浩，歌手陳綺貞，電視人陳鴻，作家張娟芬、韓良露，音樂人林強等進行對談，圍繞的主題是城市文化與城市變遷。同時在大田出版社出版了散文集《在梵谷的星空下沉思》，由董橋寫序。新書發布會來了開希、蔡詩萍和陳昇。開希詩意盎然地形容我的散文是「一個經歷了如此人生淬煉之後的生命之聲」。而蔡詩萍肯定我努力營建「文學的王丹」的形象。而昇哥則是一貫的風格，他懶洋洋地說：「我來是爲了提醒王丹晚上一起去喝酒。」*

這次作爲文化人居住在台北，讓我對這個城市有了更多文化的感觸，而且發現自己越來越喜歡這個城市。

我喜歡台北，有可能是這座城市的活力讓我重溫了青春歲月。在台北，青少年充斥街頭巷尾。這是一個年輕人的世界。因此有熙熙攘攘的西門町，有凌晨四點才開始冷卻的夜生活，有跳動的音樂和飛旋的舞步，有流行時尚最及時的展示。每個城市都因爲自己的基本人群而顯示風格，台北因而顯得生氣勃勃。

也有可能是傳統與現代的結合令其風味獨特。台北的市容談不上協調：玻璃幕牆的現代化摩天大廈，與陳舊破敗如紐約舊樓一般的建築混雜在一起；在通體透明的巴黎時裝專賣店旁，就會有專營豆漿油條的早餐鋪。但正是這種混雜，使人產生一種時空變換的幻覺，彷彿行走在昨天與明天之間，於迷離的影像中品出些許味道。

還有可能是其深厚的文化底蘊令我著迷。很少有一座城市像台北這麼富有文化氣息，首先是無處不在的傳統文化痕跡散發出歷史風情，其次是寬大明亮的現代書店及其豐富圖書種類構築出的學術環境，此外還有大街小巷的文化演出海報和媒體上大學教授們的搶眼位置。作爲一個學生，沒有什麼比這種知識氛圍更讓我感到親切的了。或者也許，眞正的魅力是說不清楚的，它在每一天早上清楚地展露面目，而在都市的夜晚迷離中漸漸隱入夜幕。你就是喜歡，而喜歡往往說不出理由。

＊〈文學的王丹，展現同伴時代精神〉，《民生報》（二〇〇三年七月九日）。

在中國，我的身分是持不同政見者；在美國，我的身分是學生；而在台灣，我除了以上那些身分之外，還有另一個身分，那就是詩人和作家。

多年以來，我都沒有放棄過寫作，沒有放棄過文學。這固然是因爲我本身就對文學充滿喜愛，也是因爲文學對我來說，具有平衡精神世界的作用。作爲一個公眾人物、政治人物，我常常會被捲入紛繁的事物中。我認爲，長期讓自己陷入公眾生活中，是會迷失自己的。群眾，有時候是一個假象，很容易令公眾人物迷失。

對我來說，防止這種迷失，保持住內心自我的一個最好的辦法，就是文學。而全世界，只有台灣提供了我進行文學活動的土壤和平台。在台灣，有不少人喜歡我，不是因爲我的政治理念，而是因爲我的詩歌或者散文作品。這是我非常感激台灣的地方。

在台灣，我出版過三本詩集，包括大塊出版社出版的《我與深夜一起清醒》和九歌出版社出版的《我在寒冷中獨行——王丹獄中詩》和《在夜雨中素描》。我的詩在台灣擁有一定的讀者和喜愛者。有一年，國立員林高中的學生評選自己最喜歡的新詩，我的一首〈回憶〉居然很榮幸地與徐志摩的〈再別康橋〉、鄭愁予的〈錯誤〉、席慕蓉的〈一棵開花的樹〉、余光中的〈等你，在雨中〉、夏宇的〈甜蜜的復仇〉、張錯的〈茶的情詩〉、白靈的〈流星雨〉、紀弦的〈雕刻家〉、蓉子的〈傘〉一起進入前十名。

*

感謝台灣的文化氣息，讓我也能以一個文化人的身分出現。

## 三、所謂「二王專案」

二〇〇四年五月二十六日，台灣的《中國時報》報導了所謂的「二王專案」，報導公布了一些文件，說什麼台灣的國安局有「二王專案」，要專門培養我和王軍濤，並向我們提供資金支援，以蒐集大陸情報。

這是一個很拙劣的政治陷害。報導稱台灣情報機關委託大陸民運人士研究中共十六大對兩岸互動及台灣談判策略的影響，該研究計畫的協同主持人是中經院的范錦明。事實上，我都從來沒聽說過有這麼個人，談何「協同主持」？

另一位被指控與我們接觸者、時任新聞局局長的林佳龍就指出，報導中很多內容直接抄襲他主編的一本《未來中國》叢書。而前國安會祕書長丁渝州更作證說，密件日期是二〇〇一年九月十一日，當時他已經於八月轉任國安會祕書長，「怎麼可能還會批示國安局的簽呈」。

而國安局副局長黃磊更是指出：「整份文件的形式都不是國安局的標準模式」，並批評中國情報單位連偽造公文都「沒有好好做功課」。最可笑的是公文批示上居然出現簡體字「拟」，明顯是大陸編造文件，懶成這樣，連簡繁體都不轉換。

---

*《聯合報》（二〇〇四年五月七日）。

另外，國安局表示：國安局簽呈的「核判區分」，都是由「處室主管」簽請，而大陸相關單位出示的十份所謂「密件」之中，「核判區分」均蓋主任祕書官章，即由主祕簽請，此舉並不符合國安局內部簽文作業程序，再者，密件中的「核判區分」格式，其中一欄，列有「副局長兼執行長」，國安局根本就沒有這個職稱。當局爲了構陷我們，竟然如此造假，實在可恥。

中國外交部發言人被問到此問題時，根本不願回應，要記者去問國家安全部門，可見不願意趟渾水。台灣國安高層經過研究後判斷，這次僞造密件曝光行動應當不是中國國安部所主導，而可能是地方國安部門因「業績壓力」所釋放的訊息。台灣國安自有他們的管道，我想他們應當有所本才對外公布，可信度比較高。密件還說其中羅列了「旅行帳戶」，請問有誰聽說過有什麼帳戶叫做旅行帳戶的嗎？反正我是聽都沒聽說過，遑論擁有了，實在太爛了，也不像是國家安全部的造假水準。*

我當時正在加拿大旅遊，但是意識到問題嚴重，立即組織回擊。六月一日，我和王軍濤聯合發出〈關於政治陷害案的十點聲明〉，全文如下：

最近，台灣媒體報導，中國國安部門向他們透露我們執行所謂台灣國安局的工作計畫，對此我們深感震驚、不解與憤怒。爲解決問題，並澄清事實，我們聲明如下：

第一，我們始終希望台灣人民能與中國人民共同生活在一個自由民主的中國，我們視台灣人民爲骨肉同胞，因此，我們感謝台灣人民對於「六四」屠殺以及所有中國發生的政治迫害所表達的抗議，我們感謝台灣人民過去對中國民主運動的聲援和支持，我們希望並歡迎台灣同胞能繼續以各種方式支援中國民主運動。我們不僅希望中國人民，同時也希望台灣人民意識到，一個自由民主的中國是兩岸人民解決關於國家認同問題的重要條件。

第二，然而，出於自由主義知識分子的一貫原則和政治現實中建構中國支持民主化的主流民意等考慮，我們在台灣的活動主要是考察台灣民主化經驗，而且主要與台灣民間團體和有影響力的個人來往；在有限的與政府和組織化政治力量交往中，我們不介入針對中國或惡化兩岸關係的敵對活動；在所有與民間和政府的交往中，我們堅持不許附加任何政治條件，尤其不附加關於統獨問題表態的政治條件；我們從不與任何情治機構來往，更不會接受任何來自情治系統的支援或與其合作進行任何針對中國的職業活動。

第三，中國多次申明依法治國的原則。儘管這個原則距離現實相差很遠，我們願意相信這至少是良好的願望。根據這一原則，如果中國情治機構獲悉我們從事威脅國家安全的違法活動，應當對此依法進行調查。我們至今沒有接到任何司法訊問。中國情治機構不應當在根本不訊問涉案人員和案情不清的情況下透露案情，尤其不應在此類通常會列爲涉及國家機密並祕密開庭的案件上向境外媒體洩露機密。

第四，儘管近幾年來中國情治機構爲達到不可告人的政治目的，經常炮製情治案件和流氓經濟案件打擊政治異議運動；儘管目前涉及我們的案件一開始就極不合情理因而很有可能是政治陷害案件；

*《星島日報》（二〇〇四年五月二十八日）。

儘管就原則而言我們認爲絕大多數兩岸情治機構之間的鬥爭是同胞間互相殘害的一部分而不以爲然。我們仍願意按照國家司法調查程序接受司法訊問，請國家有關司法機關與我們商議時間、地點和程序，立即立案調查。如果此案涉及國家機密，我們將保守祕密；但國家情治機構也應保守祕密。

第五，如果在合理時間內，我們的願望沒有得到回應，我們有理由懷疑，情治機構是故意炮製謠言或傳播未經司法程序核准的傳言故意陷害公民，以達到政治目的。這是一起政治陷害案件。據我們現在的情境判斷，是想破壞「六四」紀念活動和公民權、歸國權的維權運動。我們將經由中國司法觀察向國家有關機關提起控告。屆時，我們歡迎和請求台灣有關媒體提供中國情治機構如何介紹我們執行台灣國安局計畫的材料的證言。

第六，如果商定好時間、地點和程序，並且經由調查證明我們沒有所言的問題，我們要求情治機關公開澄清眞相並道歉，根據情形給予補償。

第七，在任何情況下，我們要求情治機構就向境外媒體洩露傳統歸屬國家機密並不會開庭審訊我們的案件之問題作出調查和解釋，追究當事人的責任。我們要求全國人大在情治機構不予理睬我們的合理合法訴求的時候，向國家安全機構首長質詢並敦促其調查。

第八，謠言止於智者，我們希望中國公民拒絕信任非法的國家行爲，拒絕政治迫害案，這樣不僅是保護我們個人的清白聲譽，而且是爲使中國成爲每個公民的安全家園。尤其是以杜撰國家安全錯案陷害公民，然後動用情治機構進行政治迫害一旦成爲可能，任何中國公民都將失去安全屏障，因爲這類案件中公民容易被剝奪合法機會和權利申訴，並且由於這類案件易於招致公憤很難得到監督。當李少民陷害案成立時，他們開始炮製楊建利陷害案；當楊建利陷害案成立時，他們開始炮製王丹、王軍濤案件。當王丹、王軍濤案件得逞時，他們會炮製更多的案件。我們選擇公開依法抗議，就是要在我們這裡堵住這類濫用公權力的可能的發展。

第九，我們認爲，炮製這類案件最終服務於政治目的。最好的不信任政府陷害案的方式就是繼續我們的政治信念和活動。我們呼籲繼續悼念「六四」死難者同胞，繼續追還「六四」在中國失去的正義，繼續維護公民權和歸國權，繼續推進中國的自由民主事業。

第十，我們重申我們如下的政治理念：我們決心在中國建立人人有尊嚴和權利的自由民主政體，並相信我們中國公民有資格生活在這樣的政體中，任何政治迫害都不能動搖我們的信念；我們願意以和平理性的方式與中國各種力量良性互動，共同決定中國的發展方向和模式，任何惡意行爲都不能動搖我們的政治善意；我們希望兩岸中國人能共同生活在一個民主自由的中國，但條件是中國應當成爲全球華人的安全家園，政治陷害與迫害只會毀掉這一前景；我們知道，只有中國公民自己維護權益，才能建立民主自由的中國，我們以此案貢獻自己的微薄力量，並在此案中與所有中國公民共勉。

以上聲明加快寄送中華人民共和國駐美利堅合眾國轉遞中華人民共和國全國人民代表大會、國家安全部、中國公安部。

中國公民　王丹、王軍濤　二〇〇四年六月一日

我們的聲明發出以後，媒體的報導逐漸冷淡下來，喧囂一時的「二王專案」成爲笑柄，外界也很

少有人眞的相信這個離奇的指控。而中國政府方面，對於這個指控也絕口不提。整起事件，根本就是一場鬧劇。

二〇〇五年九月十二日，在胡錦濤抵達紐約出席聯合國峰會前夕，我和王軍濤在華盛頓召開記者會，聯名具狀，向華盛頓的哥倫比亞特區聯邦法院提出對胡錦濤爲代表的中共中央的控訴，理由是中共中央下屬《人民日報》集團旗下的《環球日報》對我們二人進行造謠誹謗。這算是我們小小的追擊。

不過我當時沒有想到，在台灣引起的風波絕對不僅是這一件，而這比起後來的所謂「國務機要費」案來說，還算是小事一樁了。

## 四、關於「國務機要費案」

二〇〇六年十一月初，台灣政治檢調機構決定起訴吳淑珍，當時的總統陳水扁列爲共同被告。起訴書中提到對海外民運的支持，而《中國時報》直接點我的名字。從此，我被捲入這個「國務機要費案」中。

海外民運有些人公開向我發難。十一月八日，王希哲、徐文立、連勝德、汪岷、黃華等公開聲明要我澄清款項。無端指責我「不接受政治條件」是「睜眼說瞎話」。而十一月十三日的《世界日報》上，該報記者余寧嚴重違法新聞操守，在我明明對他說明不知道捐款是否來自扁政府的情況下，在儘管報導文中都寫有「王丹強調並不知道該筆捐款來自陳水扁的國務機要費」的情況下，大標題還是下「王丹：收過扁政府二十萬元」，這完全不是我的原話，是刻意的編造。這種做法背景極爲可疑。壓力是鋪天蓋地的，但是我很坦然，我知道自己沒有做任何不對的事情，至於外界如何看待，我想歷史自有公斷。對於徐文立等的質疑，我只是禮貌回答：「祝他們身體健康。」並未與之進行辯論。

多年來我從來沒有直接批評海外任何民運人士，以後還是這個原則。我基本上正面回覆之後並未多加辯解。我問心無愧，無法滿足所有人。十一月下旬仍然按照原計畫到台灣訪問。

二〇一一年四月十五日台灣高等法院開庭，讓我爲國務機要費案作證。審判長沈宜生態度友善，我在庭上特別提出希望審判長約束檢辯雙方和法院人員不要洩露庭訊內容，因涉及到對於海外民運的資助。結果晚上中央社等媒體就發布庭上審訊內容，還把數字提高到四十萬。我大怒，決定反擊。

次日全天在家，在臉書上發表抗議中央社的貼文，開希也找了監委李復甸要立案調查，我找了台灣記者協會的楊偉中向台灣記協投訴，自己也投書《蘋果日報》，並向媒體發表聲明。後來中央社記者來電表達和解意願，願意補做平衡報導。

我一直認爲這些平衡報導沒有用，因爲傷害已經構成。唯一可能彌補的就是用更大的彌補性新聞強烈矯正外界成見，但這要花費很多社會資源，且一般人做不到。因此媒體眞的應當小心，要有良心，因爲權力太大，容易濫權傷人。同時，中央社發言人仍說他們是按照新聞專業處理，死不認錯。

整個國務機要費案，牽涉到我的部分，我認爲重點在於：國務機要費是中華民國政府的錢？還是陳水扁先生個人的錢？

倘若，國務機要費是陳水扁先生個人的錢，那麼這裡就沒有貪汙的問題。但是台灣的司法機關認定陳水扁先生涉嫌貪汙，顯然是認定國務機要費不是扁個人的錢，而是中華民國政府的錢。那麼，從國務機要費中拿出部分款項，在沒有政治附加條件的前提下，支援中國的民運人士，怎麼搖身一變，就成了收取陳水扁先生的錢了呢？

事實上，這筆錢，並非陳水扁先生的錢，而是中華民國政府的錢。換句話說，這是作為中華民國總統的陳水扁先生，作為中華民國政府的法人代表，代表中華民國向中國的民運人士提供的財力支援。這，才是事實的眞相。但是在特定媒體的報導下，居然變成了海外民運人士從陳水扁手裡拿錢。政府支持和個人贊助，這是完全不同的兩回事。在這裡成了同一件事。

坦率講，做爲海外民運力量，對於任何不附加政治條件，而且來源正當的政治捐助，我們都是歡迎的。我們尤其期待和歡迎台灣的中華民國政府能夠瞭解到大陸民主化對於台灣的正面意義，因此積極予以具體的、而不是口惠而實不至的支持。倘若這筆錢來自陳水扁先生個人，我想我不會予以考慮。但如果是來自中華民國的政府代表，我表示歡迎和感謝。這完全是不同的兩件事，而媒體的報導出來，居然變成了同一件事，這不是最大的混淆是非嗎？這樣的媒體，不是非常的沒有職業道德和基本的職業素質嗎？我素來知道某些台灣媒體的惡劣，但是從來沒有想到居然是這樣的惡劣！

如果是中共的媒體這樣報導，我完全不會奇怪（事實上大陸的五毛以及官方媒體對於這個事情已經做了同樣口徑的大量歪曲報導），因爲中共對於海外民運人士，長期以來慣用的打擊方式，就是把我們與台獨力量掛鉤，以便削弱我們在民族主義高漲下的中國民眾中間的影響力。但是台灣的部分媒體也這樣做，就眞的有些匪夷所思了。

## 五、在台灣開始教師生涯

二〇〇九年七月二十三日，我正式開始在台灣的教書生活，在政大台灣史研究所當客座助理教授一個學期。開設課程「兩岸國家暴力對比研究」。九月十五日上第一節課，二十七名同學參加。

這一年十月二十二日，我去國立清華大學陳明祺的課，應邀看紀錄片《坦克人》並與學生討論，這是與清大結緣的開始。李丁讚、姚人多、周碧娥等老師開始跟我討論到來清大開課的事情。

二〇一〇年八月二十五日到台灣，準備在清大教書，這個學期我同時開設兩門課程：一是大學部的「中華人民共和國史」，一是研究所學生的「兩岸國家暴力對比研究」。九月十四日第一節課，講「中華人民共和國史」。除了台灣同學之外，令我驚喜的是，有十幾個陸生參加。這是我在台灣接觸陸生的開始，這種接觸讓我對中國的未來信心大爲增加，這是我應當眞心感謝他們的。

二〇一一年二月一日開始，我應成功大學教務處黃吉川教務長之邀，以「客座專家」身分，參與該處「發展國際一流大學及頂尖研究中心計畫」，爲期一年。這次聘任，成功大學政治系的王金壽老師一直在積極推動。他們原本是希望我能在成大開設課程，不過在成大教評會的審議過程中，聽說有老師反對我開課，無法明說的理由是擔心影響到成大與對岸的教育交流。這件事使得我對台灣的認識有了進一步的加深：第一，外界一直以爲台灣的政治版圖，越到南部越偏綠，而台南更是台灣本土力量的大本營，但是這種分布在高等教育領域並非如此；南部一些主要大學，基本傾向比較保守。第二，中共的政治力量雖然還沒有進入台灣，但是政治影響已經開始滲透進來，表現爲「不要惹大陸不高興」的「自律」心態，已經在台灣社會的部分人士和組織內形成，這種「香港化」的傾向是否會在台灣蔓延，是否會引起台灣內部政治發展的變化，很值得觀察。

三月二日，我到成大報到。根據教務長的安排，主要是在教務處策劃一些人文講座，同時與學生社團零貳社合作，開辦中國沙龍。

另外我還在清大兼課，講「紀錄片裡的中國」。學生爆滿，臨時更換教室。大約一百二十人左右。這個學期同時在台大、成大和清華都有中國沙龍，雖然辛苦，但是覺得值得。沙龍內容包括中國模式、網路如何改變中國、西藏問題、解讀韓寒等等，主打的是統獨大辯論，非常熱鬧。我安排傾向統一的同學坐一邊，傾向獨立的同學坐另一邊，雙方面對面，各自說明自己的立場。我認爲兩岸的溝通應當先從了解開始，而年輕世代的相互了解更爲重要。我在全台辦了好幾場這樣的統獨大辯論，得到很多同學的歡迎，部分內容還被記錄到了紀錄片《大國好民》之中。

除了教書之外，我還接受很多大學和組織的邀請，針對中國的民主化和人權議題發表演講，參加座談。根據我的統計，僅僅從二〇〇九年七月二十二日到二〇一〇年二月十日的半年時間裡，我就先後參加了大小二十八場類似活動，這成了我在台灣社會活動的一個重要組成部分。

二〇一二年九月，我將重新回到清大，這一次我獲得學校三年的聘任，繼續在人文社會學院學士班開設全校選修課程。在清華已擔任客座和兼任老師三個學期，與這裡的老師和同學都建立了深厚感情。教書生涯讓我在人生中找到了新的目標，那就是讓年輕一代瞭解歷史，讓理想主義薪火相傳。

## 六、推動兩岸交流

二〇〇九年十月底，我開始與羅文嘉談論成立兩岸公民社會交流平台的事情。

最近十年我來台灣的次數已經無從計算，唯一的目的，就是匯聚、整合台灣社會各界的意見，希望能夠在台灣內部推動關心中國議題，以及支持中國民主化發展的力量。十年來，儘管不斷地被一些有心人士或力量扣上「親綠」或者「支持台獨」的大帽子，但是我相信大部分人瞭解我的立場：藍綠放兩邊，民主擺中間。只要願意支持中國民主化，我都願意與之進行交流合作，不會顧忌顏色之分和外界的側目。

在這個過程中，令我感動的是，我發現在台灣的內部，無論是朝野政黨，還是學界、媒體界和民間，甚至是科學園區裡的工程師和校園裡的大學生，都有不少人對於中國問題，尤其是中國的民主問題保持很大的興趣，並很希望能夠通過具體的行動表達關切。同時，令我遺憾的是，長期以來，台灣缺乏一個比較有行動力的平台，把上述方方面面關心中國民主發展的力量和個人整合起來，協調資源並積極通過實踐來爲幫助中國的民主化而努力。有鑑於此，我跟羅文嘉等一批朋友，包括海內外的中國學者、專家、異議人士等進行了長達一年多的溝通，意見交流和討論，決定與其坐而論道，不如起而行之；與其呼籲別人行動，不如自己先以身作則，行動起來。這就是我們這個辦公室成立的緣由。

我和羅文嘉的想法，是希望能夠起到一個拋磚引玉的作用，能帶動台灣社會內部對於中國問題的興趣和熱情。中國的未來關係到台灣的切身利益，這個不需多說，基本上是社會的共識，那麼台灣內部不應對於這個問題過於冷漠，而應當有所行動，我期待有更多的人能夠加入進來。

經過一年多的討論，二〇一〇年十二月十九日，我與羅文嘉召開記者會，宣布成立兩岸民主與文化交流辦公室，關於建立「兩岸民間社會對話平台」的部分，致力於推動三件工作：

（一）我們計劃定期邀請中國大陸、台灣、香港以及海外華人中具有代表性的各界意見領袖，輪流在台灣及海外召開大型對話會議。會議本身以閉門方式進行，但結果或共同宣言將公告外界。這個平台，旨在針對兩岸民間社會對於兩岸關係的發展和未來的意見進行呈現、整合，並努力凝聚共識，營建兩岸民間社會開誠布公，務實理性地交換意見的氣氛。我們認爲，兩岸關係的發展，取決於兩岸民間社會、兩岸人民之間關係的發展，而後者，首先應當從坐下來理性地相互傾聽，理性地相互瞭解開始，本平台希望爲此進行嘗試。

（二）創辦《中國知識分子》雜誌：辦公室成立之後，由我牽頭，針對中國問題在海外創辦《中國知識分子》雜誌，聘請王軍濤先生擔任總編輯。刊物的宗旨，是從公共知識分子立場出發，現實社會問題的關懷爲取向，針對中國的現實進行分析，並對中國未來進行討論。《中國知識分子》歡迎各界賜稿，唯希望不僅指出今天中國的問題，更能就解決這些問題提出具體政策性或方向性主張。編輯部將以組建編輯委員會和作者群的方式，重建中國公共知識分子的群體形象，並希望通過專業化的討論，爲中國的未來提出建設性的意見。

（三）關於「中國問題沙龍」：辦公室成立之後，將由羅文嘉牽頭，在台灣不同地點，定期舉辦「中國沙龍」。本沙龍採取不公開方式，邀集台灣政界、學界、媒體界、企業界和民間等各方面關心中國議題的人士，以及在台訪問交流的中國學者專家，針對中國問題交換意見，進行溝通，尋求共識，整合資源。

## 七、我心中的台灣

這些年來，在我的心中，我已經拿台灣當作自己的家鄉。除了口音不同、且不會說閩南語之外，我覺得自己跟一般的台灣人沒有什麼不同。我甚至覺得，我比很多台灣人，還更加關心台灣發生的點點滴滴的大小事情。

多年的觀察，我發現至少有三個關於台灣的圖像，我們現在越來越少看到了，那就是庶民的台灣、台北以外的台灣、記憶中的台灣。而這些，才是我心中的台灣。

翻開我們的媒體，知識分子的研究，還有文藝作品，不乏宏大的論述，華麗的陳說，關於社會、關於人類、關於未來等等，那些普通的，民間的議題有多少呢？那些一般民眾，或者是某一個普通民眾的心聲，我們還能聽到多少？當一邊是名嘴們在那裡大聲譴責某個政黨、某個人是如何製造族群衝突；而另一邊你周圍的人幾乎都說在生活中看不到什麼嚴重的族群衝突時，這樣呈現出來的台灣，不是幾乎看不到庶民的存在，而只剩下「精英」們引領話題出來，甚至是「編織」出來的社會議題了嗎？在明星充斥的時代，真正的人——庶民——消失了，這樣的台灣，是真實的台灣嗎？

作爲台灣社會的觀察者，住在台北實在是一種需要不斷自我提醒的選擇，這個提醒就是，台北是台灣的一部分，但是並不是台灣本身。前不久我去了一次花蓮，雖然只是不到一天的短暫行程，也再次讓我強烈的感受到，其實，有太多台灣特有的品質，有太多豐富的台灣意象，是在台北所看不到的。或者說，如果長久居住在台北，而不去南部、中部、西部的台灣，其實是看不到台灣的。我們看到的，只是台北。令人惋惜的是，作爲主要從資訊上了解觀察台灣的人來說，關於台北之外的台灣，我們能看到的實在是太少了，令我經常要提醒自己：這樣所看到的台灣，是眞實的台灣嗎？

還有記憶，似乎也很少看見了。偶爾會有一、兩本書，試圖去抓住時光，呈現台灣曾經走過的道路。但是整個社會氛圍，對記憶是越來越不重視了。不要說荷蘭統治時期的台灣，也不要說日據時期的台灣，即使是一九五〇年代的台灣，那時候的白色恐怖，今天的社會，還有多少記憶存在呢？甚至是一九八〇年代，那個在我看來是台灣社會最爲豐富活躍，最爲精彩紛呈的時代，其實才過去了二十多年，卻彷彿如煙夢幻，幾乎看不到任何蹤影了。那麼多的記憶，其實是無形的社會財富，卻因爲被集體性地擱置而浪費了。一個社會，一個民族，如果沒有了記憶，就只能用淺薄來形容。而如果我們看到的台灣，只是眼皮下面今日的台灣，這樣的台灣，是眞實的台灣嗎？

感慨一番，我的意思無非就是，我眞的希望能夠有更多的論述，更多的呈現，讓我們看到一個全面的、更完整的、更鄉土的台灣。

# 附錄／我的政治主張

關於中國的現狀和未來，這十幾年來，我做的演講和報告不少於五百次，我的觀點大致可以概括如下：

一、**充分肯定中國經濟增長的同時，也要看到這種經濟增長的四個基礎，那就是**：（一）這是一個建立在社會不公的基礎上的經濟增長。（二）這是建立在一黨專政基礎上的經濟增長。（三）這是建立在付出極大社會代價的基礎之上的經濟增長。（四）這是建立在國富民弱的基礎上的經濟增長。

正如胡平曾經指出的：前三十年以革命的名義滅私充公，後三十年以改革的名義化公爲私，兩件相反的壞事讓同一個黨在六十年的時間裡全做了。

二、**所謂中國模式的社會影響**：所謂中國模式，其特點就是「爲了經濟發展，不惜一切代價」，而且正在向全世界（包括台灣）輸出；今天中國社會的三個特點都是與一九八九年密切相關的：（一）經濟至上論：經濟發展具有壓倒一切的壟斷地位，犧牲其他領域的價值。（二）知識分子的犬儒化與集體性的放棄心態。（三）社會道德層面的沉淪。

三、**經濟發展並不能保證社會穩定和民主進步**：經濟增長帶來社會穩定，取決於四個因素：經濟增長的成果有沒有讓人民分享到？經濟增長成果的分配是否公正？經濟增長是否以自由和公正爲代價；以及經濟增長的過程，人民有沒有參與感？缺乏以上四個條件，經濟增長越快，社會越不穩定，這就是今天中國的現狀。

**四、有人說，中國在經濟上的快速發展，終究會導致民主。但是中國經濟高速發展已經超過四分之一個世紀，在這麼長的時間裡面，民主化進程不僅沒有開始，反而越來越目標模糊，沒有規劃。這如何解釋呢？**我認爲，現在的中國，一方面，我們看到經濟增長，外資湧入，消費繁榮；但是同時也要看到，國有資產流失，內需動力斷層，城鄉差距擴大，貧富分化嚴重，生態環境惡化。導致這樣並存的原因就是政治、社會、教育、文化等沒有能和經濟一起同步發展。因此，這是一個非均衡的發展。這樣的發展，本身就是不穩定的根源。

五、**也有人說，在中國的國情下，發展民主會導致社會動盪。對此我完全不能同意。**首先，目前提出的憲政改革並不要求立刻通過普選和多黨競爭產生議會或者政府，也不要求立刻全面開放言論、出版、集會等自由。憲政只是要求通過法制規範公權力的行使，緩解在專制環境下的市場化產生的社會不公正，因此是有利於社會穩定的。

其次，阿富汗於二〇〇九年十月二十六日完成歷史上第一次民選的總統選舉。阿國本身從無民主選舉的經驗，全國百姓的識字率，男性只有百分之三十六，女性只有百分之八。但是聯合國和歐盟等國際機構的代表，都認爲這是一次公正乾淨的選舉。印尼是由兩萬座島嶼組成的國家，也可以進行選舉。難道我們的素質比阿富汗部落的素質還低嗎？我們的大選難道比兩萬島嶼的印尼還困難嗎？

第三，如果不開放選舉眞的是怕亂，那麼，中共第十七屆中央委員大學學歷以上的占百分之九十二．二，高級官員的差額選舉從程序上、操作上都沒有問題，爲什麼全國人大選個委員長都要等額選舉？爲什麼黨內不能進行直選？再來就是香港的例子：香港中產階級很成熟，是市民主流，爲什麼不允許香港進行普選？

第四，民主的確不一定穩定，但是專制就一定穩定嗎？中國歷史上戰亂不斷，難道是民主導致的嗎？「文革」就連官方都承認是最大的動亂，那是民主導致的嗎？今天的中國眞的穩定嗎？據中國官方公布的資料，二〇一〇年維穩開支爲四萬五千一百四十億元人民幣，超過國防預算。如果眞的穩定，會有這種可能嗎？

第五，擔心民主導致動亂，因此就推遲民主。這就好像擔心小孩子長大以後會遇到強暴，於是乾脆現在就殺死一樣荒唐。實際上，民主制度就是要在實驗和實踐的基礎上不斷發現問題、解決問題的。永遠不開放民主實踐，永遠也不會有機會矯正民主發展過程中可能出現的問題。經濟改革都可以「摸著石頭過河」，爲什麼政治改革就不可以？

第六，中國的希望還是在於人民自己，在於公民社會的建立和強大，在於人民是否願意站出來給政府以強大的變革的壓力。

中國的現狀是人民對政府普遍不滿、不相信，但是可以接受。原因在於沒有替代，也無法替代。

因此，今天中共的統治，不是建立在人民認可的基礎上，而是建立在人民的無可奈何之上。

如前所述，經濟發展不能解決中國的問題。因此未來的問題還是社會與政治結構調整的問題。法國重量級政治經濟學者索爾孟（Guy Sorman）在他的新作《經濟不說謊：後金融危機的全球經濟巡禮》（*Economics does not lie: a defense of the free market in a time of crisis*）中就指出，經濟學有三個重要的基礎，即是私有財產的重要性、獨立的司法體系及自由交換。愈是民主化，愈能拉近貧富之間的差距，也更能把財富分給人民。

而歷史上的改革，其實都是從政治和思想的調整開始的。西方資本主義制度發展，是啓蒙運動和法國大革命、英國光榮革命的結果。中國的三十年改革開放，也是在粉碎「四人幫」、思想解放運動開展的基礎上開始的，也是政治改革先行的結果。

今天中國的經濟改革，重點在於私有化，也就是產權制度的改革。這裡，更加需要民主化。因爲要用民主來制約利益集團，才能確保私有化的順利進行。

中國的政治改革，不可能寄希望於當局，因爲「裝睡的人叫不醒」。有人說，中國這些年來還是有進步的，但是我們要看到，在政治上，幹部、軍隊、司法、宣傳這四個部分都沒有動，因此根本沒有任何政治改革。也許比過去多了一些自由，但是也是沒有制度保證的自由。當權者不可能主動改革，因爲權力是與巨大的利益結合在一起的。現在掌握權力，可以定向出賣土地，可以發包工程，可以指定符合自己利益的產業政策和價格政策，如此龐大的利益，他們當然不會放手。

希望在於公民社會，而公民社會的發展，希望在於兩個：網路和青年。

網路將通過四個面向改變中國：（一）啓蒙：阻礙中國走向民主的，是一些人民對民主似是而非的認識，例如民主就會導致動盪之類，因此啓蒙是必要的。（二）凝聚關鍵少數：艾未未和韓寒就是借助網路崛起的。他們代表政治反抗向公民反抗的轉變，這就是公民社會正在發展的象徵。（三）消除恐懼：艾未未和韓寒的行動充滿調侃和創意，因此比傳統的政治啓蒙更有說服力和影響力；不僅爲反對運動打造了新的風格，也開拓了新的支持者。（四）成爲新的衝突點。

而所謂公民社會，主要有三個涵義：非政府組織、公民參與、公共空間。公民社會就是要由非政府組織來組織民眾的公共參與，創造一個公共空間，作爲第三部門去制衡作爲第一部門的國家和作爲第二部門的市場。

## 六、中國需要哪些變革？

第一是司法體制的改革，做到眞正的司法獨立；第二是取消鄉鎮政權，行政權力劃歸縣級，讓農民自治；第三是要解決土地私有化問題，在提供有效的土地保護機制前提下，允許土地自由流轉，向私有化努力；第四是要大力壓縮國家開支；第五是要把國企利潤讓全民分享：直接分配股權可能技術上有困難，但是至少可以把國企利潤的大部分上繳國家，列入社會保障體系和教育的預算之中，以這種方式讓人民分享改革成果。二〇一〇年國企純利二萬億元，拿出一萬億元，便足以解決很多民生問題。而二〇一〇年國企利潤與上年相比，增加百分之三十七．九，但是全部國企上繳給國家的利潤只有四百四十億元，僅僅占全部利潤的百分之二．二。* 中國人民枉背了一個全球最賺錢銀行、全球最

---

* 《人民日報》（二〇一一年二月二十一日）。

賺錢電信公司、全亞洲最大石化企業的虛名。十幾億人中有多少人享受了自己作爲股東的國企成果？

讓我們從民生問題著手進行改革，最終的目的是建立一個「自由、公正、繁榮、穩定」的新中國。

馬丁·路德·金恩說過：「歷史將會記錄，在這個社會轉型期，最大的悲劇不是壞人的囂張，而是好人的過度沉默。」也許，我們不知道民主是什麼，但是我們知道什麼是不民主。因此，中國的民主可以從人民不再沉默，公開呼籲消除不民主開始。

當年胡適曾經送給雷震一首宋朝楊萬里寫的詩，現在也送給各位讀者：「萬山不許一溪奔，攔得溪聲日夜喧，到得前頭山腳盡，堂堂溪水出前村。」

讓我們共同期待，在不久的未來，中國的民主也能夠「堂堂溪水出前村」！

歷史與現場 212

# 王丹回憶錄：從六四到流亡

作　者—王丹
主　編—湯宗勳
責任編輯—李清瑞
美術設計—賴欣怡
執行企劃—鍾岳明

總編輯—余宜芳
董事長—趙政岷
出版者—時報文化出版企業股份有限公司
108019台北市和平西路三段二四〇號四樓
發行專線—（〇二）二三〇六六八四二
讀者服務專線—〇八〇〇二三一七〇五
（〇二）二三〇四七一〇三
讀者服務傳真—（〇二）二三〇四六八五八
郵撥—一九三四四七二四時報文化出版公司
信箱—一〇八九九臺北華江橋郵局第九九信箱
時報悅讀網—http://www.readingtimes.com.tw
電子郵箱—history@readingtimes.com.tw
法律顧問—理律法律事務所　陳長文律師、李念祖律師
印　刷—紘億印刷有限公司
初版一刷—二〇一二年九月二十八日
初版十三刷—二〇二一年十一月十七日
定價—新台幣三八〇元

時報文化出版公司成立於一九七五年，
並於一九九九年股票上櫃公開發行，於二〇〇八年脫離中時集團非屬旺中，
以「尊重智慧與創意的文化事業」為信念。



王丹回憶錄：從六四到流亡 / 王丹著. -- 初版. -- 臺北市：時報文化, 2012.09
面；公分. -- (歷史與現場；212)

ISBN 978-957-13-5652-5(平裝)

1. 王丹　2. 民主運動　3. 回憶錄

782.887　　101017669

ISBN 978-957-13-5652-5
Printed in Taiwan